INFO · Hansjörg Frommer · Spindel, Kreuz und Krone

W0191655

Hansjörg Frommer

SPINDEL, KREUZ
UND
KRONE

Herrscherinnen des Mittelalters

Adelheid · Theophanu · Gisela
Agnes · Richenza · Konstanze

INFO VERLAGSGESELLSCHAFT

INFO-Reihe
Dokumente zur Geschichte
Herausgegeben von Klaus E.R. Lindemann

Redaktion
Josef Stefan Kindler
Michael Neurohr
Thomas Lindemann

Grafiken nach Originalvorlagen
gestaltet von Carsten Lucas

Titelgrafik nach einer Originalvorlage
gestaltet von Zoran Petrović

Vignetten
Mailänder Altar-Ciborium (S. 13)
Liber Aureus von Prüm, Stadtbibliothek Trier
(S. 111 und S. 147)
Statuenkopf, Ende 12. Jahrhundert, Hecklingen (S. 203)
Urkunden und Kanzlei der Kaiserin Konstanze (S. 237)

INFO Verlagsgesellschaft
Postfach 33 67 · 76019 Karlsruhe
Telefon (0721) 2 43 50 · Fax 2 31 91

ISBN 3-88 190-167-1

INHALT

Vorwort

Die Lebensbilder der sechs mittelalterlichen Herrscherinnen sind aus einer Kursreihe der Volkshochschule
Karlsruhe entstanden, die unter dem Titel *Bedeutende
Frauengestalten - Auch Frauen brauchen Vorbilder* "unsere Ge-
schlechtsgenossinen dem Dunkel der Geschichte zu entrei-
ßen" beabsichtigte und jedes Semester sechs bis acht Frauen
aus verschiedenen Zeiten und Bereichen zur Darstellung
brachte. Mein erster Beitrag dazu war für das Frühjahr
1991 zur alsbald verschobenen Salierausstellung die Kaiserin
Gisela. Dann folgten Agnes, Konstanze, Adelheid und Theophanu. Richenza als Seminar anzubieten habe ich nicht ge-
wagt, weil sie zu wenig bekannt ist. Trotzdem habe ich sie hier
aufgenommen, und lieber als Kunigunde, die Frau Heinrichs
II., die sonst unter den bedeutenden Kaiserinnen nie fehlt.
Aber Kunigunde und Heinrich sind mir unsympathisch, ich
finde, daß sie überschätzt werden, und ihre nachträgliche
Umwertung, Idealisierung und Kanonisierung durch die Kirche verstärkt noch das Unbehagen. Von den Salierfrauen fehlen Bertha und Mathilde. Bertha ist menschlich anziehend,
aber sie war keine Herrscherin und an den politischen Entscheidungen Heinrichs IV. kaum beteiligt. Und Mathilde war
fast noch ein Kind, als Heinrich V. starb. Ihr persönliches und

politisches Format hat sie erst in ihrer zweiten Ehe und im Kampf für das Erbrecht ihres Sohnes in England gefunden. Die Stauferfrauen waren keine politischen Gefährtinnen ihrer Ehemänner, und auch Konstanze erlangte ihre Bedeutung nicht an der Seite Heinrichs VI., sondern in ihren eigenen Entscheidungen, die oft in eine ganz andere Richtung wiesen. Die sechs Herrscherinnen - Adelheid, Theophanu, Gisela, Agnes, Richenza, Konstanze - sind also nicht willkürlich ausgewählt, sondern nach ihrer historischen Bedeutung. Miteinander umfassen sie die Geschichte des hohen Mittelalters von 930 bis 1200.

Diese Lebensläufe sind kein Beitrag zur frauenspezifischen oder frauenpolitischen Literatur, auch wenn ihre Entstehung auf einen solchen Ansatz zurückgeht. Das hat zwei Gründe. Den einen hat die gerade mit Frauenthemen bekanntgewordene französische Historikerin Régine Pernoud so formuliert: "Wenn man die Werke der Historiker aus dem XIX. und dem Beginn des XX. Jahrhunderts heranzieht, muß man immer wieder erstaunt feststellen, wie ungeniert männlich sie denken. Man muß sich fragen, ob es nicht in Bezug auf das Mittelalter notwendig wäre, diese Werke noch einmal durchzugehen und dabei die Gewichtungen zu berichtigen, damit das Handeln der Frauen ebenso wie das der Männer Berücksichtigung findet. Das legt auch der Rückgriff auf die Quellen nahe, denn die Zeitgenossen geben den Frauen ganz natürlich den Platz, der ihnen damals zukommt." Die strenge Ausrichtung auf die männliche Erbfolge und die staatspolitischen Leistungen der Männer ist in der Tat eine Verengung der modernen Geschichtsschreibung. Im Mittelalter war die Beteiligung der Frauen kein Tabu, die hier aufgenommenen Herrscherinnen gehörten zum institutionellen Rahmen der Regierung, und in vielen Fällen trug die Ehe wesentlich zur Aufwertung des Mannes bei, weil eben Blutslinien genausogut über Frauen wie über Männer weitergegeben werden konnten. Es gibt für bestimmte Familien bei Frauen wie bei Männern Leitnamen, und die männlichen können über Frauen genau so weitergegeben werden wie die weiblichen über Männer.

Der andere Grund liegt darin, daß es sich hier nicht um eine Untersuchung über die Stellung der Frau im Mittelalter handelt, sondern um sechs individuelle Lebensläufe von Frauen aus allerhöchsten Familien, deren materielle Ausstattung, Bildungsstand und Lebensführung keinen Vergleich mit Frauen aus anderen Bereichen zuläßt und keinerlei Aussagewert für die Lebensbedingungen der Frauen und überhaupt der großen Masse der Bevölkerung hat. Eine kritische Betrachtung der mittelalterlichen Gesellschaft, ihres rigorosen religiösen Überbaus oder ihrer "underdogs", die die materiellen Grundlagen sicherten, ist nicht die Absicht dieses Buches. Es stellt sechs Einzelschicksale in ihrer Verknüpfung mit den großen politischen Ereignissen dar, jeweils ausgehend vom familiären Hintergrund, aus dem die Frauen kommen, und von den Eindrücken, die sie geprägt und ihre spätere Geschichte vorbereitet haben. Auf viele Fragen, die uns heute interessieren, geben uns die Quellen keine oder keine direkte Antwort, vor allem auf die individuelle Befindlichkeit. Wie die Beschreibungen geben auch die Bilder, die uns überliefert sind und zum Teil mit aufgenommen wurden, kein wirkliches Bild, sondern eine idealisierte Darstellung. Trotzdem versuchen wir immer wieder, uns ein Bild zu machen, und natürlich stehen hinter jedem dieser Lebensbilder auch die Vorstellungen, die ich mit diesen Frauen verknüpfe.

Literatur

Die hier (in alphabetischer Ordnung) genannten Werke wurden für mehrere oder alle Lebensläufe benutzt. Weitere Angaben finden sich bei den einzelnen Herrscherinnen.

Edith Ennen: Frauen im Mittelalter. C.H. Beck München 1984.

Hansjörg Frommer: Die Salier und das Herzogtum Schwaben. INFO Verlag Karlsruhe 1992.

Bruno Gebhardt: Handbuch der deutschen Geschichte. Band 1. Achte, vollständig neu bearbeitete Auflage. Union Stuttgart 1954.

Kurt-Ulrich Jäschke: Notwendige Gefährtinnen. Königinnen der Salierzeit als Herrscherinnen und Ehefrauen im römisch-deutschen Reich des 11. und beginnenden 12. Jahrhunderts. Historie und Politik 1. Dadder Saarbrücken-Scheidt 1990.

Max Kirchner: Die deutschen Kaiserinnen in der Zeit von Konrad I. bis zum Tode Lothars von Supplinburg. Historische Studien, Heft LXXIX. Berlin 1910.

Régine Pernoud: La femme aux temps des cathédrales. Stock Paris 1980. Edition Le Livre de Poche 5690 (Zitat S. 295).

Erika Uitz, Barbara Pätzold, Gerald Beyreuther (Hrsg): Herrscherinnen und Nonnen. Frauengestalten von der Ottonenzeit bis zu den Staufern. Deutscher Verlag der Wissenschaften Berlin 1990.

Percy Ernst Schramm/Florentine Mütherich: Die deutschen Kaiser und Könige in Bildern ihrer Zeit 751-1190. Prestel München 1983.

Hansmartin Schwarzmaier: Von Speyer nach Rom. Wegstationen und Lebensspuren der Salier. Thorbecke Sigmaringen 1991.

Thilo Vogelsang: Die Frau als Herrscherin im hohen Mittelalter. Studien zur "consors regnis" Formel. Göttinger Bausteine zur Geschichtswissenschaft, Band 7. Musterschmidt Göttingen 1954.

Schramm, Percy Ernst und Florentine Mütherich: Die deutschen Kaiser und Könige in Bildern ihrer Zeit. München 1983.

Adelheid und Theophanu

Gemahlinnen Ottos I. und Ottos II.

931 - 999

Einführung

A delheid und Theophanu, die Frauen Ottos I. und Ottos II., werden hier in einem Kapitel zusammen behandelt. Von 972 bis zum Tod der jüngeren Theophanu 991 waren die beiden Kaiserinnen miteinander und zum Teil auch gegeneinander politisch wirksam, Adelheid allein natürlich auch lange vorher und noch einmal nach 991. Diese beiden ineinander verwobenen Lebensläufe lassen sich nicht ohne Probleme getrennt darstellen. Miteinander umfassen sie den größeren Teil der sächsischen Kaiserzeit. Mit dem Titel "Adelheid und Theophanu" ist also nicht nur die Rivalität zwischen den beiden Frauen gemeint, sondern eine Darstellung und Einordnung ihrer persönlichen Schicksale und ihrer politischen Wirksamkeit in den Gang der deutschen und europäischen Geschichte.

Im Mittelpunkt stehen die individuellen Schicksale der beiden Frauen, nicht die Geschichte der sächsischen Kaiserzeit insgesamt, das setzt bestimmte Akzente. Ihre Geschichte spielt im europäischen Hochadel mit seinen vielfältigen und verwickelten Verwandtschaftsbeziehungen, die hier für manche Leser vielleicht einen zu großen Platz einnehmen. Sie sind aber kein Selbstzweck, niemand braucht sie sich über die Lektüre hinaus zu merken. Sie sind nur ein Erklärungsmuster, weil die richtige Familie eben auch bestimmte Beziehungen, Rangfolgen und Ansprüche mit sich bringt. Die Familie ist in diesem Fall das Haus der Liudolfinger oder Ottonen, in das Adelheid und später Theophanu einheiraten und dabei ihren Anteil an solchen Beziehungen und Ansprüchen einbringen. Die beiden Frauen sind wichtige Gestalten, die lange im Zentrum der Macht standen, aber sie waren nach außen nicht die politischen Handlungsträger, und ihr Einfluß ist nicht immer klar zu erkennen. Die politische Biographie dieser Frauen und erst recht ihre Persönlichkeit und ihr individuelles Denken müssen aus den breit gestreuten, aber auch lückenhaften Quellen herausgelesen und erschlossen werden, und dabei kann es auch durchaus zu unterschiedlichen Wertungen kommen.

Eine weitere Schwierigkeit des Zugangs zu dieser Zeit des Mittelalters liegt in der richtigen geographischen und politischen Bezeichnung. Aus den Teilreichen des Karolingerreichs sind schießlich Deutschland und Frankreich hervorgegangen, und der Anfang dieser Nationenbildung geht sicher in das zehnte Jahrhundert zurück. Trotzdem sind Bezeichnungen wie deutsch, französisch oder italienisch nur mit Vorsicht zu gebrauchen, denn die Räume und Grenzen der Machtgebiete wie der Volkssprachen waren noch keineswegs festgelegt, ihre Verwaltungs- und Bildungssprache war überall das Latein, und die zwischen ihnen durchaus vorhandenen Gegensätze und Konflikte dürfen nicht mit unseren Vorstellungen von deutsch, französisch oder italienisch parallelisiert werden. Wenn trotzdem Deutschland, Italien und Frankreich im Text verwendet werden, dann nur, weil es keine andere klare Bezeichnung gibt.

Beide Frauen haben in unserem Jahrhundert auch eine literarisch-dichterische Würdigung gefunden. Gertrud Bäumers Roman "Adelheid", zuerst 1936 erschienen, ist die idealisierte Darstellung einer Frau ohne Fehl und Tadel, die immer nur für das Richtige und das Gute kämpft, ein fast klassischer historischer Roman, mit großer Sachkenntnis geschrieben, aber in seiner edlen Güte eben doch für heutige Vorstellungen fast unerträglich überzeichnet. Sehr viel negativer steht Adelheid in Henry Benraths 1940 erschienenem Roman "Die Kaiserin Theophanu" da. Benrath liebt intellektuell-zurückhaltende Frauen als Heldinnen, die große politische Perspektiven in klaren logischen Gedankengängen darlegen und mit viel Geschick und gegen Widerstände und Widrigkeiten praktisch durchsetzen können. Eine solche Frau ist für ihn Theophanu, und Adelheid die Gegnerin. Benrath hat mit dichterischem Feingefühl manches erspürt, was erst viel später von der historischen Forschung bestätigt wurde, und sein Roman ist sicher heute leichter zu lesen als der von Gertrud Bäumer. Beiden gemeinsam ist aber das "Deutsche". Adelheid ist bei Bäumer die Summe der Tugenden der deutschen Frau, und die Griechin Theophanu betreibt bei Benrath deutsche Politik gegenüber Frankreich. Fünfzig Jahre später und auf dem Weg zu einem vereinten Europa fällt uns die Zeitgebundenheit dieses Urteils natürlich ins Auge.

Aus lokalpatriotischen Gründen sei auch auf die Beziehungen Adelheids zu Karlsruhe hingewiesen. Die Urkunden der Kaiserin, die sie als "Privatarchiv" nach Selz mitgenommen hatte, sind im 18. Jahrhundert in der Kurpfalz gelandet und nach der Bildung des Großherzogtums Baden ins Generallandesarchiv nach Karlsruhe übernommen worden. Das älteste dieser Dokumente ist die "Heiratsurkunde" von 950. Im

16. Jahrhundert druckte Nikolaus Keibs in Durlach eine "Vita sancte Adelhaydis", eine lateinische Lebensbeschreibung, die mit einem Holzschnitt geschmückt war. Von diesem Durlacher Druck sind nur zwei Exemplare erhalten, eines in der Bayerischen Staaatsbibliothek in München und eines im Britischen Museum in London.

Adelheids Herkunft, Kindheit und Jugend

Adelheid wurde 931 als Tochter König Rudolfs von Hochburgund geboren, vermutlich irgendwo in der Nähe des Genfer Sees. Das Königreich Burgund ist eine späte Folge der karolingischen Reichsteilungen, ein Bruchstück des 842 Lothar zugeteilten Zwischenreiches "Lotharingien", das vom Niederrhein bis nach Italien reichte und eigentlich zusammen mit der Kaiserwürde die Klammer für das Gesamtreich bilden sollte. Aber Lothar konnte diese Rolle nie ausfüllen. Sein Sohn Ludwig II. regierte bis 875 als König und Kaiser in Italien. Danach stritten sich verschiedene Familien und Dynastien auch mit karolingischen Erbansprüchen um die Herrschaft. Die inneren Kämpfe um Italien in Verbindung mit Einfällen der Ungarn und Sarazenen führten zu einem politischen Chaos, das zum Eingreifen geradezu aufforderte.

Rudolf von Hochburgund gehörte zu einer dieser Dynastien mit karolingischer Legitimität. Sein Herrschaftsbereich war nach allen Richtungen hin ungesichert. Im Norden kämpfte er im Schweizer Jura gegen den Herzog von Schwaben, im Westen war die Grenze mit dem späteren Frankreich strittig, der südliche Nachbar war das konkurrierende Königreich Niederburgund-Provence, und im Südosten lag Italien gleichzeitig als Verlockung und Gefahr, denn ein starker Kö-

nig von Italien konnte leicht Herrschaftsansprüche auch auf
Burgund geltend machen.

919 wurde Rudolf bei Winterthur von Herzog Burchard II.
von Schwaben geschlagen. In der Folge arrangierten sich die
beiden Herrscher, und Rudolf heiratete 922 Burchards Tochter Bertha. Nun wandten sie ihre vereinten Kräfte gegen Italien und konnten 924 Berengar I. von Ivrea stürzen, der sich
zum König und Kaiser aufgeworfen hatte. Aber ein anderer
Mitbewerber, Hugo von Vienne, der König der Provence,
machte ihnen Italien streitig. In den folgenden Kämpfen kam
Burchard von Schwaben 926 bei Novara ums Leben. Nach
dem Tod seines Schwiegervaters verzichtete Rudolf zugunsten von Hugo von Vienne auf seine italienischen Ansprüche
und durfte dafür die Provence seinem Königreich einverleiben. Der von ihm unterstützte Hugo konnte sich als König in
Italien etablieren. Der hartnäckigste Gegner seiner Herrschaft war der Markgraf Berengar II. von Ivrea, der Sohn des
924 von Rudolf gestürzten Königs und Kaisers.

So wurde Adelheid als Tochter König Rudolfs und der
schwäbischen Herzogstochter Bertha 931 in einer Zeit des
Friedens und der Konsolidierung des väterlichen Königreiches geboren. Aber das änderte sich schnell, als Rudolf 937
starb und seine Herrschaft einem unmündigen Thronfolger,
dem vor Adelheid geborenen Konrad, hinterließ. König Hugo
von Italien meldete seine Ansprüche an. Er heiratete Rudolfs
Witwe Bertha und verlobte die sechsjährige Adelheid mit seinem Sohn und Mitkönig Lothar. Konrad mußte fliehen und
fand Schutz beim deutschen König Otto I., der ihn 940 mit
Heeresmacht in sein Erbe einsetzte. Damit hatte Otto sich als
Gegner König Hugos erwiesen, und Berengar von Ivrea beeil-

te sich, sich unter den Schutz des fernen deutschen Königs zu stellen, um seine Position gegenüber Hugo zu verbessern.

Bertha und Adelheid lebten am Hof König Hugos in Pavia in einer wenig beneidenswerten Lage. Denn für Hugo waren sie Garanten für seine Ansprüche auf Burgund, also gegen Berthas Sohn und Adelheids Bruder, wenn sich die politische Lage einst wieder zu seinen Gunsten wenden sollte. In Italien wurde die Situation aber immer verzweifelter, denn Berengar gewann an Macht und mußte an der Regierung beteiligt werden. In dieser vergifteten Atmosphäre mit zwei Machtzentren, die sich gegenseitig belauerten und auszuhebeln versuchten, wurde Lothar 947 mit Adelheid verheiratet.

Adelheid hat also alles andere als eine behütete Kindheit gekannt. Ihr Leben stand von Anfang an im Spannungsfeld von Macht und Politik, und mit sechs Jahren kam sie vermutlich gegen den Willen ihrer Mutter und ihren eigenen an den italienischen Königshof. Die feindliche Umgebung, die Angst vor König Hugo und die allmählich größer werdende Angst vor der Bedrohung durch Berengar, das waren Rahmenbedingungen für ein heranwachsendes Mädchen, die großen Einfluß auf ihr Lebensgefühl und ihren politischen Verstand haben mußten. Über Adelheids "materielle" Erziehung sind wir nicht näher unterrichtet. Aber ihren späteren Zeitgenossen galt sie als besonders gebildet. Sie beherrschte offenbar alle drei gängigen Sprachen, das Volksgermanische, das Volksromanische und das Lateinische, das sie auch lesen und schreiben konnte. Was ihre "Mutter"sprache war, ist schwer zu sagen und interessierte damals auch nicht. Bildung war in der Regel kirchliche Bildung, Geistliche waren im Hofstaat immer verfügbar, und für ein interessiertes und aufgewecktes Kind war es nicht schwer, sich hier Zugänge zu öffnen. Lernen und Frömmigkeit waren dabei vielleicht auch eine Art Flucht aus der beängstigenden Wirklichkeit.

Adelheid als Königin von Italien

Adelheid und ihr erster Ehemann waren etwa gleich alt, sie wuchsen miteinander auf und lernten wohl auch gemeinsam. Sie hatte keinen Grund, sich vor Lothar zu fürchten, und wahrscheinlich war ihr Verhältnis zueinander gut und eng. Denn in einem päpstlichen Privileg, das Adelheid 972 für das von ihr gegründete Kloster San Salvatore bei Pavia erwirkte, wurde ausdrücklich auch auf das Andenken Lothars Bezug genommen. Anläßlich der Hochzeit und auch noch später wurde Adelheid von Lothar standesgemäß mit Besitzungen ausgestattet. Eine Urkunde Lothars von 950, jetzt im Bestand des Generallandesarchivs Karlsruhe, bezeichnet sie sogar als 'consors regni', als Teilhaberin an der Regierung, eine Formel, die zwar nicht viel über ihren tatsächlichen Einfluß sagt, wohl aber über ihren Rang. In der schwierigen Lage am königlichen Hof spricht einiges dafür, daß Adelheid auch tatsächlich die Vertraute und Beraterin Lothars war, denn es gab nicht mehr viele, auf die sich das junge Paar verlassen konnte.

Bald nach der Hochzeit starb nämlich König Hugo. Berengar hatte zwar Lothar anerkannt, aber gegen den jetzt alleinstehenden und unerfahrenen jungen König neigte sich die Waage zu seinen Gunsten, und je mächtiger er wurde, umso unverschämter benahm er sich dem Königspaar gegenüber. Unter diesen unerfreulichen Verhältnissen wurde 949 die nach Lothars Mutter Hemma genannte Tochter geboren. Ende 950 starb König Lothar, und seine junge Witwe war hilflos den Pressionen Berengars und seiner Gattin Willa ausgeliefert. Berengar erhob sich jetzt zum König, wie es schon sein Vater gewesen war. Um dieses Königtum auch gegenüber den Anhängern Hugos abzusichern und den Familienbesitz an sein Haus zu bringen, wollte er Adelheid mit seinem Sohn Adalbert verheiraten und diesen zum Mitkönig erheben. Aber Adelheid weigerte sich.

Natürlich hatten Adelheid und Lothar schon vorher nach Verbündeten gegen Berengars wachsende Ansprüche Ausschau gehalten, und Adelheids Bruder Konrad, der mit Hilfe des deutschen Königs Otto in sein Land zurückgekehrt war, mag ihnen diesen Helfer empfohlen haben. Aber auch die süddeutschen Herzöge, Heinrich von Bayern, der jüngere Bruder Ottos, und Liudolf von Schwaben, sein Sohn und Erbe, blickten nach Italien und erhofften sich dort eine Vergrößerung ihres Machtbereichs. Selbst wenn darüber keine Dokumente vorliegen, ist sicher, daß Adelheid, wie früher Berengar, beim deutschen König Hilfe suchte und ihm damit einen Grund zum Eingreifen in Italien lieferte.

Für Berengar wurde die Situation schwierig. Einem deutschen Angriff und einer inneren Opposition gleichzeitig war er nicht gewachsen. Von seinem deutschen Oberherren, dem er sich 941 unter anderen Voraussetzungen als Schutz gegen König Hugo unterstellt hatte, konnte seine Erhebung zum König auch als Verstoß gegen seine Dienstpflicht gewertet werden. So blieb ihm nur der verstärkte Druck auf Adelheid, damit sie seinen Sohn heiratete und so seine Machtübernahme wenigstens nach außen legalisierte. Er verfolgte ihre Anhänger und nahm ihr die Verfügungsgewalt über ihren Besitz, denn ohne Geld konnte sie keine Gefolgsleute werben, die neue Königin Willa trug ihren Schmuck, und als die junge

Witwe immer noch nicht nachgeben wollte, wurde sie festgenommen und eingesperrt, der späteren Überlieferung nach auf der Burg Garda. Die Erniedrigungen und schließlich die Beugehaft sollten Adelheid gefügig machen. Ihr Tod hätte Berengar nur geschadet, aber er wollte und mußte ihre Zustimmung zur Eheschließung erzwingen.

Offenbar hatte Berengar auch im eigenen Lager nicht nur Freunde, denn es gelang Adelheid, aus der Haft zu fliehen, angeblich durch einen selbstgegrabenen Gang. Die Lebensbeschreibung der Kaiserin Adelheid durch Odilo von Cluny, die auf Gesprächen mit der alten Kaiserin beruht und so fast autobiographische Züge aufweist, enthält auch über diese Flucht Einzelheiten, die sie selbst erzählt haben muß. Die kleine Gruppe verirrte sich im Sumpf:

"Hier blieb sie Tage und Nächte lang ohne Speise und Trank, Gott um Hilfe flehend. Als sie in solcher Gefahr schwebte, kam plötzlich ein Fischer in einem Kahne, der in seinem Fahrzeug einen Fisch hatte, welcher Stör genannt wird. Als er die Frauen sah, fragte er, wer sie seien und was sie hier trieben. Sie antworteten ihm, ganz entsprechend ihrer bedrängten Lage: "Siehst du nicht, daß wir von menschlichem Rath abgeschnitten in der Irre umherwandern, und was noch schlimmer ist, durch Einsamkeit und Hunger gefährdet sind. Wenn du kannst, gieb uns etwas zu essen, sonst laß uns wenigstens nicht ohne Trost." Von Mitleid für sie ergriffen, sprach er wie Christus, der ihn gesandt hatte, einst zu den hungernden Armen in der Wüste: "Wir haben nichts zu genießen, als einen Fisch und Wasser." Er hatte Feuer bei sich nach Sitte derer, die aus dem Fischfang ein Gewerbe machen. Das Feuer wurde angefacht, der Fisch bereitet. Die Königin nahm Speise zu sich; der Fischer und die Dienerin warteten auf."

Anscheinend war bei der Organisation der Flucht etwas schief gelaufen. Aber nach dieser Stärkung trafen sie eine Schar Reiter, die die Königin in Sicherheit brachten. Die von ihren Leuten vorbereitete Flucht war geglückt, und Berengar hatte das Nachsehen.

Als der deutsche König Otto im September 951 mit einem starken Heer über die Alpen kam, konnte er ohne Kampf in der Hauptstadt Pavia einziehen. Berengar unterwarf sich und durfte Markgraf von Ivrea bleiben. Die auf Hrotsvit von Gandersheim zurückgehende Legende will, daß Adelheid mit ihrem Kind auf dem Arm den König am Tor erwartete, um ihn um seinen Schutz zu bitten. Otto konnte ihrem Liebreiz nicht widerstehen und heiratete sie. In Wirklichkeit war die Ehe aber schon verabredet, bevor Otto und Adelheid sich zum ersten Mal trafen. Erst nach der Klärung aller anstehenden Fragen brachte eine deutsche Eskorte unter Herzog Heinrich von Bayern Adelheid von Reggio zur Eheschließung nach Pavia. Otto bezeichnete sich von seinem Einzug in Pavia an ohne förmliche Krönung als König von Italien. Sein gewichtigster Rechtstitel dazu war seine tatsächliche Machtstellung als Nachfolger und Erbe der Karolinger im ostfränkischen Reich. Aber erst die Ehe mit Adelheid, der Witwe des letzten anerkannten Königs von Italien, gab ihm auch eine formale Legitimität, einen Anspruch auf die Neugestaltung der politischen Verhältnisse in Italien. So war das Ehebündnis mit Otto für Adelheid die einzige Möglichkeit, sich dem Zugriff Berengars zu entziehen, für Otto war es eine Gelegenheit zur Ausweitung seines politischen Machtbereichs. Adelheid hatte sich Berengar gegenüber als hart erwiesen und ihn mit viel politischem Geschick ausmanövriert. Aber der Preis dafür war die Ehe mit einem Mann, den sie bisher nicht kannte, und der ihr vom Alter und von der Herkunft her fremd war.

König Otto

Otto wurde 912 geboren, im selben Jahr, in dem sein Vater Heinrich nach dem Tod des Großvaters Ottos des Erlauchten zum Herzog von Sachsen aufstieg. Ottos Mutter Mathilde führte ihre Familie auf den Sachsenführer Widukind zurück, der gegen Karl den Großen gekämpft hatte und schließlich 785 die Taufe genommen und sich dem fränkischen König unterworfen hatte. Herzog Heinrich stieg 919 in einem frän-kisch-sächsischen Ausgleich zum deutschen König auf, und in den folgenden Jahren schaffte er es, auch von den Schwa-ben und Bayern als gemeinsamer König anerkannt zu werden. Die große Aufgabe, an der seine Vorgänger gescheitert waren, war die Abwehr der Ungarn, die in fast jährlichen Raubzügen in Deutschland und Italien einfielen. Heinrich erreichte ge-gen Tributzahlungen eine neunjährige Waffenruhe, die zur Organisation von Abwehrmaßnahmen und zum Aufbau von Befestigungen genutzt wurde. 933 wurden die Ungarn aus Sachsen erfolgreich vertrieben.

Otto hat diesen politischen Aufstieg seines Vaters von Anfang an begleitet. Eine formale Ausbildung erhielt er wohl nicht, und mit Latein wie mit Lesen und Schreiben fing er erst spät an und hatte dabei immer gewisse Schwierigkeiten. Aber in den Vorstellungen der sächsischen Adelswelt, in der er heranwuchs, hatte man dafür Geistliche, und bei einem zukünftigen Führer kam es auf andere Qualitäten an. Otto nahm an allen Unternehmungen Heinrichs teil und lernte

dabei, Feldzüge zu planen und zu organisieren, Menschen aus-
zusuchen und einzusetzen und politische Entwicklungen zu
beobachten und zu beeinflußen. Denn sein Vater wollte ihn
zu seinem Erben und Nachfolger erziehen. Heinrich verstand
sein Amt nicht nur als "Notkönigtum", sondern als Auftrag
und Chance für seine Familie. Seinen eigenen sächsischen
Machtbereich dehnte er durch Kriege gegen die Slawen über
die Elbe aus. Aus der Verbindung Ottos mit einer gefangenen
Slawin aus vornehmer Familie wurde ein Sohn Wilhelm geboren, der für den geistlichen Stand erzogen wurde und bis
zum Erzbischof von Mainz aufstieg.

929 wurde der siebzehnjährige Otto vermählt, und zwar
mit Edgitha, einer Schwester des angelsächsischen Königs
Aethelstan (924 - 939), unter dessen Herrschaft England sich
konsolidiert hatte und wieder in die europäische Politik zurückkehrte. Zwei Schwestern Edgithas waren ins westfränkische Reich verheiratet worden, eine mit dem karolingischen
König Karl dem Einfältigen, die andere mit seinem schärfsten
Konkurrenten, dem kapetingischen Herzog von Franzien.
Diese gegenseitige Verschwägerung der führenden Familien
weist auf eine größere politische Dimension. Heinrichs Blick
richtete sich aber nicht nur nach Osten und Westen. Von
König Rudolf von Hochburgund, dem Vater Adelheids, erwarb er die heilige Lanze, angeblich die Lanze Kaiser Kon-
stantins mit Nägeln vom Kreuze Christi, die von da an ein
wesentlicher Teil der deutschen Kroninsignien war. Der Erwerb dieser Lanze war aber nur sinnvoll, wenn an eine Erneuerung des römischen Reiches gedacht wurde, also an eine
aktive Italienpolitik.

Wie immer wissen wir von den persönlichen Verhältnissen des jungen Paares nicht viel. Vom Alter her waren sie sich

Adelheid · Otto · Edgitha
Putzritzzeichnung im Magdeburger Dom

wohl ähnlich, ebenso von der Sprache und Erziehung her. Als Heiratsgut übertrug Heinrich der Schwiegertochter die Stadt Magdeburg. Das erwies sich als folgenreiche Entscheidung. Denn dem Aufbau und Ausbau Magdeburgs galt fortan Ottos besonderes Interesse. Es sieht so aus, als hätte Otto die Jahre bis 936 im wesentlichen in Magdeburg verbracht. Dort wurden seine Kinder geboren, 930 der Sohn Liudolf, 931 die Tochter Liutgard. Die Stadt wurde verlegt und befestigt, die Pfalz erweitert und der Dom begonnen. Die Mühe, die sich Otto für Magdeburg gegeben hat, seine "Häuslichkeit" in diesen Jahren, und auch sein späteres Verhältnis zu Magdeburg und zum Gedenken an Edgitha sind sichere Indizien dafür, daß diese Ehe glücklich war.

936 starb König Heinrich, und Otto wurde sein Nachfolger. Das war in der eigenen Familie nicht unumstritten. Denn Ottos jüngerer Bruder Heinrich, beim Tod des Vaters etwa fünfzehn Jahre alt, war "purpurgeboren", ein echtes Königskind, frühreif charmant, aber auch selbstüberzeugt und ehrgeizig, und der Liebling der Mutter Mathilde. Aber der Vater wünschte den älteren soliden Otto, den er angeleitet und ausgebildet hatte. 940 erhob Otto den unzufriedenen Heinrich zum Herzog von Lothringen, in der vergeblichen Hoffnung, seinen Ehrgeiz dadurch zu befriedigen. 941 war Heinrich der Kopf eines Mordkomplotts gegen Otto. In diesen Jahren, in denen er an verschiedenen Fronten um sein Königtum kämpfen mußte, sah Otto wenig von Magdeburg. Edgitha mit den Kindern wird mehr dort gelebt haben als im Gefolge Ottos umhergezogen sein, denn als Edgitha 946 im Magedburg starb, war die Trauer der Bevölkerung groß, und bald wurde sie dort auch als Heilige verehrt. Der durch ihren Tod tief erschütterte König ließ seine Gemahlin zunächst in einem

Kloster beisetzen, später dort den Dom bauen, in dem er 973 an ihrer Seite begraben wurde.

Nach dem Tod seiner Frau ordnete Otto seine Angelegenheiten. Er designierte 947 den Sohn Liudolf, der mit der Tochter Herzog Hermanns von Schwaben verheiratet war und 948 dessen Nachfolge antrat, zu seinem Nachfolger. Zu dessen Stützen wählte er den fränkischen Adligen Konrad den Roten, den er mit seiner Tochter Liutgard vermählte und zum Herzog von Lothringen ernannte, und seinen Bruder Heinrich, der sich ihm endgültig unterworfen hatte und dafür 948 das Herzogtum Bayern übertragen bekam. Der Tod Edgithas, am Ende eines langen letztlich erfolgreichen Kampfes um die Stärkung seines Königtums, ist ein tiefer Einschnitt in das Leben Ottos. Auch das läßt auf die Intensität der Beziehung zwischen Otto und Edgitha schließen. So war auch für Otto die Begegnung mit Adelheid keine erste Liebe, sondern eine politische Annäherung, die es ihm erleichtern sollte, eine Orientierung wieder aufzunehmen, die schon sein Vater mit dem Erwerb der heiligen Lanze ins Auge gefaßt hatte.

Die Ehe von Adelheid und Otto

Daß der Eheschließung von Adelheid und Otto auf beiden Seiten nüchterne Berechnung zugrundelag, war an sich keine schlechte Voraussetzung für eine gute Ehe. Adelheid fand bei dem zwanzig Jahre älteren Mann, der in Deutschland in den vorausgehenden Jahren seine Herrschaft und seine Vorstellung von Herrschaft durchgekämpft und gefestigt hatte, eine Sicherheit und Stabilität, sowohl bei ihm persönlich als in seiner politischen Stellung, die sie in ihrem bisherigen Leben nicht gekannt hatte. Zum ersten Mal konnte sie die Stellung

einer Königin von Italien wirklich ausfüllen. Wie es sich gehörte, übertrug Otto ihr als "Wittum", als Vorsorge für die
Zeit, in der sie vielleicht als Witwe auf eigene Einkünfte an-
gewiesen wäre, Besitzungen in Deutschland. Vor allem bestätigte er ihr aber ihre Güter in Italien, die sie von Hugo und
Lothar zugewiesen bekommen hatte, und hier überließ er ihr
auch die ganze Verfügungsgewalt, obwohl er als ihr Ehemann
durchaus das Recht gehabt hätte, an ihrer Stelle zu handeln,
wie er es ja als König von Italien auch tat. Schon dieses Vorgehen zeigt, daß Otto die Eigenständigkeit Adelheids achtete
und anerkannte.

Für Otto war der Zug nach Italien ein politischer Neuan-
fang nach dem tiefen Einschnitt, den der Tod Edgithas bedeutete. Er kam hier mit einer ganz neuen Welt in Berührung.
Seine bisherigen Erfahrungen beschränkten sich auf Sachsen
und das übrige Deutschland. Vor allem in Sachsen war das
lateinische und das mit ihm untrennbar verbundene christliche Erbe ein fremdes Element, das unter Karl dem Großen
zusammen mit den fränkischen Eroberern ins Land gekommen war. Sicher waren die Sachsen inzwischen gute Christen
geworden und hatten ihre Kirchen und Klöster reich ausgestattet und ihre Bedeutung mit mächtigen Bauten gewürdigt.
Aber die Kluft zwischen Adelswelt und Kirche blieb doch
größer, und von der christlichen Botschaft waren Erbsünde,
Schuld des Menschen und Gericht Gottes prägender als die
Liebe und Güte Gottes. Das zeigt etwa das Schicksal des sächsischen Grafensohnes Gottschalk, der wegen solcher Auffas-
sungen von Hrabanus Maurus und später vom Reimser Erzbischof Hinkmar verfolgt wurde und 868 nach langer Haft im
kirchlichen Gefängnis starb. Diese Kluft betraf aber auch die
Bildung. Die traditionellen Bildungswerte der adligen Her-

renwelt erstreckten sich auf ganz andere Bereiche als die In-
halte der klösterlichen Erziehung. Für eine moderne Staats-
verwaltung reichten sie aber nicht mehr aus. Otto empfand
diese "Bildungslücke" so stark, daß er nach dem Tod Edgithas
anfing, Lesen und Schreiben zu lernen.

Im romanischen Teil des ehemaligen Frankenreiches war
Bildung kein Privileg der Kirche. Die Übergänge zwischen
Volkssprache und Latein wie zwischen Kirche und Welt waren viel offener und fließender, denn hier entwickelten sich
beide seit der spätrömischen Zeit in gegenseitiger Abhängigkeit. Die Amtsträger der Kirche waren viel tiefer in die weltlichen Angelegenheiten verstrickt und mit den weltlichen
Machthabern versippt, verschwägert und durch Bündnisse
und Intrigen verbunden oder getrennt. Sie betrachteten ihr
Kirchenamt weniger als Verpflichtung und mehr als Quelle
der Macht. Zu all diesen Verhältnissen hatte Adelheid leichter Zugang, und sie konnte Otto in diese Welt und ihr anderes
Lebensgefühl einführen. Die junge Frau war für Otto nach
einer schweren Lebenskrise der Schlüssel zu einer anderen
Dimension, die er mit seinem Italienzug politisch angehen
wollte, die aber zu einer sehr viel weitergehenden interkultu-
rellen Begegnung führte. In Adelheid begegnete ihm eine
Frau, die über eine ganz andere und viel umfassendere Bildung und Lebensart verfügte, als er sie von sich oder seiner
ersten Frau her kannte. Otto war bereit, sich diesen neuen
Einflüssen und Herausforderungen zu öffnen, und die immer
wieder zitierte "ottonische Renaissance" ist eine Frucht dieser
Begegnung. Sie brachte in Umkehrung der politischen Stoß-
richtung eine Verstärkung und Revitalisierung des lateinisch-
romanischen Einflusses in Deutschland. Adelheid war für

Otto persönlich wie für die allgemeine Entwicklung die Brücke zwischen diesen beiden Welten.

Daß die Hochzeit zwischen Adelheid und Otto wohl vorbereitet war, zeigt die Prägung einer eigenen Münze, des Otto-Adelheid-Denars, in Magdeburg zu diesem Anlaß. Trotzdem wurde die Heirat nicht überall gern gesehen, vor allem nicht in Rom. Denn der Streit um das Königreich Italien in den letzten Jahrzehnten hatte dessen Machtbasis immer stärker auf Norditalien eingeengt, und Rom regierte sich selber durch den Senator Alberich, der aus seinem Anhang die Päpste auswählte und einsetzte. Alberich wollte keinen starken Mann in Italien. Deshalb kehrte eine Gesandschaft Ottos an den Papst, die über einen Romzug und damit auch eine Kaiserkrönung verhandeln sollte, unverrichteter Dinge zurück. Sich den Weg nach Rom und zum Kaisertum mit militärischer Macht zu öffnen, davon riet ihm vermutlich auch Adelheid in der gegenwärtigen Situation ab. Außerdem trafen aus Deutschland beunruhigende Nachrichten ein, an denen die Hochzeit mit Adelheid nicht unschuldig war.

Adelheid und die Familie Ottos

Adelheid hatte nicht einen alleinstehenden Witwer zum Mann bekommen, sondern in eine festgefügte Familie eingeheiratet. Die Familienmatriarchin war Ottos Mutter Mathilde, die Witwe König Heinrichs. Ottos Verhältnis zu ihr war nicht spannungsfrei, zum einen wegen ihrer Vorliebe für den jüngeren Sohn Heinrich, zum andern wegen ihrer zunehmend unkontrollierten Frömmigkeit, aus der heraus sie große und von Otto nicht immer bestätigte Schenkungen an Kirchen und Klöster machte. Sie starb erst 968.

Der jüngste Bruder Ottos, Brun, war Geistlicher geworden und von 953 bis 965 Erzbischof von Köln und ein treuer Gefolgsmann des Königs. Schwieriger war der andere Bruder Heinrich. Seit seiner Begnadigung zum Weihnachstag 941 stand er zwar ohne Vorbehalte zu Otto, aber er war ein unruhiger Geist und schürte zumindest gern bei anderen. Im Alter stand er Adelheid um zehn Jahre näher als Otto, er führte sie 951 seinem Bruder als Braut zu, und zwischen Adelheid und Heinrich scheint es viel politische und persönliche Sympathie gegeben zu haben. Deswegen vertrug sich Adelheid auch gut mit ihrer Schwiegermutter. Zwei Schwestern Ottos waren in Frankreich verheiratet, die ältere, Gerberga, mit dem karolingischen König Ludwig IV., die jüngere mit dessen wichtigstem Rivalen Hugo von Franzien. Mit ihnen hatte Adelheid zunächst wenig zu tun.

Schon von der Sache her und auch persönlich auf Konflikt angelegt war das Verhältnis der neuen Stiefmutter zu den Kindern Edgithas, Liutgard und Liudolf. Beide waren etwa gleichaltrig mit Adelheid. Liutgard war mit dem fränkischen Grafen Konrad dem Roten verheiratet, der bei Otto großes Ansehen genoß und dem er deshalb das wegen der Grenzlage zu Frankreich schwierige Herzogtum Lothringen anvertraut hatte. Liudolf war Herzog von Schwaben und verheiratet mit Ida, einer spätgeborenen Halbschwester von Adelheids Mutter Bertha. Die Frau ihres Stiefsohns war also ihre Tante. Das Verhältnis Ottos zu seinem Sohn und dieser Schwiegertochter war offenbar sehr eng. Hrotsvit von Gandersheim berichtet, daß Otto das junge Paar immer in seiner Nähe haben und Ida wie eine Königin geehrt sehen wollte. Sie war also nach dem Tod Edgithas eine Art "First Lady". Aus eigener Erfahrung wußte Otto auch, wie wichtig eine klare und rechtzeitige

Nachfolgeregelung und eine entsprechende Ausbildung und Erziehung des Nachfolgers war. Deshalb hatte er Liudolf zu seinem Erben und den Schwiegersohn Konrad zu dessen wichtigster Stütze bestimmt. Nun aber, nach der Heirat Ottos mit Adelheid, war diese Regelung plötzlich gefährdet, denn zu erwartende Kinder der beiden waren nicht nur "purpurgeboren", sondern hatten auch von ihrer Mutterseite her einen Erbanspruch auf Italien, der Liudolf fehlte.

Heinrich von Bayern hatte in dieser Regelung keinen besonders herausgehobenen Platz. Wohl deshalb scheint er Liudolf gedrängt zu haben, noch vor dem Italienzug Ottos mit seinem schwäbischen Anhang dort einzufallen und die italienische Krone als Kriegsbeute an sich zu reißen. Aber Liudolf scheiterte mit seinem Plan, auch weil Heinrich ihn an Berengar verriet. Otto gegenüber stellte Heinrich das Unternehmen Liudolfs als Untreue und Verrat heraus. Es kam zu keiner Aussprache zwischen Vater und Sohn, Liudolf kehrte bald nach Deutschland zurück und war bei der Hochzeit von Otto und Adelheid nicht anwesend. In Deutschland aber sammelte er Bundesgenossen gegen eine Neuregelung der Erbfolge und gegen den wachsenden Einfluß Heinrichs von Bayern, den er als den Urheber der ganzen Intrige ansah. Heinrich hatte also gute Gründe, wenn er sich auf die Seite der neuen jungen Königin stellte und so das Zerwürfnis zwischen Otto und seinen Kindern förderte. Auch Adelheid hatte eigentlich keine andere Wahl, denn sie mußte sich für das Recht ihrer zukünftigen Kinder einsetzen, und das ging nur gegen die Kinder Edgithas.

Otto befand sich nun in einer schwierigen Lage. Auf der einen Seite war er kein junger Mann mehr und hatte deshalb gut daran getan, seine Nachfolge zu regeln. Liudolf und Konrad hatten ihre Qualitäten bereits bewiesen, und sie standen ihm persönlich sehr nahe, auch als Vermächtnis seiner ersten Frau Edgitha. Dagegen drängten ihn sein Bruder und seine Frau zu einer Änderung zu Lasten Liudolfs und Konrads. Auf der anderen Seite hatte er schlechte Erfahrungen mit "Landesfürsten", die in einem starken Königtum, wie er es vertrat, eine Gefahr für ihre Eigenständigkeit sahen und sich schon mehrmals in Aufstände gegen ihn verstrickt hatten. Er wollte die aufkommenden Unruhen im Keim ersticken und kehrte deshalb Anfang 952 mit seiner schwangeren Gemahlin nach Deutschland zurück. Konrad dem Roten wurden die weiteren Verhandlungen mit Berengar anvertraut.

Das Osterfest 952 wurde von Otto, Adelheid, Heinrich und Liudolf gemeinsam in Magdeburg begangen. Hier erschien auch Konrad mit Berengar und einem zwischen ihnen ausgehandelten Kompromiß, der uns inhaltlich nicht bekannt ist. Deutlich ist aber die geänderte Haltung Ottos. Er weigerte sich zunächst, Berengar überhaupt zu empfangen, und seinen Schwiegersohn Konrad brüskierte er, indem er die Verhandlungsergebnisse ablehnte und Berengar sogar verhaften lassen wollte. Auf einem Reichstag in Augsburg im Sommer 952 verzichtete Berengar dann auf den östlichen Teil seines Reiches, die Marken Verona und Aquileja. Sie wurden Herzog Heinrich von Bayern übertragen, der damit als der eigentliche Sieger aus dieser Auseinandersetzung hervorging. Als zum Jahresende Adelheid einen Sohn Heinrich bekam, ließ Heinrich von Bayern Liudolf und seine Anhänger deutlich spüren, daß die Nachfolge nunmehr anders geregelt würde. Adelheid, die die langen Jahre der Demütigung an Berengar zu rächen hatte und für ihren Sohn einen angemessenen

Platz schaffen mußte, hatte sich im Bund mit Heinrich von Bayern bei Otto durchgesetzt.

Der Liudolfinische Aufstand

Der Aufstand Liudolfs und Konrads gegen Otto war für diesen gefährlicher und belastender als die vorausgehenden, weil in der öffentlichen Meinung nicht die Herzöge vom richtigen Weg abgewichen waren, sondern der König selbst gegen das Herkommen und seine eigenen Festlegungen verstoßen hatte. So heißt es in einer abschließenden Bewertung Liudolfs bei Stälin:

"Das ehrenvolle Zeugnis, welches einstimmig von allen Geschichtsschreibern über ihn ausgesprochen wird, gilt als ein schöner Beweis der öffentlichen Meinung über den Adel seines Charakters und wirft somit die Schuld der Empörung zum guten Theil auf die schlimme Umgebung König Otto's."

Liudolf und Konrad wollten vor Ostern 953 Otto mit Gewalt zwingen, auf Heinrich von Bayern als Ratgeber zu verzichten. Der Anschlag mißlang, aber Otto fühlte sich so unsicher, daß er einen (nicht erhaltenen) Vertrag unterschrieb, der vermutlich die Ausschaltung Heinrichs und die Festschreibung der Thronfolge Liudolfs enthielt. Als Otto danach mit der übrigen Familie, auch mit seiner Mutter Mathilde, Ostern in Dortmund feierte, widerrief er seine Zustimmung zu diesem Vertrag, weil sie mit Gewalt erpreßt worden sei. Die beiden Herzöge wurden vor einen Reichstag geladen und aufgefordert, ihre Mitverschworenen preiszugeben. Da die Herzöge nicht erschienen, wurde Konrad als Herzog von Lothringen abgesetzt. Otto übertrug das Amt seinem Bruder Brun, den er eben zum Erzbischof von Köln ernannt hatte.

Im Sommer kam es zum offenen Kampf. Die Schwaben hielten in dieser Auseinandersetzung zu Liudolf, während sich rasch zeigte, wie unbeliebt Heinrich in seinem Herzogtum Bayern war, denn das ganze Land ging zu Liudolf über. Erneute Verhandlungen Ende 953 scheiterten wieder an der Forderung der beiden Herzöge nach Straffreiheit für ihre Anhänger, die Otto nicht zugeben wollte. Als sich die Nachricht verbreitete, lief Ottos Heer auseinander, und er mußte die Belagerung von Mainz aufgeben. In diesen Tagen starb auch Liutgard, die Schwester Liudolfs und Frau Konrads, die noch eine Brücke zwischen dem Vater und dem Bruder hätte sein können.

Otto wurde durch einen Einfall der Ungarn Anfang 954 gerettet, weil den Verschwörern vorgehalten wurde, sie hätten sie ins Land geholt, und weil sie wohl auch tatsächlich bei ihnen Unterstützung suchten. Die Anhängerschaft der Herzöge schrumpfte, und im Juni 954 kam es zu neuen Verhandlungen. Konrad und der Mainzer Erzbischof Friedrich unterwarfen sich, und Otto verzichtete auf die Bestrafung ihrer Mitkämpfer. Nur Liudolf, von Heinrich erneut aufgehetzt, entzog sich der Verhandlung und verschanzte sich in der bayrischen Hauptstadt Regensburg. Aber ein paar Wochen später unterwarf auch er sich in Thüringen seinem Vater. Konrad und Liudolf verloren ihre Herzogtümer, durften aber ihren Eigenbesitz behalten. Neuer Herzog von Schwaben wurde Burchard III., ein spätgeborener Sohn des 926 gefallenen Herzogs Burchards II. und damit ein Bruder von Adelheids Mutter Bertha. Er wurde mit Hadwig, der Tochter Heinrichs von Bayern, verheiratet. Damit war die Partei von Adelheid und Heinrich mit einen neuen Machtzuwachs aus dem Aufstand hervorgegangen.

Trotzdem hat Otto am Ende dieses Konflikts mehr die Versöhnung als den Thriumph gesucht. Die beiden Herzöge wurden nicht bestraft, ihre Anhänger nicht verfolgt. Ottos Bruder Brun als Erzbischof von Köln und Herzog von Lothringen ebenso wie Ottos ältester unehelicher Sohn Wilhelm als neuer Mainzer Erzbischof setzten sich für den Ausgleich ein. Unterstützt wurde diese Entwicklung durch die politischen Ereignisse. Denn im Frühjahr 955 brachen die Ungarn erneut mit großer Heeresmacht in Süddeutschland ein. Sie belagerten Augsburg, das von seinem kriegerischen Bischof Ulrich tatkräftig verteidigt wurde. Mit dem ganzen Heerbann aus Bayern, Schwaben, Franken und Sachsen schlug Otto die Ungarn im August auf dem Lechfeld so gründlich, daß sie danach ihre Raubzüge aufgaben und ein Teil des christlichen Abendlandes wurden. Die Schlacht war auf beiden Seiten sehr verlustreich. Zu den Toten gehörte Konrad der Rote, der als einer der Führer auch maßgeblichen Anteil am Sieg hatte. Dagegen nahmen weder Heinrich noch Liudolf an der Schlacht teil. Der Sieg über die Ungarn befestigte Ottos Stellung in Deutschland und unterstrich seinen Anspruch auf das Kaisertum.

Liudolf wurde 956 von seinem Vater damit beauftragt, die durch seinen Aufstand in Italien entstandene Lage wieder zu bereinigen. Dort starb er nach beträchtlichen Erfolgen 957 am Fieber. Seine tragische Gestalt hat Eingang in die Volkssagen um Herzog Ernst gefunden. Heinrich von Bayern starb bereits im November 955. Seiner Witwe Judith wurde die Regentschaft für den erst vierjährigen Sohn Heinrich übertragen. Adelheid gebar Ende 955 ihr viertes Kind aus der Ehe mit Otto, nach den früh gestorbenen Söhnen Heinrich und

Brun und der Tochter Mathilde nun den dritten Sohn Otto,
der der Nachfolger werden sollte.

Entfremdung zwischen Adelheid und Otto

Das Ende des liudolfinischen Aufstandes und der Sieg gegen die Ungarn stellen den Höhepunkt von Ottos Regierungszeit in Deutschland dar. Von jetzt an herrschte er unangefochten. Äußerlich war es auch ein Sieg der Linie Adelheids und Heinrichs von Bayern, aber bei genauerer Betrachtung zeigen sich hier doch deutliche Unterschiede. Zunächst
war Ottos Verhalten gegenüber den Verschwörern doch anders und versöhnlicher als 941. Konrad der Rote und Friedrich von Mainz durften sich auf dem Reichstag von Langen-
zenn im Juni 954 verteidigen und ihren Rechtsstandpunkt
darlegen, und der endgültige Abschluß des Aufstandes war
eher ein Kompromiß und gegenseitiges Nachgeben. Konrad
und Liudolf wurden nicht von Reichsaufgaben ausgeschlossen. Schon in der Ungarnschlacht hatte Konrad wieder eine
zentrale Funktion, und Liudolf war nicht verbannt, sondern
hatte sich aus eigenem Antrieb zurückgezogen. Als ihn im
folgenden Jahr sein Onkel Brun aus dieser selbstgewählten
Isolation herausholte, übertrug der König ausgerechnet ihm
den Oberbefehl über Italien. Otto war ein solider und rechtlich denkender Mann, aber weder leichtsinnig noch übermä-
ßig vertrauensselig. Wenn er Konrad und Liudolf solche
Funktionen übertrug, dann war er sicher, daß er sich auf sie
voll und ganz verlassen konnte. Das heißt aber, daß der Ausgleich von 954 eine gegenseitige Annäherung und damit
auch ein Eingeständnis Ottos war. Wahrscheinlich hat Otto
unter der schiefen Situation und der Entfremdung von seinen

Kindern mehr gelitten, als die neuen Ratgeber Adelheid und Heinrich ahnten. Eine innere Rückwendung des Königs mußte aber zu einer Verschlechterung des Verhältnisses mit Adelheid führen. Dafür gibt es eine ganze Reihe von Anzeichen.

Zunächst ging es um den Ausbau von Magdeburg, dieser Lieblingsstadt Ottos. In Rom betrieb er die Herauslösung des Bistums aus der Erzdiözese Mainz und die Erhebung zu einem eigenen Erzbistum mit der Zuständigkeit für die Slawenmission und die neueroberten Gebiete. Nach der Kaiserkrönung im Februar 962 stimmte der Papst dieser Neugliederung schließlich zu. In Magdeburg selbst begann der Bau des Doms an der Stelle der Klosterkirche, in der Edgitha begraben war. Der neue Dom sollte auch Ottos Grabstätte werden, an der Seite Edgithas, aber ohne einen Platz für Adelheid.

Otto sorgte auch für das Andenken seiner Kinder. Liutgard wurde in der Kirche des St. Albansklosters in Mainz begraben, und als Liudolf in Italien starb, wurde sein Leichnam ebenfalls dorthin überführt. Im April 958 besuchte Otto zum ersten Mal die Grabkirche seiner Kinder. Bei dieser Gelegenheit machte er größere Schenkungen zu ihrem Gedenken. Dabei wird als Intervenientin, also als Mitveranlasserin für die Schenkung, "die verehrungswürdige Herrin Ida, die Witwe unseres Sohnes Liudolf" genannt. Otto hat diese Gräber immer wieder besucht, das letzte Mal 972 bei seiner Rückkehr aus Italien, als dort auch bereits sein ältester Sohn Wilhelm, bis zu seinem Tod 968 Erzbischof von Mainz, begraben war.

Otto hat also diesen Teil seiner Familie nie vergessen. Auch den Enkelkindern galt seine besondere Fürsorge. Aus der Ehe Liutgards mit Konrad dem Roten war ein um 950 geborener Sohn Otto da. Liudolf und Ida hatten eine 949 geborene Tochter Mathilde und einen 954 geborenen Sohn

Otto. Daß die beiden Enkel, der zweite sogar während des liudolfinischen Aufstandes zur Welt gekommen, auf den Namen des Großvaters getauft wurden, sagt auch einiges über das Selbstverständnis der Aufständischen. Idas Tochter Mathilde wurde 961 im Alter von 11 Jahren Äbtissin von Essen, Adelheids Tochter Mathilde 966 im gleichen Alter Äbtissin von Quedlinburg. Diese Gleichbehandlung der Enkel aus erster Ehe mit den Kindern aus zweiter Ehe ist auch für die drei Ottos zu vermuten, die im Alter so eng beieinanderliegenden Söhne Liutgards, Idas und Adelheids. Auch wenn es bei der Natur der Quellen dafür keinen Nachweis gibt, kann man davon ausgehen, daß auf Anweisung des Königs und zum Teil unter seiner Aufsicht diese drei Kinder gemeinsam aufwuchsen und erzogen wurden. Ihr enges Freundschafts- und Vertrauensverhältnis ist später für Otto II. einer der Tragpfeiler seiner Regierung.

Auf der anderen Seite verschwindet Adelheid nach der Schlacht auf dem Lechfeld und der Geburt Ottos Ende 955 bis 960 fast völlig aus den Quellen. Zwischen 951 und 955 wurde sie bei verschiedenen Anlässen in der Begleitung Ottos erwähnt und war auch Intervenientin bei königlichen Schenkungen und Gnadenerweisen. Solche Interventionen mögen zum Teil formelhaft sein, aber sie weisen zumindest auf die Anwesenheit und irgendwie auch auf den Einfluß hin, der einer solchen Fürsprecherin zugetraut wird. Deshalb sind diese Interventionen wichtige Quellen für die Beteiligung der königlichen Frauen an der Regierung. Nach 955 und bis 960 war Adelheid an kaum einer solchen königlichen Handlung beteiligt. Es ist dehalb völlig unsicher, wie weit sie überhaupt bei Hof anwesend war, oder wo sie sich aufgehalten haben könnte. Beyreuther erklärt diese Ausfallzeit als eine Art Mutterschutz und Kindererziehungsjahre. Aber darauf wurde in jener Zeit in königlichen Haushalten keine Rücksicht genommen, und in den Jahren vorher hatte Adelheid trotz Schwangerschaften durchaus an der Politik Anteil genommen. Viel auffälliger ist, daß nach der Geburt Ottos Ende 955 von keiner weiteren Schwangerschaft Adelheids mehr die Rede ist, obwohl sie erst 25 Jahre alt war. Adelheid und Otto waren sich fremd geworden, und Adelheid war an den wichtigen politischen Entscheidungen nicht beteiligt, vielleicht überhaupt nicht im königlichen Gefolge, sondern in einer Art Verbannung oder freiwilligem Rückzug.

Einen deutlichen, wenn auch negativen Beweis für die groß gewordene Distanz zwischen Otto und Adelheid liefert die Lebensbeschreibung der Kaiserin durch Odilo von Cluny, der nach der ausführlichen Schilderung der Verfolgung Adelheids durch Berengar und ihrer wundersamen Errettung die langen Jahre an der Seite Ottos so zusammenfaßt:

"Was wir aber von ihr erzählen, das ist uns nicht durch Hörensagen, sondern durch den Augenschein und eigene Erfahrung kund geworden; viele Worte des Heils haben wir von ihr vernommen, häufige Geschenke empfangen. Denn die Geld bedurften, machte sie oft an Golde reich, und die, so kaum den täglichen Aufwand bestreiten konnten, erhob sie zu glänzenden Ehren. Zur Zierde der Welt mit dem ersten und größten Otto, dem berühmtesten Kaiser des Erdkreises, vermählt und zum Heile vieler die Mutter eines Kaisergeschlechtes, verdiente sie jenes Segens theilhaft zu werden, dessen Tobias, wie wir in dieses Vaters Buch lesen, sich rühmen durfte, daß er schauen solle die Kinder seiner Kinder bis ins dritte Glied."

Odilo, der die Erzählungen der Kaiserin als Hauptquelle für seine Lebensbeschreibung angibt, hat über Adelheid und Otto nicht mehr zu berichten. Der Hauptakzent liegt nicht bei der Gemahlin Ottos, sondern bei der Mutter des Kaisergeschlechts.

Italien und die Kaiserkrönung

Der Aufenthalt Adelheids in Deutschland hatte sich anders entwickelt, als sie es sich nach der Eheschließung mit Otto vorgestellt hatte. An der Sicherung der königlichen Stellung in Deutschland, die Otto in diesen Jahren betrieb, nach Osten durch Kriege gegen die Slawen und den Aufbau der Missionsarbeit, die von Magdeburg ausgehen sollte, nach Westen vor allem durch die Tätigkeit seines Bruders Brun, der als Herzog von Lothringen auch regulierend in die westfränkischen Verhältnisse eingriff, und nach innen durch die vermehrte Übertragung weltlicher Herrschaftsrechte auf Bischöfe und Reichsäbte, auf deren Auswahl er mehr Einfluß nehmen konnte und die weniger das Interesse ihrer Familie im Auge hatten, hatte die Königin keinen Anteil. Erst 960 scheint es wieder zu einer Annäherung gekommen zu sein, denn seit der Mitte dieses Jahres nehmen die Interventionen Adelheids nach Zahl und Bedeutung zu und lassen es als sicher erscheinen, daß Adelheid von da an den Hof auf allen Unternehmungen begleitete. Das hängt damit zusammen, daß die Zeit für ein erneutes Eingreifen in Italien reif war. Dazu war zum einen Adelheids Rat von Nutzen, ihre intime Kenntnis der politischen Mentalität, der Beziehungen und Verflechtungen, der Widerstände, mit denen eine von außen auftretende Macht rechnen mußte. Zum andern verfügte

Adelheid nicht nur über ansehnlichen Besitz in Italien, den sie selbständig verwaltete, sondern sie war die Verkörperung eines Rechtsanspruchs auf die italienische Krone. Otto hat nie genau festgelegt und sogar bewußt offengelassen, auf welcher Grundlage er die Herrschaft über Italien beanspruchte, als Rechtsnachfolger der Karolinger oder als Adelheids Ehemann und Sachwalter. Aber er hat für Italien ganz offensichtlich ein stärkeres Mitsprache- und Mitwirkungsrecht Adelheids anerkannt und auf ihre Fachkompetenz als Landeskennerin gesetzt.

Bei der Stellung Ottos in Deutschland und Europa war klar, daß ein neuer Italienzug bis nach Rom und zur Kaiserkrönung führen mußte. Im auseinanderbrechenden Karolingerreich war der Kaisertitel der Preis für alle diejenigen geworden, denen es gelang, wenigstens kurzzeitig die Herrschaft über Rom zu erringen. Zu ihnen gehörten der Sohn Lothars, Ludwig II., der westfränkische König Karl der Kahle als Karl II., die Söhne Ludwigs des Deutschen Karlmann und Karl III., der Dicke, schließlich 896 sogar Arnulf von Kärnten, dazwischen Wido und Lambert von Spoleto oder 915 Berengar I. von Ivrea. Aber trotz dieser Dekadenz war mit dem Kaisertitel die Erinnerung an die Würde und Bedeutung des fränkischen Reiches unter Karl dem Großen verbunden, und ein starker Nachfolger im ostfränkischen Reich, der Europa von der Ungarnplage befreit hatte, die Slawenmission vorantrieb und von den anderen Königen als Schiedsrichter angesehen wurde, war auch der geeignete Erneuerer für das Kaisertum des Karolingers.

In Rom hatten sich seit 952 die Verhältnisse gründlich geändert. Der machtbewußte Senator Alberich war 954 gestorben. Er hatte die Römer schwören lassen, daß sie seinen Sohn

Oktavian nicht nur als seinen Nachfolger akzeptieren, sondern auch zum Papst machen würden. Der Zwanzigjährige wurde 955 als Johann XII. das Haupt der lateinischen Kirche, aber ihm fehlte der starke Führungswille des Vaters ebenso wie jede geistliche Eignung. Als ihn die Anhänger seines Vaters verließen und im Bund mit Berengar von Ivrea, der seine Treueschwüre vergessen hatte und seine Machtstellung mit den härtesten Mitteln ausbaute, die Absetzung des Papstes vorbereiteten, wandte er sich an den deutschen König.

Der Romzug wurde in Deutschland sorgfältig vorbereitet. Im Mai 961 wurde auf einem Reichstag in Worms Adelheids Sohn Otto zum König gewählt. In Aachen wurde die Wahlhandlung noch einmal feierlich wiederholt, weil die Lothringer in Worms nicht teilgenommen hatten. Dann wurde der Sechsjährige gekrönt und auf den Thron Karls des Großen gesetzt. Otto selbst hatte schon bei seiner Krönung 936 auf diesen Ort und diese Tradition besonderen Wert gelegt. Für Adelheid war es sicher eine Genugtuung, daß ihr Sohn offiziell und feierlich zum König gewählt und gekrönt wurde. Der junge König sollte in Deutschland bleiben und von seinem Halbbruder Wilhelm, dem Erzbischof von Mainz, erzogen werden, vermutlich zusammen mit den beiden Enkeln Ottos. Die Vertretung des Königs lag bei Ottos Bruder Brun, dem Erzbischof von Köln. So blieb die Verantwortung im engen Kreis der Familie.

Im August 961 brachen der Hofstaat mit Adelheid und das königliche Heer von Augsburg aus auf und zogen über den Brenner nach Italien. Es gab keinen nennenswerten Widerstand. Berengar zog sich mit seinen Anhängern in unzugängliche Bergfestungen zurück, und nach fast zehnjähriger Abwesenheit bezog Adelheid wieder ihre königliche Residenz in

Pavia. Es muß für sie, die vorher immer im Süden gelebt hatte, nach neun Wintern in Deutschland und einer langen psychischen Kaltstellung wie eine Heimkehr gewesen sein. In diesem vertrauten Rahmen wuchs auch ihre politische Bedeutung. Zum ersten Mal wurde sie von Otto in königlichen Urkunden als "regni nostri consors", als Mitherrscherin bezeichnet. Diese Formel hat zwar in italienischen Kanzleien eine gewisse Tradition, und sie war auch schon von Lothar für Adelheid verwendet worden. Aber in Deutschland war sie unüblich, und daß sie in der neugegründeten italienischen Kanzlei Ottos Verwendung fand, war sicher eine bewußte Entscheidung.

Von Pavia aus wurden die Verhandlungen mit dem Papst über die Kaiserkrönung in Rom aufgenommen. Wichtig dabei war die Formulierung der gegenseitigen Versprechungen und Garantien. Denn wie schon Karl der Große wollte Otto nicht den Eindruck entstehen lassen, daß der Papst den Kaiser macht. Der Papst leistete Otto gegenüber eine Sicherheitseid, daß er treu zu ihm stehen (und nicht etwa wieder zu Berengar übergehen) würde, und daß alle zukünftigen Päpste vor ihrer Weihe einen solchen Treueid abzulegen hätten. Auch die Römer (eine wichtige, aber unklare und manipulierbare Größe, einmal die Führer der adligen Parteien, dann aber vor allem bei Unruhen auch der Pöbel) mußten ihrem neuen Patricius Treue schwören. Ein kaiserlicher Missus sollte den neuen Kaiser in Rom vertreten. Der Kaiser war also der weltliche Herr. Auf der anderen Seite erneuerte Otto in einem feierlichen Dokument, dem "Ottonianum" die Schutzversprechungen und Schenkungen seiner karolingischen Vorgänger für den Papst und die römische Kirche.

45

Ende Januar 962 zog Otto nach Rom, und am 2. Februar wurden er und Adelheid feierlich vom Papst, dem Klerus und dem römischen Volk in die Peterskirche geführt und dort gekrönt und gesalbt. Die gleichzeitige Krönung Ottos und Adelheids scheint bisher als Neuerung nicht genügend gewürdigt worden zu sein. Die Krönung von Königinnen war im Bereich des karolingischen Reiches an sich nicht üblich, und bei den wenigen Belegen lag meist ein besonderer Grund vor. So ließ Karl der Kahle 866 seine Gemahlin Hermintrudis, mit der er seit 842 verheiratet war, in der Hoffnung auf bisher fehlende Nachkommen zur Königin krönen. Ottos erste Frau Edgitha wurde auf jeden Fall nicht mit ihm zusammen gekrönt (nur Thietmar von Merseburg berichtet ohne Einzelheiten überhaupt von einer Krönung), und auch Adelheid war weder in Italien noch in Deutschland gekrönt worden. Bei den Kaisern war Ludwig der Fromme von seinem Vater auf einer Reichsversammlung in diesen Rang erhoben worden. Nach dem Tod Karls des Großen ließ sich der Sohn, der sich von seinem Vater vor allem durch seine Frömmigkeit unterscheiden wollte, zusammen mit seiner Gemahlin in Reims von dem eigens dazu angereisten Papst krönen. Bei den späteren römischen Kaiserkrönungen scheinen keine Frauen mitgekrönt worden zu sein. Allerdings finden wir bei Wido von Spoleto 891 für seine Frau Angeltrud die Bezeichnung "dilectissima coniux nostra Ageltruda imperatrix et consors imperii nostri", also eine deutlich betonte Mitverantwortung und den Titel einer Kaiserin.

Die gleichzeitige Krönung Adelheids und Ottos, über die es leider keinen genauen Bericht gibt, war also nicht Routine, sondern eine bewußte Akzentsetzung. Es wäre möglich, daß diese Lösung auch den Wünschen der päpstlichen Seite entgegenkam, weil Adelheid für sie eine gewisse Brücke zwischen der italienischen Welt und der deutschen darstellte, aber auf jeden Fall konnte diese Doppelkrönung nicht ohne den Willen Ottos geschehen. Das wird bestätigt durch die Kaiserurkunden der folgenden Jahre, in denen Adelheid mit Titeln wie "consors imperii nostri", "consors regnorum nostrorum" oder auch "particeps imperii nostri" bezeichnet wird, vor allem in italienischen Urkunden, aber auch in deutschen. Die besondere Bedeutung, die Adelheid im Zusammenhang mit Italien für Otto hatte, fand in diesen Urkunden genauso ihren Ausdruck wie in der gleichzeitigen Krönung.

In welcher Form die Krönung der Adelheid durchgeführt wurde, ist nicht überliefert. Aber in dieser Zeit entstand die "Benedictio Reginae", die zum Bestand des Pontifikale Romano-Germanicum gehört und auch bei der Krönung der Theophanu Verwendung fand:

"Der Ordo besteht aus vier Gebetsformeln, von denen die beiden ersten am Eingang der Kirche und vor dem Altar über die Königin gesprochen werden und die beiden letzten ihre Salbung und Krönung begleiten. Während die beiden letzten Handlungen zu einer Herrschereinsetzung gehören und sich in vergleichbarer Form auch bei der Erhebung eines Königs oder Kaisers finden, sind die beiden ersten Formeln Segenswünsche, die über die Königin gesprochen werden."

Vergleichbar dem "consors regni" der Urkunden drückt diese "Benedictio Reginae", die so ähnlich wohl auch bei Adelheid verwandt worden ist, eine eigenständige, wenn auch eng mit der Person des Herrschers verbundene Rolle der Herrscherin aus.

Wie Adelheid selbst ihre Rolle gesehen hat oder gesehen haben wollte, verrät uns wieder Odilo von Cluny, der diese Zusammenhänge in ein kleines Gedicht faßt:

Nemo ante illam	*Nicht eine war vordem ihr gleich*
Ita auxit rem publicam	*So hob und mehrte sie das Reich.*
Cervicosam Germaniam	*Die trotzige Germania*
Ac fecundam Italiam	*Die fruchtbare Italia*
Has cum suis principibus	*Und ihre Fürsten untergab*
Romanis subdidit arcibus.	*Sie Romas Schwert und Herrscherstab.*
Ottonem regem nobilem	*Der edle König Otto dann*
Rome prefecit cesarem,	*Durch sie den Kaiserthron gewann.*
Ex quo genuit filium	*Der Sohn auch, den sie ihm gebar,*
Imperio dignissimum.	*Des Reiches Stolz und Zierde war.*

Vom ersten zum zweiten Italienzug

Johann XII. hatte sich in einer für ihn gefährlichen Lage
an Otto gewandt, aber weder er noch der römische Stadtadel
waren an einer starken Herrschaft von außen interessiert.
Otto dagegen hatte die Absicht, die Verhältnisse in Italien
genauso in den Griff zu bekommen wie vorher die in Deutschland. Deshalb konzentrierte er sich von Pavia aus zunächst
auf die Befriedung der Lombardei und die endgültige Ausschaltung Berengars. Dessen Sohn Adalbert ging nach Rom,
und es kam ohne Rücksicht auf die vorher geleisteten Sicher-
heitseide zu einer großen Koalition zwischen Papst, Stadtadel
und Berengar. Deshalb mußte Otto im Herbst 963 noch einmal gegen Rom ziehen. Als sich das kaiserliche Heer der
Stadt näherte, packte der Papst den Kirchenschatz und floh
mit Adalbert in die Campagna. Otto war wirklich wütend. Er
ließ die Römer schwören, nie mehr einen Papst ohne Zustimmung des Kaisers zu wählen. Das war ein massiver Eingriff,
denn die freie Papstwahl war bisher ein Privileg der Römer
gewesen. Auf einer von Otto einberufenen und geleiteten
Synode wurde der abwesende Papst wegen Unwürdigkeit abgesetzt. Im römischen Klerus einen würdigeren zu finden, war
offenbar nicht so einfach. So wurde ein angesehener Adliger
von Otto zum Papst bestimmt, summarisch mit allen geistlichen Weihen versehen und am selben Tag als Leo VIII.
inthronisiert. Zur selben Zeit mußte Berengar in seiner Apenninenfestung kapitulieren und wurde in die Verbannnung
nach Bamberg geschickt. Otto hatte sich durchgesetzt.

Sein Durchgreifen war sicher berechtigt, aber vielleicht
doch überzogen, weil es die Empfindlichkeiten der Römer zu

wenig schonte. So endet die in dieser Zeit verfaßte Chronik des Mönchs von Soracte mit der Klage:

"Wehe Rom! Denn von so vielen Völkern bist du unterdrückt und zertreten; du bist auch von dem Sachsenkönige gefangen, und dein Volk ist mit dem Schwert gerichtet, deine Stärke zu nichts geworden. Dein Gold und dein Silber tragen sie in Säcken fort. Du warst Mutter und bist zur Tochter geworden. Was du besaßest, verlorest du; deiner ersten Jugend bist du beraubt, zur Zeit des Papstes Leo bist du vom ersten Julius zertreten worden."

Bei dem insgesamt größeren Einfluß, den Adelheid auf die Gestaltung der kaiserlichen Politik in Italien hatte, spricht manches dafür, daß sie dieses harte Vorgehen mitgetragen und unterstützt hat, das sich ja immer auch gegen die Partei ihres alten Feindes Berengar richtete.

Rom war fortan in zwei Fraktionen gespalten, eine kaiserliche und eine antikaiserliche. Der neue Papst hatte keine eigene Anhängerschaft und war von der Protektion durch den Kaiser abhängig. Der alte Papst verfügte aber noch über beträchtliche Mittel und baute sich als Verteidiger römischer Rechte gegen die sächsische Fremdherrschaft auf. Noch zweimal mußte Otto 964 seinen Papst mit Gewalt wiedereinsetzen, bevor er Ende des Jahres wieder nach Deutschland heimkehren konnte. Als Leo VIII. im Frühjahr 965 starb, schickte Otto zwei Bischöfe seines Vertrauens nach Rom, die die Wahl eines neuen Papstes vorbereiteten und überwachten. Der Gewählte stammte aus dem städtischen Adel und war damit eine Art Kompromißangebot an die Römer. Johann XIII. baute sich in der Familie der Crescentier eine eigene Partei auf. Aber Ende 965 wurde er durch einen von der anderen Seite inszenierten Volksaufstand vertrieben. Das Vorgehen Ottos hatte hier einen Unruheherd geschaffen, der die kaiserliche Autorität immer wieder in Frage stellte.

Otto und Adelheid kehrten Anfang 965 nach Deutschland zurück. In Heimsheim trafen sie im Januar nach dreieinhalb Jahren ihren noch nicht zehnjährigen Sohn, den jungen König Otto, und Erzbischof Wilhelm, in Worms im Februar Erzbischof Brun. Eine Reichsversammlung in Köln im Juni war gleichzeitig eine letzte glänzende Versammlung der Familie. Ottos Mutter Mathilde war anwesend, ebenso sein vierzehnjähriger Neffe Heinrich von Bayern und die beiden Söhne seiner Schwester Gerberga, König Lothar von Frankreich und sein jüngerer Bruder Karl. Für die beiden Töchter Adelheids wurden hier die Weichen gestellt. Die 949 aus der Ehe mit Lothar geborene Hemma wurde mit dem französischen König Lothar versprochen und heiratete ihn im folgenden Jahr, die elfjährige Mathilde wurde Äbtissin von Quedlinburg. In der Folgezeit standen wichtige Entscheidungen an. In Sachsen starb Markgraf Gero, der Sachwalter Ottos in der Ostpolitik und der Slawenmission, und sein Herrschaftsbereich wurde in sechs Marken aufgeteilt. Hier mußte Otto sich auch um die Umsetzung der vom Papst genehmigten kirchlichen Neugliederung mit Magdeburg bemühen, gegen die sich vor allem sein Sohn Wilhelm als Erzbischof von Mainz und der Bischof von Halberstadt wehrten. Für die Ostmission ergaben sich neue Perspektiven, als sich 966 König Miseko von Polen unter dem Einfluß seiner christlichen Gemahlin taufen ließ. Ein schwerer Schlag war im Spätjahr 965 der Tod von Ottos Bruder und Vertrautem Brun, der als Erzbischof von Köln auch das Herzogtum Lothringen verwaltet hatte. Wie bei der Nachfolge Geros entschied Otto sich auch hier dafür, das Gesamtherzogtum nicht mehr zu besetzen.

Die Verhältnisse in Deutschland waren sicher und stabil, aber in Italien lag vieles im argen. In Norditalien kämpften immer noch Anhänger Berengars oder eher Gegner der strafferen deutschen Königsherrschaft überhaupt, der Papst rief um Hilfe gegen die Römer, die ihn vertrieben hatten, und südlich von Rom waren die Verhältnisse völlig unübersichtlich. Sizilien und Teile von Süditalien waren islamisch, die Sarazenen hatten sogar einen Stützpunkt in Fraxinetum in den provenzalischen Alpen, und sie waren jederzeit bereit, sich allein oder im Bund mit anderen an Raub- und Eroberungszügen zu beteiligen. Zwischen den sarazenischen Gebieten und Rom lagen die ehemals langobardischen Fürstentümer von Spoleto, Capua, Benevent und Salerno, die sich der Anerkennung einer Oberherrschaft geschickt entzogen hatten, und ganz im Süden waren die beiden zum oströmischen Kaiserreich gehörenden Verwaltungsbezirke Kalabrien und Apulien. Eine Klärung der Machtverhältnisse in diesem Raum konnte also auch zu einem Konflikt mit Byzanz führen.

Im Spätherbst 966 begann der dritte Italienzug. Weihnachten verbrachte die kaiserliche Familie bereits in Rom. Die Anführer des Aufstandes gegen den Papst wurden hingerichtet, oppositionelle Adlige nach Deutschland verbannt. Im April 967 fand in Ravenna unter der Führung des Kaisers eine große Reichs- und Kirchenversammlung statt. Hier erhob der Papst Magdeburg endgültig zum Erzbistum. Aber erst ein Jahr später, nach dem Tod des Mainzer Erzbischofs und des Halberstadter Bischofs, konnten die Diözesangrenzen neu geregelt werden. Nach Ottos Vorstellungen sollte der neue Erzbischof Adalbert den linksrheinischen Erzbischöfen

gleichgestellt sein und rechtsrheinisch den Ehrenvorrang haben. Im Rahmen dieser Versammlung übertrug Otto dem
Papst die Verwaltung des Exarchats Ravenna, ohne aber damit seine Oberherrschaft in Frage zu stellen. Denn der Papst
gab seine Rechte an die Kaiserin Adelheid weiter, die wiederum ihren Gatten mit der Verwaltung beauftragte. Die Übertragung war also nur eine formale Verbeugung vor dem Papst,
und der ganze Vorgang sagt mehr über die gestiegene Bedeutung Adelheids bei der Neuordnung Italiens.

Die Verhandlungen mit Byzanz

Die byzantinischen Kaiser hatten das neue fränkische Kaisertum im Westen nie gerne gesehen, weil sie sich als die einzigen rechtmäßigen römischen Kaiser verstanden. Deshalb
war ihnen auch die Erneuerung des Kaisertums durch Otto
962 nicht geheuer. Der byzantinische Kaiser dieser Zeit war
Romanos II. aus der makedonischen Dynastie. Diese war 867
mit dem Emporkömmling Basileios I. durch einen Staatsstreich auf den Thron gelangt, aber inzwischen durch lange
Herrschaftsausübung legitimiert. Dabei war immer wieder an
die Seite des offiziell regierenden Kaisers ein tüchtiger Zweit-
kaiser getreten, der die wirkliche Verantwortung trug. Byzanz
hatte unter dieser Führung den Kampf gegen den Islam wieder aufgenommen und in Kleinasien große Erfolge errungen,
und 960 wurde auch Kreta nach anderthalb Jahrhunderten
zurückerobert. Als Romanos II. 963 nach kurzer Regierungszeit starb, heiratete seine Witwe Theophano, angeblich eine
Schankwirtstochter, den siegreichen Feldherrn Nikephoros
Phokas und machte ihn formal zum Mitkaiser für ihre beiden
kleinen Söhne. Nikephoros Phokas war ein Angehöriger des

Militäradels, ein großer Feldherr und ein fanatischer Gegner des Islam. Aber auch dem weströmischen Kaisertum stand er ablehnend gegenüber. 967 erschien in Ravenna eine byzantinische Gesandtschaft bei Otto. Sie verlangte wohl die Anerkennung der byzantinischen Oberhoheit. Ottos Antwort, vor allem das Angebot eines Ehebündnisses, war offenbar so wenig befriedigend, daß Ottos Gegengesandter den byzantinischen Kaiser Nikephoros Phokas in Makedonien schon auf dem Marsch nach Italien traf, wo er den Kampf um das Kaisertum aufnehmen wollte. Der Gesandte versicherte, daß Otto die Integrität des byzantinischen Kaiserreiches achten werde. Diese Erklärung verstand Phokas als Verzicht Ottos auf Süditalien. Deshalb wandte er sich wieder dem syrischen Kriegsschauplatz zu, wo 969 schließlich Antiochia nach dreihundert Jahren zurückerobert wurde.

Am Hof Ottos konnte man sich offenbar nicht vorstellen, daß das Angebot eines Ehebündnisses in Byzanz fast als Beleidigung verstanden wurde. Als mögliche Braut dachte man an die Prinzessin Anna, eine allerdings erst 963 geborene Tochter Romanos' II., also eine "purpurgeborene". Deshalb mußte auch der Bräutigam, der junge König Otto, rangmäßig aufgewertet werden. Im Oktober 967 traf er Vater und Mutter in Verona, und zu Weihnachten wurde er in der Peterskirche vom Papst zum Kaiser gekrönt. Ein solches Mitkaisertum war in Byzanz durchaus üblich, in der deutschen Kaisergeschichte ist es einmalig, und es war eindeutig eine Vorleistung für die byzantinische Hochzeit.

In Verkennung der tatsächlichen Stimmung in Byzanz schickte Otto 968 eine Gesandtschaft nach Byzanz, die über Süditalien und über die Heirat verhandeln sollte. Gleichzeitig begann er aber, in Süditalien auch militärisch einzugreifen. Die Belagerung von Bari, das offiziell zu Byzanz gehörte, sollte diesen Verhandlungen wohl Druck machen. Der Führer dieser Gesandtschaft war Liutprand von Cremona, der einen mit spitzer Feder geschriebenen Bericht über die Zustände in Konstantinopel, den Kaiser und den Ablauf der Verhandlungen hinterlassen hat. Tatsächlich sah Nikephoros Phokas die ganze Angelegenheit als Zumutung an und behandelte die Delegation eher als verdächtige Spione und Gefangene, bevor er sie nach vier Monaten wieder zurückschickte.

Der Umschwung erfolgte schließlich in Byzanz. Nikephoros Phokas hatte sich viele Feinde gemacht, und die Kaiserin verbündete sich mit dem anderen großen Feldherrn, dem Armenier Johannes Tzimiskes. Phokas wurde im Dezember 969 ermordet, und Tzimiskes installierte sich als neuer Mitkaiser der makedonischen Dynastie. Daraufhin erneuerte Otto sein Friedensangebot. Ende 971 kam eine deutsche Zeremonialgesandtschaft nach Konstantimopel, und im April kehrte sie mit einer byzantinischen Prinzessin zurück, allerdings nicht mit der "purpurgeborenen" Anna, sondern mit Theophanu, einer Nichte des neuen Kaisers Johannes Tzimiskes. Die richtige griechische Namensform ist Theophano, aber bei uns hat sich mehr die latinisierte Form Theophanu durchgesetzt, die deshalb auch hier durchgängig verwendet wird.

Die Herkunft der Theophanu

Der deutsche Hof wollte ursprünglich eine purpurgeborene Kaisertochter. Schon damals gab es die Meinung, die westlichen Unterhändler hätten sich hereinlegen lassen, als sie stattdessen Theophanu akzeptierten, deren genaue Herkunft nicht bekannt und deshalb vielleicht auch nicht vornehm genug war. Denn in der Hochzeitsurkunde steht nichts über ihre Eltern, sie ist nur die Nichte des Kaisers Johannes Tzimiskes. Man hat in ihr auch eine weitere Tochter Romanos' II. sehen oder mit anderen kühnen Konstruktionen ihren kaiserlichen Rang belegen wollen. Die heute als gesichert geltende Herkunft hat zuerst Henry Benrath 1937 in den Vorarbeiten zu seinem Theophanu-Roman ausfindig und plausibel gemacht. Ein wesentlicher Anhaltspunkt war, daß die zweite Tochter der Theophanu, die der Sitte nach auf den Namen ihrer Mutter getauft wurde, Sofia hieß. Mit dieser zusätzlichen Angabe ließ sich die Verbindung zur Familie der Skleroi herstellen, neben den Phokaides und den Tzimiskes der dritte Pfeiler der Militäraristokratie. Die drei Familien waren auch durch Eheschließungen eng miteinander verbunden. Bardas Skleros war der führende Feldherr dieser Familie, seine Schwester Maria die erste Frau von Johannes Tzimiskes, und sein jüngerer Bruder Konstantin Skleros war mit Sophia Phokas, einer Nichte des Nikephoros Phokas verheiratet. Theophanu wurde zwischen 956 und 959 als Tochter aus dieser Ehe geboren. Sie war damit eine Großnichte des Nikephoros Phokas und eine Nichte des Johannes Tzimiskes. Ihre Patin und Namensgeberin war vermutlich die Kaiserin Theophano. Das zeigt, wie sehr auch dem regierenden Kaiserhaus an einem guten Verhältnis zu dieser Militäraristokratie gelegen war.

Diese Klarstellung ist aus zwei Gründen wichtig. Zum einen zeigt sie, daß die Gesandten Ottos sich nicht mit einer unbedeutenden Braut abfinden ließen, sondern in der politischen Situation die richtige Entscheidung trafen. Denn die Skleroi standen im Kampf um die Macht auf der Seite des Tzimiskes und gehörten nach seiner Thronbesteigung 969 zu seinem engsten Beraterkreis. Für die deutsche Seite war es aber jetzt sinnvoller, sich mit der Verwandtschaft des neuen starken Mannes zu verbinden als mit der nur noch formal an der Macht beteiligten makedonischen Dynastie. In dieser Konstellation war nicht die "purpurgeborene" Anna die erste Wahl, sondern die aus der engeren Umgebung des neuen Kaisers stammende Theophanu. Ein weiteres biologisches Argument für die neue Braut war das Alter. Denn eine Heirat mit der erst 963 geborenen Anna wäre nur ein Wechsel auf die Zukunft gewesen, während Theophanu und Otto annähernd gleichaltrig waren und die Ehe bald vollzogen werden konnte. Daran mußte dem alten Kaiser Otto ebenso gelegen sein wie dem byzantinischen Johannes, der sich mit diesem Ehebündnis elegant eines von seinem arroganten Vorgänger unnötig geschaffenen zusätzlichen Konfliktherdes entledigte.

Zum andern sagt uns diese Herkunft der Theophanu auch viel über ihr familiäres Umfeld, ihre Erziehung und ihr Verhältnis zur Politik. Sie war dann eben nicht in der vergifteten und ungesunden Atmosphäre des kaiserlichen Palastes mit seinen Parteiungen und Intrigen aufgewachsen, wie sie beispielhaft von der anderen Theophano, der Witwe Romanos' II., der Ehefrau des Nikephoros Phokas und Anstifterin zu seiner Ermordung und schließlich auch der Mörderin des Johannes Tzimiskes dargestellt wird. Theophanu stammte aus einer hochadligen Familie und wurde sicher in einem entsprechenden Luxus, aber auch mit gebührender Sorgfalt erzogen. Nach der Machtergreifung des Nikephoros Phokas 963 gehörte sie damit im weiteren Sinne auch zum kaiserlichen Palast. Der Stand ihrer formalen Bildung, Griechisch und Latein, Lesen und Schreiben, klassische und christliche Autoren war sehr hoch. Ihr Vater, sein Bruder und sein Schwager waren hohe Militärführer und damit gleichzeitig politische Würdenträger,

die das Spiel um die Macht beobachten und mitmachen mußten, wenn sie nicht unter die Räder kommen wollten. Für ein
begabtes und interessiertes Mädchen wie Theophanu konnte
der vertraute Umgang mit diesen Männern eine hohe Schule
der Politik sein, die sie offensichtlich genutzt hat, wenn man
von ihrem späteren souveränen Umgang mit der Macht rück-
schließt.

Empfang, Hochzeit und Krönung der Theophanu

Theophanu war zwischen dreizehn und fünfzehn Jahre alt,
als sie nach einer Seereise über die Adria im März 972 in Benevent von Bischof Dietrich von Metz im Auftrag ihres zukünftigen Schwiegervaters und ihres Bräutigams auf weströ-
mischem Boden begrüßt wurde. Wir wissen nicht, wann genau und wie sie in Rom von ihrer neuen Familie begrüßt und
aufgenommen wurde und welchen Eindruck die eine Seite
von der anderen bekam. Aber man kann sich ausmalen, was
hier aus politischen Erwägungen einem jungen Mädchen zu-
gemutet wurde. Sie wurde ohne einen nennenswerten Hofstaat, also praktisch allein in ein fremdes Land und eine fremde Familie gegeben, die aus byzantinischer Sicht, und nach
den Nachrichten der letzten Jahrzehnte über Italien und Rom
nicht ganz zu Unrecht, als barbarisch, heruntergekommen,
ungebildet und nicht gerade gleichrangig galten. Betroffene
wurden bei solchen Arrangements selten um ihre Zustimmung gefragt, vor allem, wenn es sich um Kinder handelte,
aber für die junge Theophanu könnte der Reiz dieses Auf-
bruchs in eine unbekannte Zukunft in der Möglichkeit des
Aufstiegs zur Kaiserin gelegen haben. Die byzantinischen

Kaiserinnen hatten zuweilen großen Einfluß, und in Byzanz hätte sie diese Chance nicht gehabt.

Wahrscheinlich gestaltete sich der Kontakt zu dem zukünftigen Ehemann am einfachsten. Die Eltern hatten dafür Sorge getragen, daß Otto II. eine möglichst sorgfältige Erziehung erhielt. Latein war eine beiden gleich geläufige Sprache, damit war die erste Fremdheit leicht überwunden. Im Alter standen sie sich nahe, und beide waren vornehm und für größere Aufgaben erzogen worden. Vermutlich war Theophanu angenehm überrascht, weil sie einen "barbarischeren" Ehemann erwartet hatte. Auch vom Aussehen her war Otto kein "germanischer Recke", sondern eher klein, schlank und zartgliedrig, dabei aber kein introvertierter Stubenhocker, sondern auch körperlich durchtrainiert und aktiv. Für den aufgeweckten und interessierten jungen Kaiser war Theophanu die Botin aus einer anderen Welt, die er bisher nur ganz theoretisch und von außen kannte. Ihr späteres Verhältnis legt nahe, daß Otto und Theophanu sich von Anfang an gut verstanden.

Otto I., schon damals voller Verehrung auch der Große genannt, war inzwischen 60 Jahre alt und trug seit 36 Jahren die politische Verantwortung. Seit sechs Jahren hielt er sich unter nicht einfachen Bedingungen in Italien auf. Sicher war ihm das Alter und die Last der Verantwortung anzumerken, ebenso aber die unangefochtene Überlegenheit seiner Stellung in Deutschland und Italien. Der große Altersunterschied und auch gewisse Verständigungsschwierigkeiten, denn trotz aller Mühen war Latein für ihn eine Fremdsprache geblieben, auch wenn er damit umgehen konnte, verhinderten wahrscheinlich eine größere emotionale Nähe zu der neuen Schwiegertochter, die ihm aber sicher mit Ehrfurcht begegnete. Mit der neuen Schwiegermutter war es wahrscheinlich von vorneherein anders. Die vierzigjährige Adelheid wird Theophanu mit der überlegenen Herzlichkeit der Mutter, der erfahrenen und eingeweihten Politikerin und der Vertreterin des lateinischen Erdkreises gegenübergetreten sein, der ja Ostrom gegenüber dieselben Vorurteile hatte wie umgekehrt. Wenn Theophanu Antennen für feine Schwingungen hatte, dann spürte sie auch schon, daß Adelheids Einfluß auf ihren Sohn Otto größer und direkter war als auf ihren Ehemann, und daß dieses Mutter - Sohn - Verhältnis noch zu Konflikten führen konnte. Und bei aller Herzlichkeit wird auch Adelheid die Schwiegertochter daraufhin taxiert haben, wie weit sie ihr beim Einfluß auf den Sohn ins Gehege kommen könnte. Denn eine baldige Alleinregierung Ottos II. war ja durchaus im Bereich der Möglichkeiten.

Am 14. April wurde Theophanu vom Papst in der Peterskirche mit Otto II. verheiratet und gleichzeitig zur Kaiserin gekrönt. Diese großartige und prächtige Demonstration der Erhöhung und Gleichstellung Theophanus war vielleicht nicht im Sinne Adelheids, aber als Konsequenz ihrer eigenen Kaiserinnenkrönung ein logischer Abschluß der Verhandlungen mit Byzanz, denn damit war die gegenseitige Anerkennung und auch Abgrenzung offiziell geworden. Zu diesem Anlaß wurde von Otto II. eine Urkunde ausgestellt, in der er seiner Frau Besitzungen in Italien und Deutschland als Heiratsgut übertrug. Von dieser "Heiratsurkunde" wurde wahrscheinlich auf Wunsch der Theophanu eine besonders prächtige Ausfertigung mit reicher ornamentaler Gestaltung hergestellt, die als schönste Urkunde des Mittelalters überhaupt gilt.

Heimkehr und Tod Ottos des Großen

Nach der Kaiserkrönung und dem feierlichen "Beilager" der Neuvermählten am 17. April bereitete der kaiserliche Hof seine Rückkehr nach Deutschland vor. Ende Mai war er in Ravenna, Ende Juli in Mailand und am 14. August 972 in St. Gallen. Bei dieser Gelegenheit ließ sich Otto II. die Klosterbibliothek zeigen.

"Dies nun wagte der Abt nicht zurückzuweisen; doch gab er den Befehl zum Öffnen erst nach dem scherzhaften Vorbehalt, daß ein so mächtiger Räuber Kloster und Brüder nicht ausplündern dürfe. Jener aber ließ sich von den gar prächtigen Büchern verlocken und trug mehrere mit sich fort; allerdings gab er einige davon auf Ekkehards Bitten später wieder zurück."

Von dort aus zog der Hof weiter an den Rhein nach Ingelheim und Mainz, wo Otto zum letzten Mal an den Gräbern seiner Kinder - Liutgard, Liudolf und jetzt auch Wilhelm von Mainz - stand. Hier wird es auch zum Zusammentreffen mit den beiden Enkeln Otto gekommen sein, die wahrscheinlich nicht mit Otto II. nach Italien gegangen waren, sonst hätten sie in diesen Jahren bei Hof doch irgendwo einmal Erwähnung gefunden. In Ingelheim wurde im September eine Reichsversammlung und Synode unter dem Vorsitz der beiden Kaiser abgehalten. Weihnachten verbrachte der Hof in Frankfurt, und Anfang des neuen Jahres erreichte er Magdeburg. Die langsame Reise wirkt wie ein Abschied Ottos von seiner Welt, und Adelheid mag sich hier schmerzlich an ihr Ausgeschlossensein erinnert haben, vor allem in Magdeburg, wo Otto seine zukünftige letzte Ruhestätte an der Seite Edgithas besuchte. Im März kam der Hof nach Quedlinburg. Dort

feierte die Kaiserfamilie das Osterfest. Auf einem letzten großen Hoftag ordnete Otto noch eine Reihe von sächsischen
und kirchlichen Angelegenheiten, vor allem auch in Bezug
auf die Slawenmission und die Stellung Magdeburgs. Am 7.
Mai starb er in seiner Pfalz Memleben.

Adelheid und Otto II.

Direkte Thronkämpfe waren nach dem Tod Ottos des
Großen nicht zu erwarten, denn die Thronfolge war seit langem klar geregelt. Aber dennoch war eine starke Klammer
weggefallen, der junge Kaiser mußte seine Eigenständigkeit
erst noch beweisen, die alten Ratgeber ersetzen und neue finden. Wie groß die Trauer Adelheids war, ist nicht zu sagen.
Sie war seit 960 und vor allem in Italien zur Beraterin und
Mitherrscherin aufgestiegen, aber ihr tatsächlicher Einfluß
war nicht so groß, wie sie es gern gewollt hätte, und eine enge
emotionale Bindung war die Ehe schon lange nicht mehr. Der
Tod des Gatten traf sie sicher nicht unvorbereitet. Jetzt sah
sie ihre Aufgabe und auch ihre Verpflichtung ihm gegenüber
darin, den jungen Otto an der Hand zu nehmen und für ihn
die entscheidenden Weichen zu stellen. Die ersten Urkunden
Ottos II., die dem Andenken seines Vaters gewidmet sind, so
etwa die Bestätigung der Rechte des Erzbistums Magdeburg,
beziehen sich ausdrücklich auf eine "admonitio", eine Mah-
nung seiner Mutter. Auch tritt sie in der ersten Zeit sehr stark
als Intervenientin in Erscheinung.

Dabei kehrte Adelheid aber in die alten Bahnen ihrer
Deutschlandpolitik zurück, die einst zum liudolfinischen Aufstand geführt hatten. Sie verband sich wieder mit dem bayerischen Zweig der Königsfamilie, mit Judith, der Witwe Hein-

richs von Bayern, ihrem zweiundzwanzigjährigen Sohn Heinrich mit dem vielsagenden Beinamen der Zänker, für den die Mutter lange Jahre als Vormund das Herzogtum verwaltet hatte, und mit Judiths Tochter Hadwig, der Gattin des altgewordenen schwäbischen Herzogs Burchard. Nicht ohne Vermittlung Adelheids war Herzog Heinrich der Schwiegersohn ihres Bruders Konrad von Burgund geworden. Als im Juli der ehrwürdige Bischof Ulrich von Augsburg, der Mitsieger der Ungarnschlacht auf dem Lechfeld, starb, setzte Adelheid bei Otto II. entgegen den Wünschen des Verstorbenen und der Augsburger Geistlichkeit die Ernennung eines Neffen Judiths durch. Dabei nutzte sie wohl ihre Vertrauensstellung aus, um in Augsburg den Eindruck zu erwecken, daß Otto die Wahl Heinrichs auf jeden Fall wolle, so daß dort schließlich unter Protest dieser Heinrich gewählt wurde, und nun mußte Otto ihn bestätigen.

Damit hatte die bayerische Partei eine wesentliche Machtposition hinzugewonnen. Eine neue Möglichkeit ergab sich, als im November Herzog Burchard von Schwaben starb. Seine junge und ehrgeizige Witwe Hadwig sah sich mit der Unterstützung Adelheids schon in der Rolle der Herzogsmacherin, und damit hätte die bayerische Herzogsfamilie mit Bayern, Schwaben, dem Bistum Augsburg und der burgundischen Verschwägerung den Zugang nach Italien kontrolliert und die zukünftige Italienpolitik bestimmen können. Über dieser Frage scheint es zum ersten Bruch zwischen Adelheid und Otto gekommen zu sein. Denn Otto vergab das Herzogtum Schwaben an seinen Neffen Otto, den Sohn Liudolfs, dem er vertraute, und der auf jeden Fall kein Freund der bayerischen Linie war.

Adelheid als Witwe und Odilo von Cluny
Evangeliar aus Metz (frühes 11. Jahrh.)
Bibliothèque Nationale Paris

Ein anderer Konfliktherd war das Verhältnis zu Frankreich. Der französische König Lothar war ein Neffe Ottos des Großen, der Sohn seiner Schwester Gerberga, und er war seit 966 mit Adelheids Tochter Hemma verheiratet, gehörte also ihrer Ansicht nach wie die Bayern zur "Familie". Er schützte und unterstützte aber die lothringischen Grafen Reginar und Lambert, die noch der alte Kaiser Otto als Aufrührer des Landes verwiesen hatte. Sie fielen Ende des Jahres in Lothringen ein, und gegen sie führte Otto II. im Januar 974 seinen ersten Feldzug.

Ihren Interventionen nach war Adelheid noch bis Mitte 974 am Hof, aber ihren Einfluß auf den jungen Kaiser hatte sie verloren. Sie reiste dann über Burgund, wo sie ihren königlichen Bruder Konrad besuchte, in ihre alte Residenz nach Pavia und vertrat dort in den folgenden Jahren die königliche Gewalt. Wie sie selbst diesen Bruch empfand, dafür ist wieder die "Selbstdarstellung" bei Odilo von Cluny aufschlußreich:

"Als nun der kaiserliche Otto den Weg alles Fleisches gegangen war, leitete die Kaiserin lange Zeit mit ihrem Sohne glücklich die Herrschaft des römischen Reiches. Als aber nach göttlicher Fügung gerade durch der Kaiserin Verdienst und Betriebsamkeit der Vorrang des römischen Kaiserthums fest begründet war, fehlte es nicht an schlechten Menschen, die unter ihnen Zwietracht zu säen sich bemühten. Getäuscht durch ihre Schmeichelei wandte das Herz des Kaisers von seiner Mutter sich ab."

Theophanu und die neue Regierung

Zu den engsten Vertrauten des Kaisers gehörten neben Theophanu Otto von Schwaben, der Kanzler Willigis und, mit einigem Abstand, Otto, der Sohn Liutgards, nach seinem Besitz Otto von Worms genannt, der spätere Herzog von Kärnten. Otto II. und Otto von Schwaben, die gleichaltrigen Jugendfreunde, über längere Zeit gemeinsam erzogen, standen sich sehr nahe, und der Kaiser hatte zu seinem Neffen uneingeschränktes Vertrauen, obwohl Otto von Schwaben der nächste Thronerbe war, solange Otto und Theophanu keinen Sohn hatten. Auch Theophanu und der neue Herzog scheinen von Anfang an eine gute und vertrauensvolle Beziehung zueinander gehabt zu haben, nach späteren Gerüchten sogar eine zu gute. Willigis gehörte ebenfalls zu den Jugendfreunden. Er ist eine Ausnahme in dieser vom Hochadel geprägten Zeit, denn er stammte aus einer nichtadligen sächsischen Familie, und Otto der Große, dem das aufgeweckte Kind aufgefallen war, hatte ihn zum Spiel- und Schulkameraden seines Sohnes bestimmt, weil er nicht wollte, daß dessen Erziehung sich zu weit von der Lebenswelt der einfachen Leute entfernte. Da der "formale" Teil der Bildung unter geistlicher Führung stand, lag es für Willigis nahe, die kirchliche Laufbahn zu ergreifen, und seine Nähe zum Hof und seine Tüchtigkeit bewirkten, daß Otto der Große ihn 971 zum Kanzler machte. Der Kanzler war nicht in erster Linie ein politischer Berater, sondern der Leiter der Kanzlei, die für die Erstellung aller schriftlichen Dokumente zuständig war. Aber Kanzler war eine besondere Vertrauensstellung, mit der viel politischer Einfluß verbunden sein konnte. Willigis wurde 975 von Otto II. zum Erzbischof von Mainz und Erzkanzler gemacht. In dieser Funktion war er in den großen kommenden Krisen die tragende Stütze der Reichspolitik.

So war aus dem Erziehungskonzept, das Otto der Große für seinen Sohn und die beiden Enkel entwickelt hatte, der innere Kern für die Regierung seines Nachfolgers herausgewachsen. Theophanu mit ihrem klaren politischen Verstand fügte sich in dieses Team nahtlos ein und wurde wahrscheinlich im Lauf der Zeit so etwas wie der lenkende Kopf im Hintergrund. In den ersten Jahren ist das bei den Interventionen noch nicht nachvollziehbar, aber auf der anderen Seite ist es klar, daß sich Außenstehende von einer landfremden Kaiserin, die noch ein junges Mädchen war und keine verwandtschaftlichen Beziehungen am Hof hatte, weniger an Einfluß erwarteten als von der Kaiserinwitwe Adelheid. Auch war Theophanu von ihrer Art her zurückhaltender und hielt sich aus dem Geklüngel der großen Familien heraus, das für Adelheid ein wesentlicher Teil der Politik war.

Die schwächste Stelle in dieser neuen Führung war der Kaiser selber. Otto II. hatte viele gute Eigenschaften. Aber er neigte zur Ungeduld und Selbstüberschätzung. In seiner engsten Umgebung war er harmoniebedürftig und scheute Konflikte. Deshalb ließ er sich leicht beeinflußen. Hatte er aber das Gefühl, von jemand ausgenutzt oder falsch geführt worden zu sein, dann konnte er in heftigtsten Zorn ausbrechen und war zu ungerechten und unberechenbaren Reaktionen fähig. So ließ er 979 den sächsischen Markgrafen Gero ohne einsehbaren Grund hinrichten, weil er von dessen Gegnern entsprechend präpariert worden war. Einige seiner Günstlinge am Hof, so der zur Familie gehörende Bischof Dietrich von Metz, wußten diese Schwächen für ihre Zwecke und ihre Stellung zu nutzen.

Im Sommer 974 versuchte der Dänenkönig Harald Blau-
zahn sich von der deutschen Oberherrschaft zu lösen. Gleichzeitig nahm Heinrich der Zänker Kontakt zu Boleslaw von
Böhmen und Miseko von Polen auf, denen er größere Unabhängigkeit versprach, wenn sie ihm behilflich wären, deutscher König zu werden. Die Verschwörung war dilettantisch.
Otto lud Heinrich vor Gericht nach Sachsen, wo er den Feldzug gegen Dänemark vorbereitete. Otto von Schwaben sorgte
dafür, daß Heinrich sich nicht in Bayern verstecken konnte.
Heinrich erschien vor Otto und wurde in vorläufige Haft
nach Ingelheim geschickt. Der Dänenfeldzug war typisch für
Otto. Als das deutsche Heer im Anmarsch war, wollte der
Dänenkönig sich unterwerfen, aber sein Angebot ging dem
Kaiser nicht weit genug, er wollte die Entscheidungsschlacht,
in der er aber geschlagen wurde. So mußte ein zweites Heer
gesammelt werden, das dann im Herbst die deutsche Oberherrschaft endgültig durchsetzte.

Immerhin hatte Otto in diesem ersten Jahr seine Stellung
in Lothringen und gegen die Dänen gefestigt und die erste
Revolte Heinrichs des Zänkers niedergeschlagen. Deshalb
blieb 975 ruhig. Im Sommer führte Otto einen Feldzug gegen
Boleslaw von Böhmen, um ihn für seine Teilnahme am bayerischen Aufstand zu bestrafen. Jetzt kam es endlich zur Einrichtung des lang geplanten Bistums Prag, das dem Erzbistum
Mainz unterstellt wurde. Aber die Böhmen wurden nicht entscheidend geschlagen, sie fielen noch im Herbst plündernd in
Bayern ein, und der neue Prager Bischof, der Sachse Thietmar, den Willigis von Mainz in Brumath im Elsaß geweiht
hatte, konnte sein Amt nicht antreten. Ein neues Eingreifen
im Böhmen war damit für 976 vorprogrammiert.

Heinrich der Zänker sah seine Stunde gekommen. Er entfloh aus der Haft in Ingelheim. Er fand Anhänger in Bayern, allerdings keineswegs das ganze Herzogtum, und in Sachsen. Otto führte sein Heer nach Bayern und belagerte die Hauptstadt Regensburg. Heinrich konnte nach Böhmen fliehen. Er wurde nun offiziell abgesetzt. Vom bisherigen Herzogtum wurde die Ostmark, das spätere Österreich, als eigenes Herzogtum abgetrennt und dem Babenberger Liutpold übertragen. Ebenso wurden Kärnten und die Marken Verona und Aquileja, die seit 955 zu Bayern gehörten, zu einem eigenen Herzogtum zusammengefaßt, mit dem zur Versöhnung Heinrich, ein Angehöriger der alten bayerischen Herzogsfamilie und damit ein Verwandter der Mutter Heinrichs des Zänkers, belehnt wurde. Das verkleinerte Herzogtum Bayern kam an Otto von Schwaben, dessen Vertrauensstellung beim Kaiser so auch äußerliche Anerkennung fand. Aber der zweite böhmische Feldzug Ottos war erfolglos, und Heinrich der Zänker konnte von Prag aus ungehindert seine Fäden spinnen. So kam es 977 zum Aufstand der drei Heinriche, neben dem Zänker seine Verwandten Heinrich von Kärnten und Bischof Heinrich von Augsburg. Kaiser Otto führte sein Heer zum dritten Mal nach Böhmen und zwang Boleslaw diesmal zur Unterwerfung. Otto von Schwaben und Bayern belagerte die Aufständischen in Passau. Als der Kaiser von Prag aus mit seinem Heer erschien, mußten sie kapitulieren. Heinrich der Zänker kam in Haft zum Bischof von Utrecht. Heinrich von Kärnten mußte sein neues Herzogtum an Otto von Worms abtreten. Bischof Heinrich von Augsburg unterwarf sich und war fortan kaisertreu.

Das Kaisertum Ottos war endlich auch gegenüber den Ansprüchen Heinrichs des Zänkers fest etabliert, aber der Preis

Otto II., Theophanu und Otto III.
Elfenbeintafel Mailand 983

dafür war hoch. Die ständige Unruhe in Deutschland ließ König Lothar von Frankreich Hoffnung schöpfen. 977 griff Otto deshalb zu gewagten Maßnahmen. Er setzte die beiden aufständischen Grafen Reginar und Lambert wieder in ihre Besitzungen ein und ernannte den Bruder des französischen Königs zum Herzog von Niederlothringen. Seit dem Tod des Kölner Erzbischofs Brun war das Herzogtum nicht mehr besetzt worden, weil für einen Herzog von Lothringen die Versuchung groß war, seine Eigenständigkeit durch ein Pendeln zwischen dem westfränkisch-französischen und dem ostfränkisch-deutschen Königtum zu vergrößern. Die Vorgänge in Lothringen zeigten aber, daß auch der lothringische Adel von dieser Versuchung nicht frei war. Die Ernennung Karls zum Herzog von Lothringen war sinnvoll, weil Karl in einem heftigen Gegensatz zu seinem älteren Bruder Lothar und vor allem zu dessen Gattin Hemma, der Adelheid-Tochter, stand, die er offen des Ehebruchs mit einem Bischof bezichtigte. Das ließ vermuten, daß Karl treu zu Otto stehen würde. Im Juni 978 zog Lothar mit einem Heer nach Lothringen. Er versuchte, Otto II. in Aachen zu überfallen und gefangenzunehmen, aber der Anschlag mißlang. Auf einem Reichstag in Dortmund im Juli wurde eine Heerfahrt nach Frankreich beschlossen. Sie führte Otto bis vor Paris, aber es kam zu keiner Entscheidung. Im Mai 980 wurde bei einem Treffen des Kaisers mit dem König an der Grenze der alte Zustand anerkannt, daß Lothringen zum Ostreich gehörte.

In der bayerischen Frage wie gegenüber Frankreich hatte sich die klare Linie der neuen Regierung durchgesetzt, die auf Adelheid und ihre Verwandtenpolitik keine Rücksicht nahm. Theophanus Einfluß ist dabei nicht im einzelnen nachzuweisen. Aber ihr Itinerar, die Rekonstruktion ihrer Aufenthaltsorte aus Hinweisen in erzählenden Quellen, Interventionen und anderen Nennungen, zeigt, daß sie bei den meisten Bewegungen Ottos dabei oder wenigstens in der Nähe war. In den Urkunden Ottos wird sie als "dilectissima coniunx nostra", "amantissima Theophanu augusta", "carissima nostra contectalis", "imperatrix augusta" oder auch "Theophanu augusta et imperii consors" bezeichnet. Mitte 977 wurde wohl in Diedenhofen in Lothringen die erste Tochter geboren und nach der Mutter des Vaters auf den Namen Adelheid getauft. In der Zeit des Dortmunder Reichstags im Juli 978 kam die zweite Tochter, nach der Mutter der Mutter Sofia genannt, auf die Welt. Wahrscheinlich im September des folgenden Jahres war die Geburt der dritten Tochter Mathilde, und im Juli 980 in Cleve am Niederrhein wurden Zwillinge geboren, eine bald verstorbene Tochter und der lang ersehnte Sohn Otto. Das Itinerar wie die Geburt der Kinder und die sehr persönlichen Nennungen in den Urkunden weisen auf einen engen Zusammenhalt des Ehepaars hin und machen damit einen ausschlaggebenden Einfluß Theophanus auf die politische Linie dieser Jahre wahrscheinlich.

Adelheid und die Italienpolitik Ottos II.

Sieben Jahre nach dem Tod Ottos I. war die Stellung seines Sohnes in Deutschland so weit gefestigt, daß er sich wieder den Verhältnissen in Italien zuwenden konnte. Dort hatte vermutlich seine Mutter Adelheid für ihn die Geschäfte geführt. Ihr Aufenthalt zwischen 974 und 980 ist nicht immer genau auszumachen, aber am deutschen Hof war sie wohl nicht mehr, und den größten Teil dieser Zeit dürfte sie in ihrer Residenz in Pavia verbracht haben, wo sie etwa 976 zwischen zwei venezianischen Parteien vermittelte. Wenn Otto in Italien erscheinen und politisch wirksam werden wollte, war ein Zusammentreffen mit seiner Mutter und eine Art von Versöhnung unausweichlich. Die Verhandlungen dazu wurden dem Abt Majolus von Cluny übertragen. Das Gefolge Ottos II. mit Theophanu und dem neugeborenen Sohn sammelte sich im Oktober und traf Anfang Dezember in Pavia ein. Aufschlußreich für das Zusammentreffen mit Adelheid ist auch hier die Schilderung bei Odilo von Cluny:

"Auf den Rath so gewichtiger Männer traf denn zu Pavia die Mutter mit dem Sohne zur festgesetzten Zeit zusammen. Als sie nun gegenseitig sich erblickten, warfen sie seufzend und weinend mit ganzem Körper sich auf den Boden und fingen an, sich in Demuth zu begrüßen; der Sohn demüthig und reuevoll, die Mutter bereitwillig zu verzeihen. Stets blieb zwischen beiden von nun an das unauflösliche Band eines dauernden Friedens."

Die Versöhnung war zunächst ein notwendiger politischer Akt, aber diese Schilderung zeigt nicht nur, wie Adelheid den Vorgang auffaßte - ihr Sohn hatte zu bereuen, sie war bereit zu verzeihen -, sondern deutet auch auf klare Konsequenzen hin. Wenn zwischen den beiden von da an dauernder Friede herrschte, dann hatte Otto sich in wesentlichen Fragen die Standpunkte seiner Mutter zu eigen gemacht und ihr neuen Einfluß auf seine Entscheidungen eingeräumt. Das bedeutete aber, daß Otto sich von seinen bisherigen Beratern entfernte, das heißt von Otto von Schwaben und Theophanu, denn Willigis von Mainz war als sein Vertreter in Deutschland geblieben. Die große politische und persönliche Veränderung, die 981 bei Otto festzustellen ist, geht also auf eine neue Abhängigkeit von seiner Mutter Adelheid zurück. Wir haben über das innere Verhältnis zwischen Adelheid, Otto und Theophanu naturgemäß keine genauen Quellen, nur Andeutungen in Adelheids Lebensbeschreibung wie bei anderen Autoren. Aber für den Wechsel des Einflusses auf Otto II. und die wachsende Entfremdung zwischen ihm und Theophanu spricht auch, daß ihnen nach 980 keine Kinder mehr geboren wurden.

Zunächst sollte oder wollte Otto seine kaiserliche Stellung als Oberhaupt der westlichen Welt demonstrieren. Im Januar 981 leitete er ein Streitgespräch über die richtige Philosophie zwischen zwei berühmten Theologen, dem kaiserlichen Kapellan Ohtrich und Gerbert von Aurillac. Von März bis Juli weilte der ganze Hof in Rom. Dort feierte der Kaiser Ostern im Kreis seiner großen Verwandtschaft, mit seinem Onkel, dem König von Burgund, dessen Frau Mathilde eine Schwester des französischen Königs und Nichte Ottos des Großen war, als vornehmstem Gast. Auch Herzog Hugo Capet, der Gegenspieler des französischen Königs, machte seine Aufwartung. Die großen Ereignisse konnten zeigen, daß der Kaiser der Mittelpunkt der Macht wie der gelehrten Welt war. Diese Veranstaltungen, die dem Stil Adelheids entsprachen, verfehlten sicher nicht ihre Wirkung auf Otto II., und mit ihrer langen und intimen Kenntnis der politischen Landschaft in Italien erreichte die Kaiserinwitwe, daß der Kaiser sich mit ihren Ansichten identifizierte und sich für ihre Verwandten und Günstlinge einsetzte.

Aber ihr großes Ziel war es, den Kaiser zu einem massiven Eingreifen in Süditalien zu bewegen. Dort ging es um zwei Machtbereiche, einmal die Sarazenen in Sizilien, die einen starken Rückhalt in Nordafrika hatten und nur mit einer gleichzeitigen Seeblockade zur Kapitulation hätten gezwungen werden können. Die Sarazenen griffen immer wieder auf das italienische Festland über. Das aber waren südlich von den ehemaligen langobardischen Fürstentümern die byzantinischen Verwaltungsbezirke von Apulien und Kalabrien. An sich hätte der Kampf gegen die Sarazenen ein gemeinsames Anliegen des westlichen und des östlichen Kaisertums sein sollen, und ein militärisches Zusammengehen wäre auch sinnvoll und aussichtsreich gewesen, insbesondere weil Byzanz eine Flotte zur Verfügung hatte. Aber es ging Adelheid weniger um die Sarazenen als um die Wahrung eines kurzfristigen Vorteils zur Inbesitznahme ganz Italiens. Wie später bei den Kreuzzügen verschmolz auch hier schon der Haß gegen den Islam mit der Ablehnung der fremden griechisch-byzantinischen Welt. Adelheid stand aber in enger Verbindung mit der kirchlich-lateinischen Bewegung. Und daß sie damit die Welt der ungeliebten Schwiegertochter treffen und ihren Einfluß auf den Sohn zurückgewinnen konnte, mußte dieses Spiel für Adelheid noch interessanter machen. Otto war für solche Gedankengänge, die seine Überlegenheit und die Überlegenheit seiner lateinischen Welt zum Inhalt hatten, empfänglich. Seinen Titel "imperator augustus" änderte er jetzt und nannte sich wie die byzantinischen Kaiser "Romanorum imperator augustus".

Die Lage in Byzanz schien zu einem raschen Zugreifen einzuladen. Denn der Kaiser und Feldherr Johannes Tzimiskes war 976 gestorben oder wahrscheinlicher ermordet worden, und die Mutter der beiden Titularkaiser aus der makedonischen Dynastie hatte die Macht übernommen. Die Armee hatte gegen sie Theophanus Onkel Bardas Skleros zum Kaiser ausgerufen, war aber damit gescheitert. Der junge Kaiser Basileios II., der sich auch als Feldherr bewähren wollte, erlitt gegen die Bulgaren eine schwere Niederlage. So war Byzanz offenbar innerlich geschwächt und äußerlich bedroht, Süditalien war weit weg und schwer zu verteidigen, und ein kluger und geschickter Politiker mußte die Chance nutzen, die das Schicksal ihm hier bot.

Man hat früher angenommen, daß auch Theophanu hinter diesen Plänen stand, war doch Johannes Tzimiskes der gewesen, der sie in den Westen geschickt hatte, und ihr Onkel der gescheiterte Gegenkaiser. Der Angriff auf das byzantinische Italien hätte dann eine Art Rachefeldzug oder ein legitimistischer Anspruch auf das Ostreich sein können. Aber dagegen spricht einiges. Der Angriff auf Süditalien war nicht von langer Hand in Deutschland geplant und vorbereitet worden, sonst hätte der Kaiser von vornherein auf eine größere Unterstützung gedrängt. Otto hatte zur Sicherung der Stabilität in Deutschland alle Erzbischöfe und die meisten Herzöge und großen Adligen zurückgelassen, nur der unentbehrliche Otto von Schwaben und Bayern begleitete ihn. Auch kannte Theophanu die Kraftreserven und Möglichkeiten der byzantinischen Politik besser als die anderen, und sie wußte, daß ein Angriff auf byzantinisches Reichsgebiet alles mobilisieren würde. Für Byzanz waren die Verwaltungsbezirke Apulien und Kalabrien kein beliebiger Außenposten, sondern geschichtlich und ideologisch ein wichtiger Teil des Imperium Romanum und strategisch eine wesentliche Basis zum weiteren Kampf gegen den Islam. Nach der Niederlage des Basileios hatte sich die Familie der Skleroi mit ihm ausgesöhnt und so zur Konzentration aller Kräfte beigetragen. Theophanu kannte also die Risiken, und mindestens ein zeitgenössischer Bericht besagt, daß sie gegen Otto und seine Kriegsführung heftige Vorwürfe erhoben hat.

Theophanu war demnach gegen die süditalienische Expedition, und sie hatte bei Otto II. erheblich an Einfluß verloren. Das zeigt sich auch daran, daß Bischof Dietrich von Metz, der in dieser Zeit zu seinen engsten Vertrauten zählte, der Kaiserin gegenüber ein unverschämtes Betragen an den Tag legte. Der Feldzug wurde im Lauf des Sommers 981 in Rom beschlossen und vorbereitet, und Weihnachten verbrachte der Hof bereits in Salerno.

Vom Feldzug in Süditalien bis zum Tod Ottos II.

Militärstrategisch war eigentlich klar, daß ein sinnvoller Verdrängungskrieg gegen die Sarazenen nur im Verbund mit einer starken Flotte geführt werden konnte. Aber Otto II. hatte keine Flotte und auch keine Erfahrung in der kombinierten Führung eines Krieges zu Land und zur See. Der ganze Feldzug war dilettantisch vorbereitet. Er richtete sich gegen zwei Gegner, die byzantinischen Besitzungen und die Sarazenen, die beide den Nachschubweg über die See offen hatten, und die durch den Angriff von Norden zur kurzzeitigen Zusammenarbeit geradezu herausgefordert wurden. Selbst die Landtruppen, die der Kaiser anführte, waren für einen nachhaltigen Erfolg zu schwach. Anfang 982 zog er mit diesen Truppen vor die byzantinische Stadt Tarent und belagerte sie. Wahrscheinlich verschleiern die Quellen, daß Otto die Stadt nicht einnehmen konnte, aber alle dort ausgestellten Urkunden geben als Ort nur "vor Tarent" an. Von Tarent aus zog das Heer um den inneren Rand des Stiefels nach Osten und traf auf der gegenüberliegenden Seite auf die Sarazenen. Das erste Treffen verlief für die Deutschen erfolgreich, der Führer der Sarazenen fiel im Kampf und seine Leute begannen zu fliehen. Um sie zu verfolgen, lösten die Deutschen ihre Schlachtordnung auf. Nun brachen die sarazenischen Truppen über die einzelnen deutschen Abteilungen herein und fügten ihnen eine vernichtende Niederlage zu.

Die Schlacht von Cotrone oder Kap Colonne oder Squillace vom 13. Juli 982, ungenügend vorbereitet und dilettantisch geführt, wirft kein gutes Licht auf die strategischen Fähigkeiten des Kaisers. Otto II. selbst wurde durch einen Juden gerettet, der ihn auf ein griechisches Schiff brachte. Otto von Schwaben und Bayern wurde schwer verwundet, eine Vielzahl der anderen deutschen Herren und Fürsten kam ums Leben. Theophanu und ihr Sohn entgingen nur knapp der Gefangennahme. Auch die Sarazenen erlitten schwere Verluste. Der eigentliche Gewinner war Byzanz, denn die Trümmer des deutschen Heeres mußten jeden Gedanken an eine Sicherung der bisherigen Eroberungen aufgeben und sich auf Reichsgebiet zurückziehen. Am 18. August war der Hof wieder in Salerno, und dort verbrachte er auch das Weihnachtsfest 982. Otto von Schwaben und Bayern starb am 31. Oktober in Lucca an den Folgen seiner Verwundungen. Der Tod dieses Weggenossen hat wahrscheinlich Theophanus Situation weiter verschlechtert, denn Otto II. war geneigt, die Niederlage eher anderen als der eigenen Unfähigkeit zuzuschreiben, und er wurde in dieser Haltung von der Gruppe um Dietrich von Metz und Adelheid bestärkt. Die deutschen Quellen sprechen deshalb auch gern von Hinterlist und Hinterhalt der Sarazenen.

Zu Pfingsten 983 berief Otto II. einen allgemeinen Reichstag nach Verona, den ersten gemeinsamen für Deutschland und Italien. Dort wurden wichtige Entscheidungen getroffen. Der noch nicht dreijährige Otto wurde zum

König gewählt und dem Erzkanzler Willigis anvertraut, der ihn über die Alpen bringen und an Weihnachten in Aachen feierlich krönen lassen sollte. Die Erziehung des jungen Königs wurde dem Erzbischof Warin von Köln und dem Erzbischof Johannes von Ravenna übertragen. Als Nachfolger Ottos in Schwaben wurde Konrad eingesetzt, in Bayern der 977 als Herzog von Kärnten abgesetzte Heinrich. Konrad stammte aus einer rheinfränkischen Adelsfamilie, die schon mit Herzog Hermann, dem Schwiegervater Liudolfs und Großvater Ottos, einen Schwabenherzog gestellt hatte. Die Familie gehörte zu den treuen Anhängern der ottonischen Dynastie. Ein Bruder Konrads, Udo, hatte zu den Opfern der Sarazenenschlacht gehört. Die Ernennung Heinrichs war dagegen ein Abgehen von der klaren Linie Ottos II. mit Theophanu und Otto von Schwaben gegen die Verschwörer von 977. Auch scheint eine gewisse Aufwertung Adelheids stattgefunden zu haben, eine Stärkung ihrer Statthalterschaft in Italien, denn sie vermittelte den Frieden zwischen den streitenden Parteien in Venedig.

Der Reichstag von Verona war vermutlich politisch wie persönlich ein Tiefpunkt für Theophanu. Die Wahl ihres Sohnes zum König bedeutete gleichzeitig, daß das Kind ihr entzogen und nach Deutschland gebracht wurde, wenn auch in der Obhut des treuen Willigis. Am kaiserlichen Hof stand sie allein, und politisch beschloß der Reichstag, den Krieg in Süditalien mit verstärkten Kräften weiterzuführen. Theophanu wußte, daß das nur zu einer langen und verlustreichen Auseinandersetzung mit Byzanz führen würde, die an den anderen Grenzen zur Schwächung führen müßten, aber ihre Warnungen wurden als Parteinahme für Byzanz und als Verrat verstanden. Dabei zeigten die Ereignisse in Deutschland, wie recht sie hatte, denn auf die Nachrichten von der kaiserlichen Niederlage in Süditalien hin kam es im Sommer 983 an der dänischen und slawischen Grenze zu schweren Unruhen und Einbrüchen. Hamburg, Havelberg und Brandenburg wurden zerstört.

Otto II. erhielt diese Nachrichten in Rom, wo er gerade Johannes XIV., den bisherigen Erzkanzler der italienischen Kanzlei, als Papst inthronisierte. Er wollte nun wohl den Krieg in Süditalien zurückstellen und zunächst nach Deutschland gehen, aber eine Malariaerkrankung hinderte ihn daran. Weil ihm die Heilung nicht schnell genug ging, nahm er eine starke Überdosis des von den Ärzten verschriebenen Aloë und starb am 7. Dezember 983 an dieser Vergiftung, in Anwesenheit des Papstes und seiner Gemahlin Theophanu. Er wurde in der Vorhalle der Peterskirche beigesetzt. Am 25. Dezember wurde in Aachen, wo die Nachricht vom Tod des Vaters noch nicht bekannt war, sein dreieinhalbjähriger Sohn Otto III. zum König gekrönt.

Die Auseinandersetzung um die Regentschaft

Eine klare rechtliche Regelung für die Regentschaft gab es nicht. Auch ein minderjähriger König regierte theoretisch selbstverantwortlich, hatte allerdings privatrechtlich einen Vormund. Das konnte der nächste männliche Verwandte, der Schwertmage sein, aber auch die Mutter. Auf dieser Grundlage haben immer wieder Königinnen für ihre Söhne die Regierung geführt. Dabei war aber die Zulässigkeit der Wahl eines unmündigen Sohnes zum König an sich umstritten. Im Fall Ottos III. kam erschwerend dazu, daß er beim Tod seines Vaters noch gar nicht gekrönt war. Zu den rechtlichen Problemen kam die politische Lage. Die Witwe des Kaisers und Mutter des Königs war in Rom und eine landfremde Griechin, die Entscheidung mußte aber in Deutschland getroffen werden. Der erste, der reagierte, war Heinrich der Zänker. Er erklärte mit dem Tod Ottos II. seine Haft in Utrecht für beendet und ging nach Köln, wo er sich von Erzbischof Warin den kleinen König aushändigen ließ. Dabei berief er sich auf das Recht des Schwertmagen, denn es gab keinen näheren Verwandten im Mannesstamm. Viele Kirchenfürsten, an erster Stelle der Bischof von Utrecht und der Erzbischof von Köln, schlossen sich dieser Argumentation an. Mit dem Anspruch der Vormundschaft über den jungen Otto verband Heinrich der Zänker aber keineswegs dessen Anerkennung als König. Denn er war nicht nur Schwertmage, sondern auch der letzte Mann des sächsischen Königshauses, und wenn Otto als Kind oder als nicht rechtzeitig Gekrönter gar kein rechtmäßiger König war, dann konnte Heinrich für sich das Königtum beanspruchen. Heinrich der Zänker wollte also König werden, und die erzwungene Vormundschaft über Otto war nur ein Weg, um diesen als Konkurrenten auszuschalten und als Druckmittel zu benutzen.

Zum Vormund berufen fühlte sich auch König Lothar von Frankreich. Seine Mutter war eine Schwester Ottos des Großen, er war also im gleichen Grad verwandt wie Heinrich, nur über die weibliche Linie. Dazu war seine Frau Hemma die Tochter Adelheids aus ihrer ersten Ehe mit Lothar von Italien. Die Vormundschaft über Otto III. hätte für ihn die Wiederherstellung des karolingischen Gesamtreiches bedeuten können. Davon träumte er sicher, aber sein realpolitisches Ziel war es, im Tausch für seinen Anspruch auf die Vormundschaft wenigstens Lothringen wieder an das westfränkische

Reich bringen zu können. Aber ausgerechnet die Anhänger Ottos III. und Gegner des Zänkers in Lothringen riefen ihn gegen den Zänker um Hilfe an.

Als Sachwalter des Reiches und Ottos III. fühlte sich Erzbischof Willigis von Mainz, der die Vertretung der Regierung, die Otto II. ihm anvertraut hatte, einfach weiterführte. Dabei stand er mit den Gegnern des Zänkers in Verbindung, vielleicht auch hinter dem Hilferuf an König Lothar von Frankreich, denn das Gefährlichste wäre eine schnelle Verständigung zwischen Lothar und Heinrich gewesen. Natürlich nahm er auch die Verbindung mit den Kaiserinnen auf. Denn Theophanu war nach der Beisetzung Ottos II. nach Pavia gereist und hatte sich mit Adelheid verständigt. Wie diese Verständigung ausgesehen hat, wissen wir nicht genau, aber beide Frauen mußten Zugeständnisse machen. Theophanu brauchte den Rückhalt Adelheids, die weitreichende Verbindungen und vor allem enge Kontakte zur Kirche hatte. Adelheid anerkannte dafür das Recht Theophanus, die Regentschaft für Otto III. zu führen. Ende April brachen die Kaiserinnen von Pavia auf und kamen über Burgund, wo sich ihnen König Konrad anschloß, Mitte Juni nach Mainz. König Konrad war nicht nur der Bruder Adelheids, sondern auch der Schwiegervater des Zänkers.

Heinrich der Zänker hatte bei den weltlichen Herren weniger Unterstützung gefunden als bei den Bischöfen. Insbesondere der neue Herzog Konrad von Schwaben gehörte zu seinen entschiedenen Gegnern. In Quedlinburg ließ Heinrich sich an Ostern von seinen Anhängern zum König wählen, aber er konnte sich nicht durchsetzen, vor allem wegen seiner verdächtigen Kontakte nach Böhmen und Polen, und so floh er nach Bayern. Aber auch dort war das Echo geteilt.

Schließlich erklärte er sich bereit, den jungen König den Kaiserinnen zurückzugeben. Dies geschah am 29. Juni auf dem Reichstag von Rara/Rohr bei Meiningen, auf freiem Feld, im Beisein des Königs Konrad von Burgund, der Äbtissin Mathilde von Quedlinburg, der Schwester Ottos II., und zahlreicher Fürsten. Über eine Entschädigung für ihn sollte im Herbst auf einem neuen Reichstag verhandelt werden. Als ihm dort das Herzogtum Bayern immer noch verwehrt wurde, versuchte er erfolglos, es sich mit Gewalt zu nehmen. Dann verband er sich mit Lothar von Frankreich. Der sollte ihm helfen, deutscher König zu werden und dafür Lothringen bekommen. Sie verabredeten sich auf den 5. Februar 985 in Breisach. Heinrich der Zänker kam allerdings nicht, weil er sich inzwischen mit den Kaiserinnen verständigt hatte. Wahrscheinlich auf Betreiben Adelheids, weil er ja immerhin der Schwiegersohn ihres Bruders war, wurde ihm das Herzogtum Bayern zurückerstattet, wenn auch nur das verkleinerte ohne Österreich und Kärnten. Der andere Herzog Heinrich erhielt dafür wieder Kärnten, auf das Otto von Kärnten verzichtete. Dieser Sohn Liutgards und Konrads des Roten, ein Vetter Ottos III., erwies sich in einem Umfeld machtgieriger und egoistischer Herrenpolitik als seltene Ausnahme, weil er durch das Zurückstellen eigener Ansprüche mehrmals dazu beitrug, Konflikte zu entschärfen und zu Kompromissen zu kommen.

Der Reichstag von Rara brachte die allgemeine Anerkennung Ottos III. und einer politischen Führung, die aus den beiden Kaiserinnen und der bisherigen kaiserlich-königlichen Regierungsvertretung bestand, die Erzbischof Willigis von Mainz repräsentierte. Diese Lösung war keineswegs die einzig mögliche, aber Heinrich der Zänker hatte mit seinem hektisch-undurchsichtigen und gewalttätigen Verhalten viel dazu beigetragen, daß die Bischöfe sich von ihm abwandten. Die Bischöfe hatten einen starken König gewollt, denn die Ottonen hatten konsequent Herrschaftsrechte auf Kirchenfürsten übertragen und so die königliche Stellung wie die der Reichskirche gestärkt.

Aus demselben Grund waren die weltlichen Fürsten für eine Minderheitenregierung, in der sie hoffen konnten, ihre Positionen zu verstärken. In diesem Dreigespann war Willigis der Garant für die Kontinuität. Adelheid half mit ihren engen Beziehungen zur Kirche die Bischöfe auf diese Seite zu bringen, und sie war auch für Heinrich den Zänker die Brücke für einen Kompromiß, weil sie den Neffen Ottos des Großen und Schwiegersohn ihres Bruders nicht zu tief fallen lassen würde. Theophanu war die am wenigsten bekannte Größe, aber sie war die Mutter des Königs und hatte formal für ihn und seine Regierung die Verantwortung zu tragen.

Diese Dreiteilung der Macht hat sich innerhalb weniger Monate gründlich verändert, denn schon im Juli 985 verließ Adelheid den königlichen Hof und kehrte nach Pavia zurück, vielleicht auch nach einem längeren Zwischenaufenthalt in Burgund. Ihrer Abreise vorausgegangen war im Februar eine Auseinandersetzung über das Verfügungsrecht an ihrem "Wittum" in Deutschland. Sie wollte aus eigenem Antrieb aus diesem Besitz großzügige Schenkungen machen, Theophanu und Willigis bestanden darauf, daß sie über ihren deutschen Besitz nicht in derselben Weise verfügen könne wie über ihren italienischen. Das entsprach allerdings der bisherigen Praxis, denn weder unter Otto I. noch unter Otto II. hatte Adelheid in Deutschland selbständige Besitzrechte ausgeübt. In Pavia übte sie, wie schon zu Zeiten Ottos II., die königliche Regierung aus. Diese Kaltstellung und Verdrängung von der Macht hat Adelheid tief getroffen. Wieder dazu hören wir bei Odilo von Cluny:

"Nicht lange nachher wurde sie ihres einzigen Sohnes beraubt, dem Otto der Dritte, der Sohn der Griechin, folgte. Da sie während langer Zeit von wiederholten Schlägen also heimgesucht wurde, läßt es kaum einzeln sich aufzählen, wie viele und wie arge Widerwärtigkeiten nach ihres Sohnes Tod für sie auf einander folgten."

Willigis von Mainz und Theophanu hatten bis 980 zum engen Kreis um Otto II. gehört und schon einmal die Abschiebung Adelheids erreicht. Sicher lag ein Grund dafür in der tiefen Antipathie zwischen Schwiegermutter und Schwiegertochter, die von Anfang an vorhanden war und sich im Kampf um den Einfluß auf Otto II. noch verschärft hatte. Die gemeinsame Reise von Pavia nach Rara war keine Versöhnung, sondern von beiden ein taktischer Schachzug, von dem jede sich einen Vorteil erhoffte. Aber es gab auch handfeste politische Gründe. Adelheid, die sich gern als "Mutter der Königreiche" sah, träumte von der großen Familie, in der Heinrich der Zänker, Burgund, Frankreich und das deutsch-italienische Kaiserreich glücklich zusammenlebten. Theophanu und Willigis sahen in den Bestrebungen des Zänkers und König Lothars von Frankreich eine Gefährdung für das ihnen anvertraute Reich, der sie nicht tatenlos zusehen durften, sondern mit entsprechenden Maßnahmen entgegenwirken mußten. Otto der Große hatte erst seine Stellung in Deutschland gefestigt und geklärt, bevor er Italien in seinen Machtbereich einbezog. Otto II. hatte die sieben besseren Jahre seiner Regierung nördlich der Alpen zugebracht, bevor er sich in Italien in das Abenteuer des Sarazenenfeldzuges drängen ließ. Die Tragfestigkeit der ottonischen Ordnung in Deutschland war zwar angeschlagen, aber noch nicht erschüttert. Theophanu und Willigis wollten zuerst diese Ordnung sichern und ausbauen, doch dazu war eine nüchterne und unsentimentale Politik vor allem gegenüber Frankreich notwendig, die Adelheid nicht mitgetragen und vielleicht unterlaufen hätte. Deshalb wurde sie nach Italien abgeschoben, das in der Konzeption von Theophanu und Willigis in der ersten Phase der Konsolidierung ein Nebenland war.

Die Reichsregierung unter Theophanu bis 987

Überraschend schnell festigte sich die Regentschaft Theophanus. Im Oktober 984 nahm die neue Regierung ihre Arbeit in Mainz auf, von dort sind die ersten Urkunden Ottos III. erhalten. Von Anfang an zeigt sich auch bei den Interventionen ein deutliches Übergewicht Theophanus. Nach der Aussöhnung mit Heinrich dem Zänker ging der Hof mit Theophanu und dem jungen König in der zweiten Hälfte 985 auf den traditionellen "Umritt", zuerst in den Westen nach Köln und Nimwegen, dann nach Sachsen und Bayern. Weihnachten verbrachte der Hof in Ingelheim, und im April 986 fand in Quedlinburg eine Festkrönung Ottos III. statt, bei der die Herzöge wie 936 bei Otto dem Großen den traditionellen Hofdienst verrichteten, Heinrich der Zänker als Truchseß, Konrad von Schwaben als Kämmerer, Heinrich von Kärnten als Mundschenk und Bernhard von Sachsen als Marschall. Auch Boleslaw von Böhmen und Miseko von Polen waren anwesend. Theophanu legte also Wert darauf, daß die Rechtmäßigkeit des Königtums ihres Sohnes auch in diesen im Mit-

telalter so wichtigen symbolischen Formen bestätigt und ab-
gesichert wurde.

Eine wichtige Aufgabe war die Sicherung der Ostgrenze,
die durch die Aufstände von 983 gefährdet war. Mitte 986
führte der König vermutlich mit Theophanu ein Heer über
die Elbe, doch der Feldzug hatte keinen durchgreifenden Erfolg. Theophanu versuchte aber vor allem den Druck auf die
Slawen durch die Besetzung der Marken mit tatkräftigen Adligen zu verstärken, die mit ihrer Unterstützung jährliche
Feldzüge führten. Diplomatisch stand sie mit Miseko von Polen im Bund, der seinerseits mit Boleslaw von Böhmen im
Streit lag. Boleslaw hatte zwar offiziell einen Bischof für Prag
gewollt, aber Adalbert von Prag konnte dort nicht Fuß fassen,
und Boleslaw stand in geheimem Einvernehmen mit den aufständischen Liutizen. Miseko dagegen war an der Christiani-
sierung und Unterwerfung der slawischen Obodriten zwischen Deutschland und Polen interessiert. So war es hier
schon ein Stück Diplomatie, die beiden östlichen Reiche gegeneinander auszuspielen und dadurch Druck von der sächsischen Grenze wegzunehmen.

Noch wichtiger war Theophanu aber die Sicherung der
Westgrenze. Es war Lothar von Frankreich 984 immerhin gelungen, das Bistum Verdun in seinen Besitz zu bringen und so
den westfränkischen Anspruch auf Lothringen zu untermau-
ern. Lothar starb im März 986. Für seinen Sohn Ludwig V.,
einen Enkel Adelheids, mußte die Großmutter auf Drängen
ihrer Tochter Hemma, mit der sie sich nach dem Tod Lothars
in Burgund getroffen hatte, im Oktober 986 am deutschen
Hof, also bei Theophanu, um politischen Beistand bitten.
Dazu war diese aber ohne einen Verzicht auf Verdun nicht
bereit. Ludwig starb schon im Mai 987. Der letzte Karolinger

war jetzt der früher von Otto II. als Herzog eingesetzte Karl von Niederlothringen. Auf den Thron erhob aber auch Herzog Hugo von Franzien Anspruch. Theophanu hatte in Erzbischof Adalbero von Reims und Gerbert von Aurillac zwei Parteigänger und Berichterstatter, die in ihrem Sinn auf die Auseinandersetzung Einfluß nehmen konnten.

Offiziell hielt sie sich zurück, aber Karl rechnete mit ihrer Hilfe. Doch Adalbero von Reims betrieb die Wahl von Hugo Capet und krönte ihn in Reims. Dafür räumte Hugo Verdun und verzichtete auf Lothringen. Noch 987 ließ Hugo seinen Sohn Robert zum Mitkönig krönen, um die neue Dynastie zu sichern. Aber Karl hatte seine Ansprüche nicht aufgegeben, und Theophanu war an einer schnellen und eindeutigen Lösung nicht interessiert.

Adelheid blieb offenbar vom Oktober 986 bis mindestens Mai 987 in Deutschland und wenigstens teilweise beim Hof. Am 21. Mai bestätigte Otto III. in Allstedt auf Intervention seiner Mutter Theophanu "seiner geliebten Großmutter, der Kaiserin Adelheid" ihr "Wittum", wie es von Otto I. festgelegt und von Otto II. wiederholt worden war. Es war also zu einer gewissen Aussöhnung gekommen, wahrscheinlich auf Betreiben der Äbtissin Mathilde von Quedlinburg, der Tochter Adelheids und Schwägerin Theophanus, die immer wieder als Vermittlerin auftrat, aber doch wohl zu den Bedingungen Theophanus, also eine Anerkennung der Rechte Adelheids mit den Einschränkungen über die Verfügungsgewalt, die sie und Willigis schon 985 geltend gemacht hatten. Insofern ist die Urkunde eher eine schöne Geste. In diese Zeit scheint auch der Plan zur Gründung des Klosters Selz durch Adelheid zu fallen, denn sie beauftragte einen Grafen Manegold, dafür im Elsaß Güter zu erwerben. Diese Gründung, von

Anfang an wohl auch als Grabstätte für Adelheid geplant, wurde von Theophanu unterstützt, aber das "Wittum" Adelheids durfte für die Ausstattung nicht einfach in Anspruch genommen werden. Möglicherweise hielt sich Adelheid bis 989 in Burgund und im Elsaß auf.

Theophanu und das Reich

Theophanu nahm jetzt auch in Bezug auf Italien keine große Rücksicht mehr auf Adelheid. Sie richtete im August 988 eine Kanzlei für Italien ein, die Urkunden und Ernennungen ausstellte. So machte sie ihren Günstling Johannes Philagatos, einen Griechen aus Kalabrien, zum Bischof von Piacenza und erhob das Bistum gleichzeitig in den Rang eines Erzbistums. Für Herbst 988 plante sie einen Italienzug. Denn Theophanu verstand sich als Sachwalterin ihres Sohnes und des ganzen Reiches, und nach der Konsolidierung der Herrschaft in Deutschland richtete sie den Blick auf den anderen Reichsteil, nicht nur nach Pavia, sondern auch nach Rom. Theophanu war schon in Konstanz, mußte aber den Italienzug wegen einer Erkrankung verschieben, die wahrscheinlich ernsterer Natur war und vielleicht auch der Grund dafür, daß sie zwischen Ende 987 und März 988 nirgends auftaucht, möglicherweise Tuberkulose. An Ostern 989 empfing sie auf einem Hoftag in Quedlinburg eine Abordnung aus Italien und kündigte für den Herbst die Romfahrt an. Im Oktober zog sie ohne Otto III. los, der unter der bewährten Führung des Erbischofs Willigis in Deutschland blieb. Sie verbrachte Weihnachten in Rom, war im März in Ravenna und Pavia und im Juni 990 wieder zurück in Mainz.

Theophaniu Imp(eratrix)
Codex Aureus von Echternach (985-991)
Ausschnitt aus dem Vorderdeckel
Germanisches Nationalmuseum Nürnberg

In Rom war es während der deutschen Abwesenheit zu zum Teil grotesken Zuständen gekommen mit einem Papst Bonifatius VII., der mit dem päpstlichen Schatz nach Byzanz geflohen und dann wieder zurückgekommen war. Den letzten kaiserlichen Papst ließ er einsperren und verhungern, und ansonsten führte er ein Schreckensregiment, bis er im Sommer 985 gestürzt und umgebracht wurde. Das Adelshaus der Creszentier, das seinen Sturz organisiert hatte, stellte nun die weltliche Macht in Rom. Der neue Papst, Johannes XV., gehörte eher zur deutschfreundlichen Partei. Aber er war unbeliebt, weil er vor allem seine Familie begünstigte.

Theophanu kam ohne Heer nach Rom, aber sie hatte die Fahrt politisch vorbereitet und fand keinen Widerstand, sondern wurde in allen Ehren aufgenommen. Mit dem Papst sprach sie wohl vor allem das weitere Vorgehen wegen Frankreich ab. Dort hatte Karl von Niederlothringen gewisse Erfolge errungen. Deshalb hatte Hugo Capet nach dem Tod des Erzbischofs Adalbero von Reims einen unehelichen Sohn Lothars, Arnulf, zum Erzbischof eingesetzt, in der Hoffnung, so einen Teil der karolingischen Gefolgschaft auf seine Seite zu bringen. Aber Arnulf hatte seine sogar auf das Abendmahl geschworenen Eide gebrochen und war zu seinem Onkel Karl übergegangen. Deshalb wollte Hugo ihn absetzen lassen. Diese Absetzung war für Hugo ein notwendiger Akt, auch wenn der Papst nicht zustimmte. Damit war aber für Theophanu die Möglichkeit gegeben, als Vertreterin des Reiches die Rechte der Kirche zu wahren und gegen Hugo Capet vorzugehen, ohne deshalb den Karolinger Karl unterstützen zu müssen.

In Italien trat Theophanu nicht nur im Auftrag ihres Sohnes auf. Am 2. Januar stellte sie in Rom als "divina gratia imperatrix augusta" eine Urkunde aus. Nun war die Rechtsla-

ge hier verwickelter, denn die Herrschaft über Rom war nicht
ein Teil des Königreichs Italien, das Otto III. geerbt hatte,
sondern kaiserliches Vorrecht. Kaiser wurde man aber nicht
schon durch Erbrecht, sondern erst durch die Krönung. Theophanu konnte also nicht einfach im Namen Ottos III. urkunden. Sie war jedoch selber bei ihrer Eheschließung zur Kaiserin gekrönt worden und sah sich nun als regierende Kaiserin.
Das war in Byzanz durchaus üblich. In Deutschland hat sie
diesen Rechtstitel nie bemüht, sondern immer im Namen ihres Sohnes geamtet, aber hier in Rom war das die einfachste
Konstruktion für eine Weiterführung der kaiserlichen Gewalt. Leider ist die Urkunde nicht im Original erhalten, und
wir wissen nicht, ob Theophanu ein eigenes Siegel führte.
Auf dem Rückweg stellte sie in Ravenna, dem ehemaligen
byzantinischen Exarchat, das auch nicht zum alten langobardischen Königreich gehörte, sogar eine Urkunde aus, die mit
"Theophanius gratia divina imperator augustus" gezeichnet
und auf das achtzehnte Jahr ihrer Herrschaft datiert war. In
Ravenna wurde auch in ihrem Auftrag und Namen, "iussione
domne Theofana imperatricis", Gericht gehalten. Das zeigt,
daß Theophanu genug Selbstbewußtsein hatte, um sich als
einzige derzeitige Vertretung des kaiserlichen Purpurs und damit als regierende Kaiserin zu verstehen und zu betätigen, daß
sie aber klug genug war, diesen Rechtsstandpunkt in Deutschland nicht zu strapazieren. Der Inhalt des Regierens war ihr
wichtiger als die Form, aber im Kaisertum sah sie sich nicht
nur als "consors" ihres Gatten, deren Mandat mit seinem Tod
erloschen war, sondern als eigenständige "imperatrix", amt-
lich vermännlicht sogar als "imperator", und sie zählte nach
ihren Regierungsjahren.

Der fünfmonatige Aufenthalt Theophanus in Rom, Ravenna und Pavia war keine Demonstration militärischer Stärke, sondern politischer Präsenz. Deutschland, das Königreich Italien und das Kaisertum gehörten zusammen, waren ein Machtkomplex, aber auch eine Verantwortung, als deren Sachwalterin Theophanu sich verstand. Sie stärkte mit ihrer Anwesenheit die kaiserliche Partei in Italien, sie nahm aber auch in Pavia die Neuordnung der Finanzverwaltung in Angriff. Vermutlich kam es zu keiner Konfrontation mit Adelheid, weil diese noch jenseits der Alpen war. Aber Theophanu war wohl wenig begeistert von den Zuständen im italienischen Königreich, die Adelheid zu verantworten hatte, denn sie hielt sich einen Monat in Pavia auf und griff deutlich steuernd ein. Was sie gesehen hatte, vermittelte ihr die Überzeugung, daß ihre Schwiegermutter endgültig aus der Regierungsverantwortung ausscheiden müsse. Mit dieser Absicht kehrte sie im Juni nach Deutschland zurück und traf in Mainz mit ihrem Sohn und Willigis zusammen.

Bereits im Juli war Theophanu mit Otto in Magdeburg, wo sich ein sächsisches Heer unter Führung von Erzbischof Gisilher für den Krieg gegen Boleslaw von Böhmen sammelte. Theophanu war mit Miseko von Polen verbündet, der in den letzten Jahren in der Auseinandersetzung mit Boleslaw erheblich Boden gut gemacht hatte. Allerdings verständigte Gisilher sich auf diesem Feldzug mit Boleslaw, der dadurch Kräfte gegen Miseko freibekam. In dieser Haltung wurde er auch von Willigis unterstützt. Böhmen hatte zwar formal das Christentum anerkannt, und das neue Bistum Prag war Mainz unterstellt worden. Aber Bischof Adalbert konnte sich dort nicht halten, Theophanu hatte ihn an Weihnachten in Rom getroffen. Der Kurswechsel von Gisilher und Willigis scheint mit einer unterschiedlichen Auffassung der Mission und der Rolle der deutschen Kirche zu tun zu haben. Theophanu unterstützte die Bildung einer von Deutschland unabhängigen Mission und Kirche in Polen, während die beiden Erzbischöfe auf die Erweiterung ihrer Kirchenbezirke setzten. Da Prag zum Mainzer Sprengel gehörte, konnte Boleslaw sie auf seine Seite ziehen und einen endgültigen Erfolg Misekos verhindern. In diesem Konflikt wird Theophanus imperiale Konzeption deutlich, die Völker verschiedener Sprachen und Traditionen unter dem Dach einer Kirche und vor allem eines Kaisertums zusammenfassen wollte. Im Rahmen dieser Konzeption hätte sie wohl auch im westfränkischen Reich eingegriffen und Hugo Capet abgesetzt.

Diese Konzeption ist deshalb zukunftsweisend, weil Otto III. sie in seiner Idee von der "Renovatio Imperii" wiederaufgenommen hat. Die Erziehung des jungen Königs zur Wahrnehmung dieser Verantwortung hat Theophanu als eine ihrer wesentlichen Aufgaben angesehen. Schon beim Reichstag von Rara 984 wurde der sächsische Graf Hoiko mit der Erziehung des Königs beauftragt. Er war vermutlich vor allem für die körperliche Entwicklung zuständig, denn auch die durfte nicht zu kurz kommen. Daneben sorgte aber Theophanu für eine umfassende sprachliche und geistige Bildung Ottos. Sein Lehrer wurde Bernward, selbst Schüler von Willigis in Mainz und später Bischof von Hildesheim. Theophanu schenkte ihm die Edelsteine für das berühmte Kreuz. Bernward war später unter Otto III. eine der einflußreichsten Persönlichkeiten. Zum Kreis um den jungen König gehörte wahrscheinlich auch der etwas ältere Brun, Sohn Ottos von Kärnten, der zum Geistlichen erzogen und 996 von Otto als Papst Gregor V. eingesetzt wurde. Er krönte Otto dann zum Kaiser. So war die von Theophanu ausgesuchte Umgebung des Königs auch noch in dessen selbständiger Regierungszeit maßgebend. Unbestritten ist aber, daß Theophanu selbst großen Einfluß auf die Erziehung Ottos hatte und ihn intensiv an ihren Gedanken und Entscheidungen beteiligte.

Theophanus Tod und die Regentschaft Adelheids

An Ostern 991 fand in Quedlinburg ein Reichstag statt, an dem nicht nur die deutschen Fürsten teilnahmen, sondern auch italienische, so Hugo von Tuscien und der Erzbischof Johannes von Piacenza, ebenso Miseko von Polen. Der Reichstag zeigt die mächtige und unangefochtene Stellung, die Theophanu für das Königtum ihres Sohnes erreicht hatte. Von den Verhandlungen und Entscheidungen ist wenig bekannt. Es dürfte aber um das Verhalten Gisilhers von Magdeburg gegen Böhmen im Vorjahr gegangen sein, denn die Anwesenheit Misekos zeigt, daß Theophanu an ihrer politischen Linie festzuhalten gedachte. Ein weiteres Thema war sicher Frankreich, und nicht zuletzt drängte wohl Theophanu auf die endgültige Entmachtung Adelheids. Denn Odilo von Cluny sieht mit den Augen Adelheids den schnellen Tod Theophanus als göttliche Rache für ihre Überheblichkeit, hatte sie doch (in seinem Text in wörtlicher Rede) gesagt: "Wenn ich noch ein Jahr lebe, so soll Adalhaida von der ganzen Erde nicht mehr regieren, als man mit der Hand umspannen kann".

Für Frankreich als wesentliches Thema spricht, daß Theophanu und Otto III. von Quedlinburg aus ganz in den Westen in die Pfalz Nimwegen gingen. Inzwischen hatte nämlich Hugo Capet seinen Gegenspieler Karl durch Verrat gefangennehmen können und dadurch seine Stellung gestärkt. Am 15. Juni starb Theophanu im Valkhof, der königlichen Pfalz in Nimwegen. Die Todesursache ist nicht bekannt, es könnte die Tuberkulose oder eine akute Erkrankung gewesen sein, aber auch Gift. Sie wurde ihrem Wunsch entsprechend in der Abteikirche St. Pantaleon in Köln beigesetzt, zu deren Ausbau sie maßgeblich beigetragen hatte. Dieser Kirche hatte sie 990 die Reliquien des Soldatenheiligen Albinus aus Rom mitgebracht und dabei mit ihrer Haube den Platz bezeichnet, wo sie begraben werden wollte. Das Grab wurde mehrfach umgelegt und verändert. Heute steht ein 1965 nach mittelalterlichen Motiven gestalteter Sarkophag zur Erinnerung an die Kaiserin in der Kirche.

Die Wahl dieser Kirche sagt auch einiges über ihre Frömmigkeit. Theophanu war eine sehr religiöse Frau, das zeigen schon die regelmäßigen und großzügigen Stiftungen für kirchliche Einrichtungen. Aber sie war in Byzanz geboren und erzogen, die Kirche stand für sie nicht neben und außerhalb des Staates, sondern unter dem Staat, und sie scheute sich nicht, Kirchenfürsten und auch Päpsten gegenüber entsprechend aufzutreten. Der Kirche von St. Pantaleon fühlte sie sich besonders verbunden, weil dieser Heilige in der byzantinischen Kirche sehr verehrt wurde. Er war ein Grieche aus Nikomedien und Leibarzt des Kaisers Maximian und geriet in die Christenverfolgungen unter Diokletian. Die Verehrung des Heiligen ist in Köln bereits für die Zeit um 850 nachweisbar. Eine Reliquie St. Pantaleons brachte Erzbischof Gero von Köln aus Byzanz mit, als er 972 die junge Prinzessin als Brautwerber abholte. Bei dem mit ihr zusammen aus dem Osten gekommenen Heiligen fühlte Theophanu sich offenbar "daheim" und trug viel zum Ausbau des 964 von Erbischof Bruno von Köln gegründeten Benediktinerklosters bei.

Theophanu war bei ihrem Tod höchstens 33 Jahre alt. Elf Jahre, von 972 bis 983, stand sie an der Seite Ottos II. und hatte zwischen 977 und 980 fünf Kinder, bei der letzten Geburt Zwillinge. Von 984 bis 991 stand sie für ihren Sohn an der Spitze des Reiches. In Robert Holtzmanns 'Geschichte der sächsischen Kaiserzeit' heißt es beim Tod Ottos II.:

"In einem Augenblick, da die bedrohlichen Verhältnisse an der Reichsgrenze eine starke Hand besonders erfordert hätten, sank der Kaiser ins Grab, das Reich einem unmündigen Kind hinterlassend, und es kam nun das schlimmste, was geschehen konnte: ein jahrelanger Kampf um die Regentschaft und, damit verbunden, eine Zeit innerer Wirren, die ein kraftvolles Auftreten nach außen unmöglich gemacht haben."

Im Widerspruch zu dieser Feststellung zieht derselbe Autor 25 Seiten später Bilanz über die Regierungsjahre Theophanus: "In schwieriger Lage hat sie das Reich mit Klugheit geleitet und manchen schönen Erfolg davongetragen, wenn sie auch in den kurzen Jahren ihres Regiments nicht alles, was sie angreifen mußte, zu Ende bringen konnte."

Theophanus Leistung wurde schon von den Zeitgenossen bewundernd anerkannt, aber die vielleicht erstaunlichste Würdigung finden wir noch einmal in der Lebensbeschreibung der Kaiserin Adelheid, die bestimmt keinen Grund hatte, ihrer im Guten zu gedenken: "Es war zwar jene griechische Kaiserin für sich und andere in vieler Beziehung von Nutzen und von der besten Gesinnung, aber ihrer kaiserlichen Schwiegermutter trat sie einigermaßen entgegen."

Adelheids letzte Jahre

Der Tod der Kaiserin Theophanu kam unerwartet, aber er
löste keine Krise aus. Anders als 984 war das Königtum Ottos
unumstritten, der junge König war elf Jahre alt und ein durchaus selbständiger Kopf, seine Lehrer und die anderen Berater
der Theophanu behielten ihre Funktion, und Willigis sicherte die Kontinuität der Regierung auch für die Fürsten. Heinrich der Zänker, der Störenfried von 984, hatte seinen Frieden mit Theophanu gemacht und war reichstreu geworden.
Sein Lohn war 989 nach dem Tod des anderen Heinrich die
zusätzliche Belehnung mit Kärnten. Trotz dieser Kontinuität
mußte eine neue Regelung bis zur Mündigkeit Ottos III. gefunden werden. Die Regentschaft wurde der Kaiserin Adelheid übertragen, allerdings nicht vordringlich und eher formal. Adelheid hielt sich wohl beim Tod Theophanus in
Quedlinburg auf und blieb auch dort, denn erst im Oktober
war sie bei Hof und handelte mit ihrer Tochter Mathilde und
Willigis die Bedingungen für die Regentschaft aus, und erst
im Januar 992 wurde auf Reichstagen in Grone und Frankfurt
die Entscheidung öffentlich bekanntgegeben. Otto III. führte
aber im Sommer 991 von Sachsen aus ein Heer gegen die
Liutizen, das Brandenburg zurückeroberte. Die Regierungstätigkeit ging also ungehindert weiter, und es ist zu vermuten,
daß Willigis entsprechend seinen eigenen Erfahrungen und
den Vorstellungen der Theophanu die Einwirkungsmöglich-
keiten Adelheids auf die Politik einzugrenzen versuchte. Die
Verantwortung für die kommenden Jahre lag also viel mehr
bei Willigis als bei Adelheid.

Dabei brachten diese Jahre Rückschritte an vielen Fronten, und das zeigt deutlich, daß Willigis eben nicht der Kopf

der Regierung gewesen war. In Frankreich ließ Hugo Capet
den Reimser Erzbischof Arnulf durch eine Nationalsynode
absetzen und den berühmten Gerbert von Aurillac, der ein
Werkzeug Theophanus gewesen war, zum neuen Erzbischof
wählen. Gerbert war natürlich von ganz anderem Format als
Arnulf, aber die Absetzung entsprach nicht dem kanonischen
Recht, und das wurde von der französischen Synode durch
eine heftige, wenn auch nicht unberechtigte Klage über den
Verfall der päpstlichen Autorität zugedeckt. Die Reimser Erzdiözese lag zwar hauptsächlich im französischen Bereich,
doch gab es Überschneidungen nach Lothringen und ins Elsaß und deshalb auch durchaus ein deutsches Interesse an der
Frage. Der Streit spaltete Frankreich noch über Jahre, aber
die deutsche Regierung unter Willigis machte nur schwache
Vermittlungsversuche und griff nicht sozusagen als Oberaufsicht ein, wie es Theophanu wohl vorgehabt hatte, und wozu
sie durchaus die Macht gehabt hätte. So führte der Reimser
Streit letztlich zu einer deutlichen Stärkung des noch jungen
kapetingischen Königtums.

An der Slawengrenze setzte sich die von Gisilher und Willigis gewünschte böhmische Option durch. Gefördert wurde
dieser Umschwung auch durch den Tod Misekos von Polen
992. Sein ältester Sohn Boleslaw Chrobry stieß das väterliche
Testament um und schickte dessen sächsische Witwe mit seinen Halbgeschwistern nach Deutschland zurück. Auch hier
griff die Reichsregierung nicht als Oberaufsicht ein. Die Elb-
slawen wehrten sich nicht nur gegen das deutsche Vordringen, sondern fielen regelmäßig in Sachsen ein. Im Bund mit
Boleslaw von Böhmen führte Otto auch 992 und 993 einen
Feldzug gegen die Liutizen, aber Brandenburg blieb umkämpft
und gefährdet und wurde 994 sogar wieder von den Slawen

Vita sancte Adelhaydis
Holzschnitt gedruckt bei
Nikolaus Keibs Durlach 1516/1517
Exemplar der Bayer. Staatsbibliothek

erobert. Dazu kam eine neue Welle dänisch-normannischer Einfälle von der Ost- und Nordseeküste her. Ottos Lehrer Bernward, der 993 Bischof von Hildesheim wurde, mußte als erste Aufgabe den Schutz vor den Dänen organisieren. Die deutsche Politik reagierte zwar noch, aber sie spielte keine führende Rolle mehr, und daß der König die Sicherheit der Grenzregionen nicht garantieren konnte, trug nicht gerade zum Ansehen der Regierung bei.

Adelheid war an diesen Entscheidungen und Aktionen kaum beteiligt, offenbar war sie selbständig nur mit italienischen Angelegenheiten beschäftigt, so etwa im Juli 992 im thüringischen Mühlhausen, wo sie verschiedene Abordnungen empfing und eine Reihe von Urkunden ausstellte, darunter eine Erneuerung des Vertrags mit Venedig. Ihr Hauptinteresse galt aber der großzügigen Vergabe von Stiftungen, vor allem für ihr Kloster Selz im Elsaß, das inzwischen Gestalt angenommen hatte und von ihr reich mit Besitz ausgestattet wurde, so zum Beispiel allein am 11. März 992 mit fünf verschiedenen Schenkungen, jeweils von König Otto auf Bitten seiner Großmutter Adelheid und auf den Rat des Erzbischofs Willigis von Mainz gewährt. Adelheid war bei der Übernahme der Regentschaft 60 Jahre alt, für mittelalterliche Verhältnisse ein hohes Alter, und nach einem kräfteraubenden Leben hatte sie sich immer stärker religiösen Fragen zugewandt und bei längerer Einkehr im Kloster Ruhe und Erholung gefunden. Neben Quedlinburg waren das früher von ihr gegründete Kloster Peterlingen/Payerne im Königreich Burgund und jetzt das neue Kloster in Selz Lieblingsplätze für längere Aufenthalte.

In einem Brief, mit dem sie für sich und ihr Gefolge Unterkunft und Verpflegung fordert, bezeichnet Adelheid sich als "von Gott für eine gewisse Zeit mit der Herrschaft über das christliche Volk betraut". In dieser Formulierung drückt sich das Selbstbewußtsein der alten Kaiserin aus, aber auch die Überschätzung der eigenen Rolle, die in der mehrfach zitierten Lebensbeschreibung von Odilo von Cluny oft peinlich zum Ausdruck kommt, wenn sie Otto I. zum Kaisertum führt oder jahrelang mit und für Otto II. die Verantwortung trägt. Adelheid hat wohl immer wieder verdrängt, daß und warum Otto I., Otto II. und schließlich auch Otto III. ihre politische Betätigung mit Unbehagen verfolgt und ihr zeitweilig das Vertrauen entzogen haben. Denn auch ihr Enkel drängte nach seiner Mündigwerdung im Sommer 994 auf ihre rasche Verabschiedung aus der Verantwortung. Die tiefe Religiosität, die sie mit Cluny in ihrem heimatlichen Burgund verband, steht etwas unverbunden neben ihrem politischen Wirken, das durch mangelnde Menschenkenntnis, blindes Vertrauen in Familienbande und fehlendes Bewußtsein für ihre eigenen Grenzen gekennzeichnet ist.

Nach 994 trug Adelheid keine politische Verantwortung mehr, aber sie nahm am öffentlichen Leben noch durchaus Anteil. Weihnachten 994 verbrachte der Hof in der elsässischen Pfalz Erstein, vielleicht mit Rücksicht auf sie. 995 nahm sie an der Weihe ihrer Enkelin Adelheid in Quedlinburg teil, im November war sie bei einem Hoftag in Mainz dabei, und Weihnachten feierte sie mit dem Hof in Köln. Anfang 996 brach Otto III. zu seinem ersten Italienzug auf. Die Vertretung in Deutschland überließ er seiner Tante Mathilde von Quedlinburg, der "matricia". Willigis nahm mit vielen anderen geistlichen und weltlichen Fürsten am Romzug teil. Die Erhebung Bruns von Kärnten, eines Urenkels Ottos des Großen, zum Papst und die eigene Krönung zum

Kaiser hat Otto III. seiner Großmutter in einem von Gerbert von Aurillac aufgesetzten formvollendeten Brief mitgeteilt, in dem er ihr auch seinen Dank ausspricht. Aber es handelt sich wohl eher um ein Dokument konventioneller Pflichterfüllung als um eine persönliche Gefühlsäußerung des neuen Kaisers. Nach seiner Rückkehr nahm er am 18. November 996 an der Weihe des Klosters Selz teil. Hier haben sich Adelheid und Otto vermutlich zum letzten Mal getroffen.

Bis 999 tritt Adelheid nicht mehr in Erscheinung. Wahrscheinlich verbrachte sie diese Jahre in Selz. Im Februar 999 starb ihre Tochter Mathilde von Quedlinburg, und wenig später auch der neue Papst. Der Tod der ihr nahestehenden und so viel jüngeren Verwandten hat sie offenbar tief getroffen, denn nach einer weiteren Todesnachricht im August 999 läßt Odilo von Cluny sie klagen:

"Gott, was soll ich thun? oder was soll ich sagen von unserem Herrn, meinem Enkel? Ich glaube, viele werden in Italien mit ihm umkommen, und nach ihnen, fürchte ich, stirbt der hochgesinnte Otto, und ich Unglückselige bleibe zurück, alles menschlichen Trostes beraubt. O Herr und ewiger König! Laß doch nicht geschehen, daß ich so entsetzlichen Verlust erleben muß!"

Adelheids letzter politischer Auftrag führte sie noch einmal nach Burgund. Dort war ihr Bruder Konrad 993 gestorben, und sein Sohn Rudolf stand in heftigen Auseinandersetzungen mit seinen Adligen. Adelheid wollte dem Neffen helfen und die Gegner miteinander aussöhnen und machte deshalb im Herbst 999 als Achtundsechzigjährige noch eine Rundreise durch Burgund. Sie wurde höflich aufgenommen und angehört, konnte aber nichts ausrichten.

Die Reise war wohl auch der Abschied von der alten Heimat, mit der sie immer verbunden geblieben war. Am 17. Dezember 999, wenige Tage vor der Jahrtausendwende, von der nicht wenige das Ende der Welt erwarteten, starb sie im neunundsechzigsten Lebensjahr. Sie wurde im Kloster Selz begraben. Die Wahl dieses Ortes ist eigentlich merkwürdig, denn er gehört weder zu ihrer Heimat Burgund noch zu ihrem Königreich Italien oder dem sächsischen Raum, in den sie eingeheiratet hat. Überall hatte sie Klöster gegründet oder mindestens so ausgestattet, daß sie dort ein "Bleiberecht" gehabt hätte, in Peterlingen/Payerne ebenso wie in Quedlinburg oder in San Salvatore in Pavia, dem eine ihrer letzten Schenkungen galt. Warum sie gegen Ende ihres Lebens diesen Platz ausgesucht hat, der in keiner nachweisbaren Verbindung zu ihrer Lebensgeschichte oder den von ihr hochgehaltenen Familientraditionen steht, wissen wir nicht. Selz ist eine Eigenschöpfung, fast wie der Versuch, etwas zu gründen, was nur ihrem Andenken und ihrem Seelenheil dienen sollte. Ihr Grab wurde schon bald zum Ziel von Wallfahrten und von örtlicher Heiligenverehrung. Nach einem durch den Investiturstreit verzögerten Kanonisierungsprozeß wurde Adelheid 1097 heiliggesprochen. 1307 zerstörte ein Hochwasser das zwischen dem heutigen Selz und dem Rhein gelegene Kloster und Adelheids Grab.

Die Nachkommen von Adelheid und Theophanu

Adelheid und Theophanu, deren Leben und Wirken so untrennbar miteinander verflochten ist, haben auch nur eine gemeinsame Linie von Nachkommen hinterlassen, denn Adelheids Enkel Ludwig war schon 987 ohne Kinder gestorben. So bleiben nur die vier Kinder von Otto II. und Theophanu. Der Sohn und Nachfolger Otto III. ist 1002 im Alter von 22 Jahren gestorben, unverheiratet und, soweit wir wissen, kinderlos.

Otto war mit einer byzantinischen Prinzessin aus der makedonischen Dynastie verlobt. Mit der Heirat verband Otto große Pläne, die auf ein Zusammengehen der beiden Kaiserreiche und auf eine Überwindung der kulturellen und kirchlichen Spaltung in eine weströmisch-lateinische und ein oströmisch-griechische Sphäre hinzielten, also auch auf eine nachträgliche Versöhnung von Adelheid und Theophanu. Aber als die Braut in Bari landete, war Otto III. schon tot.

Die älteste Tochter war die 977 geborene Adelheid. Sie war für den geistlichen Stand bestimmt und wurde auf Bitten ihrer Großmutter im August 999 die Nachfolgerin ihrer Tante Mathilde als Äbtissin von Quedlinburg. Auch die zweite Schwester, die ein Jahr jüngere Sofia, war von Anfang an für eine kirchliche Karriere vorgesehen. Sie wurde im Kloster in Gandersheim erzogen. 989 als Elfjährige wehrte sie sich dagegen, geweiht zu werden. Schließlich erklärte sie sich dazu bereit, wenn der Erzbischof Willigis die Weihe vornehmen würde und nicht der zuständige Bischof von Hildesheim. Damit löste sie den sogenannten "Gandersheimer Streit" aus. Theophanu entschied damals, daß Bischof und Erzbischof die Weihe gemeinsam vornehmen sollten, ohne daß aber dadurch die

Zuständigkeiten betroffen wären. Doch die Mainzer Erzbischöfe machten immer wieder ein Anrecht auf Gandersheim geltend. Von 993 an war Sofia viel bei Hof und in der engeren Umgebung ihres Bruders. Sie begleitete ihn auch auf der ersten Romfahrt und zur Kaiserkrönung 996. Ihr Einfluß scheint zeitweilig relativ groß gewesen zu sein. Aber 997 fiel sie bei Otto in Ungnade. Offenbar war es Bernward von Hildesheim gelungen, sie beim Kaiser wegen unzulässiger Beziehungen zu Erzbischof Willigis anzuschwärzen, denn auch Willigis verlor seine bisherige Vertrauensstellung. Der Grund dafür scheint aber immer noch der Gandersheimer Streit gewesen zu sein, weil Sofia weiterhin die direkte Unterstellung unter Mainz befürwortete. Otto verabschiedete sich im Juni 1000 zu seinem dritten Romzug von Adelheid, aber nicht von Sofia. Nach dem Tod Ottos II. versicherte sich Herzog Heinrich von Bayern der Unterstützung der beiden Schwestern für seine Thronkandidatur, und die Parteinahme der beiden "dominae" scheint in Sachsen für ihn den Ausschlag gegeben zu haben. Dafür wurde Sofia 1002 zur Äbtissin von Gandersheim ernannt. Dazu erhielt sie 1012 nach dem Tod der Äbtissin Mathilde, der Schwester Ottos von Schwaben, auch Essen, ihre Schwester Adelheid 1014 Gernrode und Vreden. Bei der Weihe des Bamberger Doms 1012 gehörten sie zu den Ehrengästen. 1024 machte der erste Salier Konrad mit seiner Gemahlin Gisela bei den Schwestern seinen Antrittsbesuch, und 1025 übergab er Adelheid seine Tochter Beatrix zur Erziehung. Sofia verstarb im Januar 1039, und Heinrich III. übertrug nun auch noch Gandersheim auf Adelheid. Diese starb 1043, und ihre Nachfolgerin in Quedlinburg wurde Heinrichs sechsjährige Tochter Beatrix.

Die dritte Schwester Ottos III., die 979 geborene Mathilde, heiratete 993 den rheinischen Pfalzgrafen Ezzo. Aus dieser
Ehe wurden 10 Kinder geboren, sieben Töchter und drei Söhne. Von den Töchtern wurden sechs geistlich: Adelheid
(1003, also als Kind Äbtissin von Nivelles und schon 1011
gestorben), Sofia (1031 wohl als Äbtissin in Mainz gestorben), Heylwig (Äbtissin von St. Quirin in Neuß und vor
1055 gestorben), Theophanu (1039 nach dem Tod ihrer Tante Sofia Äbtissin in Essen und 1056 gestorben), Mathilde
(Äbtissin von Dietkirchen und vor 1056 gestorben) und Ida
(Äbtissin in Köln und 1060 gestorben). Die bekannteste und
auch politisch wichtigste ist Theophanu die Jüngere von Essen. Von den Söhnen wurde der zweite, Hermann, geistlich.
Er war von 1036 bis 1056 Erzbischof von Köln und einer der
wichtigsten Berater der ersten Salier. 1054 weihte er den jungen Heinrich IV. zum König.

Die älteste 994 geborene Tochter hieß nach der Vaterseite
Richenza. Sie wurde von Otto III. im Jahr 1000 in Gnesen
mit dem Sohn des polnischen Königs, Miseko II. verlobt und
heiratete ihn 1013. Ihr Sohn Kasimir war der Begründer des
polnischen Herrscherhauses der Piasten, die bis 1370 regier-
ten. Ihre Tochter Richenza die Jüngere heiratete den ungari-
schen König Bela und wurde so die Stammutter der dort bis
1301 regierenden Arpaden. Richenza kehrte als Witwe nach
Deutschland zurück und nahm beim Tod ihres Bruders Otto
1047 den Schleier. Sie starb 1063.

Von den Söhnen hieß der älteste Liudolf, um 995 geboren
und 1031 gestorben. Seine beiden Söhne Heinrich und Konrad starben ohne Erben, Heinrich schon sehr jung. Konrad
erhielt 1049 von Heinrich III. das Herzogtum Bayern. 1055
wollte er mit dem Bischof von Regensburg und dem Herzog

von Kärnten Heinrich III. umbringen und selbst deutscher König werden. Aber die dilettantische Verschwörung brach mit seinem Tod zusammen. Der jüngste der drei Söhne hieß Otto. Ihm übertrug Heinrich III. 1045 das Herzogtum Schwaben, aber er starb bereits 1047, ohne dort geamtet zu haben. Dieser Otto galt lange Zeit als unverheiratet und kinderlos. Inzwischen ist man aber der Ansicht, er sei mit einer Gräfin von Egisheim verheiratet gewesen und habe zwei Töchter gehabt. Die eine, Richenza, heiratete den Grafen Otto von Northeim und war die Großmutter der Kaiserin Richenza, über die dieser Name an die Welfen kam. Die andere, Hildegard, heiratete einen Friedrich von Büren und war somit die Mutter des ersten staufischen Herzogs von Schwaben. Diese Hildegard hat den Staufern reichen Besitz im Elsaß eingebracht, der demnach von ihrer Mutterseite, den Egisheimer Grafen, herkommen würde. Sie war die Gründerin des Klosters St. Fides in Schlettstadt, der ältesten Staufergrablege im Elsaß, wo sie selbst 1094 begraben wurde. Ihre einzige Tochter trug den Namen Adelheid, ihr dritter Sohn hieß Otto. So wären die späteren Welfen wie die Staufer auch direkte Nachfahren von Adelheid und Theophanu.

Quellen und Literatur

Odilo von Cluny:
- Die Lebensbeschreibung der Kaiserin Adelheid von Abt Odilo von Cluny (Odilonis Cluniacensis abbatis Epitaphium domine Adelheide auguste) bearbeitet von Herbert Paulhart
- Mitteilungen des Instituts für Österreichische Geschichtsforschung, Ergänzungsband xx, Heft 2, Festschrift zur Jahrtausendfeier der Kaiserkrönung Ottos des Großen Graz-Köln 1962 (lateinischer Text und Textgeschichte)
- Das Leben der Kaiserin Adelheid von Odilo von Cluny Nach der Ausgabe der Monumenta Germaniae übersetzt von Dr. Hermann Hüffer. Bearbeitet von W. Wattenbach.
- Geschichtsschreiber der deutschen Vorzeit, Band 35. 3. Auflage Leipzig 1939 (deutscher Text)

Zur Bewertung Liudolfs:
- Christoph Friedrich von Stälin: Württembergische Geschichte Teil 1: Schwaben und Südfranken von der Urzeit bis 1080, Stuttgart-Tübingen 1841 (Nachdruck Aalen 1975), S. 452-453

Der Mönch von Soracte:
- Ferdinand Gregorovius: Geschichte der Stadt Rom im Mittelalter. Sechstes Buch, Drittes Kapitel Nachdruck dtv 1978, Band I, 2, S. 631-632

Otto II. in St. Gallen:
- Ekkehard IV.: St. Galler Klostergeschichten. Hrsg. Hans F. Haefele Ausgewählte Quellen zur Geschichte des Mittelalters, Band X Darmstadt 1980, S. 284-285

Deutschland beim Tod Ottos II. und Theophanus:
- Robert Holtzmann: Geschichte der sächsichen Kaiserzeit (900 - 1024) 3. Auflage München 1955, S. 291/316

Allgemeine Literatur zur sächsischen Kaiserzeit:
- Robert Holtzmann: Geschichte der sächsichen Kaiserzeit (900 - 1024) 3. Auflage München 1955

- Otto Zimmermann (Hrsg.): Otto der Große. Wege der Forschung,
  Band 450. Wiss. Buchgesellschaft Darmstadt 1976

Adelheid:
- Gertrud Bäumer: Adelheid. Mutter der Königreiche. Tübingen 1936
- Gerald Beyreuther: Kaiserin Adelheid "Mutter der Königreiche"
  In: Erika Uitz, Barbara Pätzold, Gerald Beyreuther: Herrscherinnen
  und Nonnen. Frauengestalten von der Ottonenzeit bis zu den
  Staufern. Deutscher Verlag der Wissenschaften, Berlin 1990
- "Unverrückbar für alle Zeiten" Tausendjährige Schriftzeugnisse in
  Baden-Württemberg. Katalog zur Ausstellung.
  Generallandesarchiv Karlsruhe 1992 (mit 3 Adelheid-Urkunden)

Theophanu:
- Henry Benrath: Die Kaiserin Theophano. dva Stuttgart Berlin 1940
- Henry Benrath: Vorarbeiten zu "Die Kaiserin Theophano"
  dva Stuttgart Berlin 1941
- Die Heiratsurkunde der Kaiserin Theophanu. 972 April 14, Rom
  Eine Ausstellung des Niedersächsischen Staatsarchivs in Wolfen-
  büttel. Veröffentlichungen der Niedersächsischen Archivverwaltung,
  Beiheft 16, Göttingen 1972.
- Gunther Wolf (Hrsg): Kaiserin Theophanu. Prinzessin aus der Frem-
  de - des Westreichs große Kaiserin. Böhlau Köln Weimar Wien 1991
  (Verschiedene Aufsätze hauptsächlich von Wolf zu Theophanu)
- Kaiserin Theophanu. Begegnung des Ostens und des Westens um die
  Wende des ersten Jahrtausends. Gedenkschrift des Kölner Schnüt-
  gen-Museums zum 1000. Todesjahr der Kaiserin.
  Hrsg. von Anton von Euw und Peter Schreiner, 2 Bände,
  Köln 1991 (Band I kunstgeschichtlich, Band II auch allgemein)
- Katalog zur Ausstellung des Schnütgen-Museums Köln
  (11. 4. - 16. 6. 1991): "Vor dem Jahr 1000 - Abendländische Buch-
  kunst zur Zeit der Kaiserin Theophanu"
  Hrsg. von Anton von Euw und Peter Schreiner. Köln 1991.

Gisela

Gemahlin Konrads II.

990 - 1043

Die Bruchsaler Unterwerfung von 1002

Am 1. Oktober 1002 mußte Herzog Hermann II. von Schwaben sich in Bruchsal vor dem neuen König Heinrich II. demütigen und unterwerfen und wurde dafür erneut mit seinem Herzogtum belehnt. Damit fand ein unruhiges und bewegtes Jahr seinen Abschluß, das für diesen Herzog Hermann ganz andere Perspektiven gehabt hatte. Im Januar war Otto III. in der Nähe von Rom gestorben, ohne direkten Erben, und auch ohne jemanden als Nachfolger "designiert" zu haben. Die deutschen Könige waren immer in einem Wahlakt erhoben worden, aber die letzten drei Wahlen waren nicht "frei" gewesen, weil der Sohn jeweils zu Lebzeiten des Vaters gewählt und gekrönt wurde. Jetzt konnten die Fürsten entweder auf die weitere Verwandtschaft des sächsichen Hauses zurückgehen oder den wählen, den sie für den geeignetsten hielten. Ein Enkel Ottos des Großen über seine Tochter Liutgard war der etwa 950 geborene Herzog Otto von Kärnten, der sich aber zu alt fühlte. Ein Urenkel Heinrichs I. war der dreißigjährige Herzog Heinrich von Bayern, der Sohn Heinrichs des Zänkers, der gern König geworden wäre. Otto III. hatte verfügt, daß er in Aachen beigesetzt werden wollte. So brachte seine Begleitung unter der Führung des Erzbischofs Heribert von Köln den toten Kaiser über die Alpen.

Heinrich schloß sich dem Leichenzug als "nächster Angehöriger" an, aber Heribert gab ihm deutlich zu verstehen, daß er nicht der sei, den die Mehrheit als König haben wolle. In Augsburg wurden die Eingeweide Ottos III. beigesetzt. Bei der Gelegenheit gelang es Heinrich, die Reichsinsignien, die mit dem toten Herrscher zusammen transportiert wurden, in seine Gewalt zu bringen. Trotzdem verständigte sich bei der Beisetzung Ottos III. am 5. April in Aachen die Mehrheit der anwesenden Fürsten darauf, im Herbst den Herzog Hermann II. von Schwaben zum neuen König zu wählen.

Hermann stammte aus einer fränkischen Adelsfamilie, die immer in großer Treue zu den Ottonen gehalten hatte. Sein Vater Udo gehörte zu den Opfern der Sarazenenschlacht von Cotrone 972, und sein Onkel Konrad war von Otto II. als zuverlässiger Gefolgsmann 973 zum Herzog von Schwaben erhoben worden. Ihm folgte Hermann 997 nach. Leider wissen wir nichts über seine Vorgeschichte. Er dürfte um die Jahrtausendwende etwa vierzig Jahre alt gewesen sein. Er gehörte zur engsten Umgebung Ottos III. und begleitete ihn auf dessen zweitem Romzug 998 bis 999. Einer seiner Gefolgsleute, der Zähringer Birchtilo oder Berthold, der sich bei der Mißhandlung eines Gegenpapstes besonders hervorgetan hatte, erhielt 999 "auf Bitten des vortrefflichen Herzogs Hermann" von Otto III. das Markt-, Münz- und Zollrecht in Villingen. Vor seinem letzten Romzug traf sich der Kaiser im Juni 1000 auf dem Hohentwiel mit dem Herzog. Einen offiziellen Vertreter für Deutschland bestimmte er nicht, aber da seine Tante Mathilde gestorben und Erzbischof Willigis von Mainz in Ungnade gefallen war, dürfte Hermann von Schwaben als Verantwortlicher zurückgeblieben sein. So war es verständlich, daß vor allem die Fürsten um Otto III. Hermann als neuen König sehen wollten.

Hermanns Familie war zwar vornehm, aber zu den höchsten Kreisen gehörte er vor allem durch seine Frau Gerberga. Sie war eine Tochter des Königs Konrad von Burgund und damit eine Nichte der Kaiserin Adelheid. Ihre Mutter Mathilde war die Tochter der französischen Königin Gerberga, die wiederum eine Tochter Heinrichs I. war. Gerberga von Schwaben war also von allerhöchster Abstammung, burgundisch, französisch-karolingisch und sächsisch. Ihr Vater Konrad hatte aus einer ersten Ehe eine Tochter Gisela, die 972 den bayerischen Herzog Heinrich den Zänker geheiratet hatte, also die Mutter von Herzog Hermanns Gegenkandidaten. Aus der zweiten nach 960 geschlossenen Ehe mit Mathilde gab es vier Kinder, Rudolf, Bertha, Gerberga und Mathilde. Damit dürfte unsere Gerberga vor 970 geboren sein. Dann könnte sie um 985 mit Hermann verheiratet worden sein, und er wäre bei der Eheschließung 25 Jahre alt gewesen. Genauere Daten gibt es leider nicht. Die Heirat von Hermann und Gerberga war aber sicher ein politischer Akt, damit wurden Hermann und sein Onkel Konrad, der Herzog von Schwaben, für ihre Treue zu Otto III. und gegen Heinrich den Zänker belohnt. Die Ehe wurde wohl von der Kaiserin Adelheid vermittelt, und mit dieser Erhöhung Hermanns war dann auch schon die Zusage auf die Nachfolge im Herzogtum Schwaben verbunden.

Während Hermann in Aachen an der Beisetzung Ottos III. teilnahm, sammelte Heinrich Anhänger. Mitte April sprachen sich die Sachsen für ihn aus. Auch in Bayern und Mainfranken hatte er Anhänger, ebenso im Westen, weil seine Frau Kunigunde eine Luxemburgerin war. Aber vor allem stützten ihn die meisten Bischöfe, angeführt von Willigis von Mainz. Dieser lud auf Juni zur Königswahl nach Mainz. Hermann von Schwaben blockierte den Rheinübergang bei Worms, um Heinrich den Weg abzuschneiden, aber dieser nahm einen Umweg über Lorsch, erreichte Mainz und wurde am gleichen Tag gewählt und von Willigis gekrönt. Die Kroninsignien hatte er ja bereits. Bisher hatten die Bischöfe nicht mitgewählt, jetzt gaben sie den Ausschlag für Heinrich. Hermann wollte diese Entscheidung erst nicht akzeptieren, aber nachdem Heinrich sich über den Sommer geschickt verstärkt hatte, resignierte er schließlich, und es kam zu der Unterwerfung von Bruchsal, einer abgesprochenen Inszenierung, in der auf die Erniedrigung die Wiederbelehnung folgte, aber für den Herzog von Schwaben, der sich schon als König gesehen hatte, doch eine sehr demütigende Erfahrung.

Über diese Bruchsaler Unterwerfung gibt es keinen genauen Bericht. Wir wissen also nicht, ob sie im Freien oder im Saal, im gößeren oder kleineren Rahmen stattfand. Aber sie war ein öffentlicher Akt mit Zuschauern und Zeugen, und es ist durchaus denkbar, daß auch die Familie Herzog Hermanns daran teilgenommen hat oder sogar teilnehmen mußte. Hermann und Gerberga hatten drei Töchter und einen spätgeborenen Sohn. Die älteste Tochter, Mathilde, war damals schon mit Konrad, dem Sohn Ottos von Kärnten verheiratet, die zweite Tochter Gisela zwölf Jahre, die dritte Beatrix (manchmal auch Birgitta) etwas jünger, und der Sohn Hermann vielleicht erst drei Jahre. Bei einem zwölfjährigen Mädchen wie Gisela, das zu seinem Vater hochblickte, muß ein solches Erlebnis wie der tiefe Fall nach dem Traum vom Königtum deutliche seelische Spuren hinterlassen haben.

Giselas Kindheit

Gisela ist um 990 geboren worden. Anders sind die Nachrichten, die wir über sie und ihre Familie haben, nicht in eine
vernünftige Ordnung zu bringen. Allerdings gab es einige
"Probleme um Kaiserin Gisela", als bei der Öffnung ihres Sar-
ges im Jahr 1900 eine Bleiplatte gefunden wurde, die als Ge-
burtsjahr 999 angibt. Aber inzwischen wurde gezeigt, daß der
Text der Bleiplatte auch andere Fehler enthält, und heute ist
990 allgemein anerkannt. Über ihre Kindheitsjahre gibt es
keine direkten Nachrichten. Aber gewisse Anzeichen deuten
auf das Elsaß hin. Die Herzöge Konrad und Hermann führten
auch das Elsaß im Titel, aber dort waren sie nicht Amtsherzö-
ge, sondern hatten wohl eigenen Besitz. Dabei gab es Berüh-
rungspunkte mit der Kaiserin Adelheid, die seit 987 die
Gründung ihres Klosters in Selz betrieb. Die Ehe zwischen
Hermann und Gerberga gehörte zur Absicherung der Regentschaft nach 984. Der Name Gisela für die 990 geborene Tochter könnte auf die Halbschwester der Gerberga, die Frau
Heinrichs des Zänkers, als eine Art Patin hindeuten, und zu
der Zeit war dieser Heinrich reichstreu und stand in guten
Beziehungen zur alten Kaiserin. Da Hermann zum engen
Kreis um Otto III. gehörte, sind nähere Kontakte der Famili-
en vor dem Tod Adelheids durchaus wahrscheinlich, wenn
sich Adelheid oder der Hof im Elsaß aufhielten, so etwa das
Weihnachtsfest 994 in der Pfalz Erstein oder die Weihe des
Klosters Selz im November 996. Eine Verbindung von Herzog
Hermann nach Selz ist zumindest aktenkundig. In den Wun-
derberichten, die die Lebensbeschreibung Adelheids durch
Odilo von Cluny ergänzen, wird erzählt, daß bald nach dem
Tod der alten Kaiserin der Herzog gekommen sei, um das Erbe

der Kaiserin an sich zu nehmen. Die wunderbare Heilung eines blindgewordenen Gefolgsmannes ließ ihn von diesem "Raub" Abstand nehmen. Der Hintergrund dieses Berichtes könnte sein, daß Hermann, der ja selber kein Erbe oder Familienangehöriger war, von Otto III. mit der Regelung des Nachlasses beauftragt worden war und sich deswegen mit den Mönchen auseinandersetzen mußte.

Der Rang der Familie wird vielleicht auch dadurch deutlich, daß in Unterregenbach bei Langenburg im Hohenloheschen durch Ausgrabungen Spuren einer gewaltigen Kirche gefunden wurden, die zu einem Kloster und einer Grablege gehören, die für diese "Konradiner" gedacht waren und später, nach der Auflösung der Familie, von Gisela an einen Neffen, den Bischof von Würzburg, weitergegeben wurden. Der Rahmen für Giselas Kindheit ist also ein hochfürstliches Haus mit Verbindungen zum sächsischen Königshaus, und gelegentliche Begegnungen des kleinen Mädchens mit der alten Kaiserin sind wahrscheinlich und gehören dann zu den großen Eindrücken und Erlebnissen. In einem solchen Haus und unter dem Einfluß Adelheids war auch eine sorgfältige formale Erziehung der Töchter selbstverständlich, und die hat Gisela zweifellos mitbekommen, denn alle späteren Berichte heben ganz besonders auf ihre Bildung ab.

Über diese gesicherte und privilegierte Welt mit ihrer Nähe zur Macht brach nun mit der Niederlage Hermanns von Schwaben gegen Heinrich von Bayern die Katastrophe herein, denn die Unterwerfung in Bruchsal war nur der Anfang. Schon im Januar 1003 griff König Heinrich II. auf einer Synode in Diedenhofen in Lothringen die Bischöfe an, weil sie bei den Mächtigen unkanonische Ehen duldeten, und als Beispiel nannte er die Ehe Konrads von Kärnten mit Mathilde

von Schwaben, die in Heinrich I. einen gemeinsamen Urur-
großvater hatten. Dieses Ehebündnis war aber der Ausdruck
einer Koalition zwischen Otto von Kärnten und Hermann
von Schwaben. Otto hatte nicht für Heinrich auf den Thron
verzichtet, sondern für Hermann, und Heinrich wollte seine
Gegner weiter demütigen. Herzog Hermann starb schon im
Mai 1003, sein unmündiger Sohn Hermann III. wurde neuer
Herzog, doch für ihn übernahm der König die Vormundschaft. Otto von Kärnten starb im November 1004. Heinrich
konnte seinen Sohn Konrad nicht übergehen, aber er betonte
seine großen Bedenken und schränkte ihn ein, so gut es ging.
Als dieser Konrad schon 1011 starb, hatte seine Familie so an
Einfluß verloren, daß sein Sohn Konrad, der Enkel Ottos von
Kärnten und Hermanns von Schwaben, ohne weiteres zur
Seite geschoben werden konnte.

Die sächsische Ehe

Die politische Grunderfahrung der inzwischen vierzehn-
jährigen Gisela war der tiefe Sturz der eigenen Partei und die
nachfolgende unnachsichtige Verfolgung und Verdrängung
der Familien seiner Konkurrenten durch den neuen König,
der sich damit aber nicht nur Freunde machte. Es war nur
natürlich, daß sich Gegner und Opfer Heinrichs II. zu Bünd-
nissen zusammenfanden, und solche Verbindungen wurden
durch Verlobungen und Heiraten besiegelt. So kam es zur ersten Ehe Giselas. Die Absprache dafür ging vielleicht noch
auf Hermann von Schwaben und die Zeit vor der Königswahl
zurück. Möglich ist auch, daß die Witwe Hermanns die Ehe
vermittelte und selbst parallel dazu eine zweite Ehe einging.
Aber die Nachrichten darüber beim "Annalista Saxo" sind

fehlerhaft und lassen manche Deutung zu. Auf jeden Fall wurde Gisela um 1005 mit einem Grafen Bruno von Braunschweig vermählt, der zu den Gegnern Heinrichs II. gehörte und ein mächtiger Adliger in Sachsen war. Die junge Frau mußte ihre vertraute süddeutsche Heimat verlassen und sich in einer neuen Umgebung zurechtfinden, die gegenüber ihrem bisherigen Rang doch eine gewisse Abstufung war. Mit Bruno von Braunschweig hatte Gisela mindestens zwei Kinder, einen Sohn Liudolf und eine Tochter.

Leider weiß man von der Ehe und dem Ehemann praktisch nichts, außer daß Bruno und Gisela in der Aufzählung späterer Genealogen über Liudolf die Stammeltern des braunschweigischen Hauses sind:

"Bekennen wir aber auch, den Zusammenhang dieses Bruno von Braunschweig mit der ottonischen und billungischen Familie nicht aufklären, seine Identität mit dem angeblichen Kronbewerber des Jahres 1002 nicht nachweisen, die Gründung von Braunschweig nicht als sein Werk anerkennen zu können, so können wir doch an seiner Person, an seiner Ehe mit Gisela, an seinem Verhältniß als Stammvater des brunonischen Hauses nicht zweifeln."

Die Nachricht, daß vor 1010 ein Graf Bruno von seinem Gefolgsmann Milo erschlagen worden sei, wird mit Giselas Ehemann in Verbindung gebracht, aber auch von diesem Kriminalfall sind keine Hintergründe bekannt. Wir sehen nicht einmal, daß Bruno sich um das beträchtliche und später umstrittene Erbe Giselas von ihrer Vaterseite gekümmert hätte. Einzig die Tatsache, daß Gisela nach dem Tod ihres Mannes nicht lange in Sachsen blieb und ihre Kinder dort zurückließ, könnte ein Anhaltspunkt für eine eher unglückliche Zeit sein.

Die babenbergische Ehe

Spätestens 1010 ging Gisela ihre zweite Ehe ein. Auch über die Anbahnung und Vermittlung dieser Ehe wissen wir nichts. Der zweite Ehemann, der Babenberger Ernst, Herzog von Ostfranken, gehörte auch zu den Fürsten, die zu Heinrich II. in Opposition standen. 1003 wurde er wegen Aufruhrs zum Tod verurteilt und nur auf Bitten des Mainzer Erzbischofs Willigis begnadigt. Gisela war bei dieser Entscheidung zwanzig Jahre alt und nach der Entmachtung ihrer Familie selbständig geworden. Diese zweite Ehe war wieder hochpolitisch und gegen Heinrich II. gerichtet, und sie war ihr sicher nicht aufgezwungen, sondern entsprach ihrem Willen und ihren Vorstellungen. Ernst dürfte zehn Jahre älter als Gisela gewesen sein und war ein politischer Taktierer. Die namensgebende Stammburg der Babenberger liegt in der Nähe von Würzburg, und in der Gegend lebte vermutlich auch das neuverheiratete Paar. Dort wurde dann wahrscheinlich noch 1010 auch ihr erster Sohn Ernst geboren.

Als 1011 Konrad von Kärnten starb, überging Heinrich II. dessen Sohn und belehnte einen seiner Anhänger mit diesem Herzogtum. Dieser Adalbero von Kärnten war mit der jüngeren Schwester Giselas, Beatrix, verheiratet, die Witwe Konrads war ihre ältere Schwester Mathilde. Aber Beatrix und ihr Mann Adalbero hatten immer zu Heinrich II. gehalten und hofften, im Bund mit ihm auch das Erbe Hermann von Schwabens in Besitz nehmen zu können. Im Jahr 1012 starb der bisherige Herzog Hermann III. von Schwaben, der junge Bruder dieser drei ungleichen Schwestern, der nicht bis zur Mündigkeit herangewachsen war. Das freigewordene Herzogtum übertrug Heinrich II. auf den Babenberger Ernst, Giselas neuen Ehemann. Formal gesehen trug seine Ehe mit der Herzogstochter sicher dazu bei, aber Heinrich II. hatte eben gezeigt, daß er sich um solche Ansprüche nicht scherte. Der Übertragung Schwabens muß also ein politischer Kuhhandel zwischen Heinrich und Ernst vorausgegangen sein. Diese Annäherung der früheren Todfeinde beweist auch die Unterschrift beider Herren als Brüder in einer "Gebetsgemeinschaft". Ernst hatte also durch einen geschickten Seitenwechsel das Herzogtum Schwaben für sich gewonnen, aber dafür das Vertrauen seiner Frau verloren. Denn für Gisela war die Gegnerschaft gegen Heinrich II. keine Frage der Taktik.

Herzog Ernst verlor schon an Pfingsten 1015 bei einem Jagdunfall sein Leben. Seine letzte Botschaft an Gisela war "...und erinnert mein Eheweib, daß sie die Ehre ihrer Schamhaftigkeit bewahre und meiner nicht vergesse". Kurz vor oder sogar erst nach Ernsts Tod bekam Gisela einen weiteren Sohn, den sie nach ihrem Vater Hermann taufte. Der Kaiser Heinrich II. versuchte, durch großzügiges Entgegenkommen die junge Witwe auf seiner Seite zu halten. Im Juni 1015 übertrug er bei einem Hoftag in Goslar das Herzogtum auf den fünfjährigen Ernst II. und betraute die Mutter mit der Regentschaft. Da eine solche Belehnung ein öffentlicher Akt war, mußte Gisela mit ihren Söhnen vermutlich dazu in Goslar anwesend sein. Wo die herzogliche Familie im übrigen lebte oder bevorzugt residierte, wissen wir nicht.

Konrad und Gisela vor segnendem Christus
Evangeliar aus Speyer (heute im Escorial)

Die Ehe mit Konrad von Worms

Aber Gisela wollte sich nicht dauerhaft mit Heinrich II. arrangieren. Ende 1016 heiratete sie zum dritten Mal, und wieder jemand aus der fürstlichen Opposition. Konrad von Worms war der älteste Enkel von Otto von Kärnten. Aber Otto scheint sich mit seinem erstgeborenen Sohn Heinrich nicht verstanden zu haben. Er fand ihn schon vor 990 mit der Übertragung eines kleinen Besitzes um die Stadt Waiblingen ab. Heinrich heiratete eine elsässische Gräfin Adelheid von Egisheim. Ihr vermutlich einziges Kind war der 989 geborene Konrad. Sein Vater starb bald, die Mutter heiratete wieder, und der kleine Konrad wuchs in Worms auf, nach dem Tod seines Großvaters zeitweilig unter der Obhut des Bischofs. Aber er erhielt eher eine adlige als eine gelehrte Erziehung, Latein und Lesen beherrschte er nur in Ansätzen, und er war wohl schon früh auf sich selbst gestellt. Aber als nach dem Tod seines Onkels 1011 die Familie das Herzogtum Kärnten verlor und sein gleichnamiger Vetter, der jüngere um 1005 geborene Konrad, noch ein Kind war, fiel ihm in einer höchst unglücklichen Lage die Verantwortung für die Familie zu.

Die Ehe Giselas mit Konrad war also wieder eine politische Verbindung, die Koalition der beiden Familien, die unter der Verfolgung durch Heinrich II. am meisten gelitten hatten. Gisela hatte die früheren Demütigungen nicht vergessen und sich von Heinrich nicht wie ihr zweiter Mann kaufen lassen. An Konrad gefiel ihr vielleicht, daß er in der für seine Familie aussichtslosen Situation nicht aufgab und resignierte, sondern mit Geschick und Hingabe weiterkämpfte. Gisela war bei der Eheschließung 26 Jahre alt und offenbar eine stattliche und schöne Frau mit blonden Haaren, auch wenn mittelalterliche Personenbeschreibungen oft wenig individuellen Wert haben. Konrad war von kräftiger Statur, aber nicht sehr groß. Er wird immer mit dunklem Haar und dem spitzigen "Salierbart" abgebildet. Im Alter standen sie sich sehr nahe, ebenso in der Herkunft vom Oberrhein wie in der gemeinsamen politischen Erfahrung. Ob und wie sie sich vorher kannten, ist nicht mehr festzustellen. Immerhin könnte Konrad wie Gisela bei der öffentlichen Unterwerfung Hermanns von Schwaben in Bruchsal dabeigewesen sein.

Die Ehe, die nach einer Nachricht dramatisch mit der Entführung Giselas begonnen haben soll, war eine politische Demonstration gegen Heinrich II., und er verstand sie als Kampfansage. Er entzog Gisela sofort die Vormundschaft für ihren Sohn Ernst im Herzogtum Schwaben und übertrug sie einem seiner Parteigänger, dem Bruder des Vaters, dem er soeben das Erzbistum Trier verliehen hatte. Aber da Gisela über ihren Eigenbesitz weiter verfügen konnte und in Schwaben auch eine gewisse Anhängerschaft hatte, konnte der neue Vormund, der auch anderes zu tun hatte, nicht viel erreichen. Die Eheschließung war auch von einer ganz anderen Seite her ein Angriff auf die Autorität Heinrichs II., denn dieser hatte 1003 die Ehe zwischen Konrads Onkel und Giselas älterer Schwester als unkanonisch angegriffen, weil sie zu nahe verwandt waren. Mit dieser kirchlichen Regelung der Verwandtschaftsehen war zwar fast jede Heirat in den Hochadelsfamilien angreifbar, aber die Abgrenzung der Verwandtschaft war noch offen, die Kirche erteilte auch großzügige Ausnahmegenehmigungen, und zudem war zu nahe Verwandtschaft in diesen Kreisen auch die bequeme Standardbegründung für Scheidungen. Heinrichs Angriff auf die Ehe zwischen den Kindern seiner beiden Konkurrenten wurde deshalb von Anfang an als Teil des politischen Kampfes verstanden, und genauso war die Ehe zwischen Gisela und Konrad eine Herausforderung des Kaisers durch die Opposition. Sie war aber auch schon die Ankündigung eines Anspruchs auf die Nachfolge.

Die junge Familie lebte vermutlich am Oberrhein, denn nicht umsonst wurde Speyer später der Traditionsort der Salier. Der Stiefsohn Ernst war vielleicht bei seinem Onkel und Vormund, aber zur Familie gehörte der 1015 geborene Sohn Hermann. Am 28. Oktober 1017, dem Tag der Heiligen Juda und Simon, wurde Gisela und Konrad ein Sohn geboren, der den Namen Heinrich erhielt. Das ist der Name von Konrads Vater, aber es ist auch einer der Leitnamen des sächsischen Hauses, mit dem vor allem die bayerische Linie ihre Legitimität betonte, und so kündigte diese Namenswahl vor aller Welt an, daß hier das sächsische Königsgeschlecht einen Nachfolger gefunden hatte, während die Ehe Heinrichs II. mit Kunigunde von Luxemburg kinderlos blieb (denn daß sie in heiliger Keuschheit nebeneinander lebten, ist erst eine Zugabe späterer Zeiten). In den mittelalterlichen Vorstellungen war die Geburt des Erben aber so etwas wie ein Gottesurteil für die Legitimität dieser Ehe.

Konrad wurde durch die Ehe mit Gisela zum Kopf der Opposition gegen Heinrich II. und zum ersten Anwärter auf dessen Nachfolge. Im Jahr 1019 kam es in Sachsen zu Unruhen, in deren Zentrum die Familie von Giselas erstem Ehemann stand. Gleichzeitig schlug Konrad in einer Schlacht bei Ulm den Herzog Adalbero von Kärnten, den Ehemann der jüngsten Schwester Giselas. Dabei ging es offenbar auch um das Erbe Hermanns von Schwaben. Wie tief der Haß Konrads gegen diesen Parteigänger Heinrichs II. saß, zeigte sich 1035, als der sonst so beherrschte Kaiser vor Wut in Ohnmacht fiel, weil die Fürsten einem Urteil gegen Adalbero nicht zustimmen wollten. Heinrich II. fand sich in den folgenden Jahren allmählich damit ab, daß die Nachfolge auf die von ihm so lang und mit allen Mitteln bekämpfte Familie überging. Giselas konsequente politische Haltung hatte sich nach einer langen Zeit der Niederlagen als erfolgreicher Wechsel auf die Zukunft erwiesen.

Wahl und Krönung 1024

Heinrich II. starb im Juli 1024. Mit seiner eigenen Wahl 1002 hatte er in gewisser Weise die Entscheidung über seine Nachfolge vorprogrammiert. Denn er hatte sich als nächster Verwandter gegen eine "freie" Wahl durchgesetzt und dafür die Bischöfe als Wähler mit einbezogen. Der Erzbischof von Mainz sah es deshalb jetzt als seine Aufgabe an, die Wahl vorzubereiten und durchzuführen. Er lud für den 4. September zu einer Wahlversammlung nach Kamba am Rhein, in der Nähe von Mainz. Kandidaten für die Wahl waren zwei Enkel Ottos von Kärnten, der ältere und der jüngere Konrad, und selbst diese eingeschränkte Wahl war vermutlich in der Familie schon zugunsten des älteren vorentschieden. Am 8. September wurde Konrad dann in Mainz von Erzbischof Aribo zum König gekrönt.

Aber Aribo weigerte sich, Gisela zur Königin zu krönen. Die Gründe dafür sind nicht bekannt, und das Verhalten des Erzbischofs hat zu vielen Spekulationen Anlaß gegeben. Der spätere Biograph Konrads II., Wipo, schreibt darüber am Ende einer langen lobenden Charakterisierung Giselas:

"Mißgunst gewisser Leute, die ja oft wie Rauch von unten die Höhe umwölkt, verzögerte ihre Weihe um einige Tage. Es steht übrigens auch heute noch nicht fest, ob sie diese Anfeindung berechtigt oder unberechtigt traf."

Man hat diese Stelle oft auf die unkanonische Ehe bezogen, aber dann hätte Aribo auch Konrad nicht krönen dürfen oder zuerst die Scheidung verlangen müssen. Wipos Aussage ist dazu doppeldeutig, denn der erste Satz spricht von der Mißgunst, der zweite aber von der möglichen Berechtigung der Vorwürfe. Bischoff hat in einer sehr scharfsinnigen Analyse daraus geschlossen, daß Wipo die Hintergründe kannte, und daß es nicht um eine Schuld der Gisela gehen konnte, sondern höchstens um einen "objektiven" Makel, etwa um Zweifel an ihrer Herkunft. Andere Interpretationen gehen auf eine mögliche Mitwisserschaft beim gewaltsamen Tod ihres ersten oder zweiten Ehemannes. Aber beides wären skandalöse Möglichkeiten, für die es auch andere Spuren und Hinweise geben müßte, denn diese Adelsgesellschaft mit ihren engen und vielfältigen verwandtschaftlichen Beziehungen war ja auch für Klatsch und Tratsch offen.

Vielleicht hilft uns die Beschäftigung mit Erzbischof Aribo weiter. Aribo war kein "Seelsorger", sondern ein Politiker, der in der Kanzlei Kaiser Heinrichs gelernt hatte. Erzbischof von Mainz wurde er 1021 vor allem durch Fürsprache der Kaiserin Kunigunde. Diese spielte aber bei der Wahl Konrads und bei seiner Krönung eine gewisse Rolle, denn sie vertrat seit dem Tod des Kaisers die Regierung und hütete die Reichsinsignien, ohne die eine rechtmäßige Krönung nicht möglich war. Sie hatte sicher in der Zeit vorher und vor allem in diesen zwei Monaten eng mit Aribo zusammengearbeitet. Möglicherweise war ihr Verhältnis zu Gisela über den allgemeinen Gegensatz hinaus aus persönlichen Gründen so gespannt, daß sie ihr diesen Thriumph nicht gönnte und deshalb bei Aribo

Einspruch erhob, etwa weil sie sich von Gisela beleidigt fühlte. Dazu würde Wipos Aussage passen. Denn wenn die alte Kaiserin die Reichsinsignien nicht oder nur unter Druck herausgegeben hätte, wäre der Skandal groß gewesen. Konrad konnte dieser Lösung leicht zustimmen, weil bei keiner der vorausgehenden Königserhebungen die Königin direkt mitgekrönt worden war, auch nicht Kunigunde. Aribo glaubte aber vielleicht, daß sein Einspruch gegen die Krönung Giselas ihm einen höheren Rang, eine Art moralischer Autorität verleihen würde.

Wenn diese Erklärung richtig ist, dann war das "Problem um die Kaiserin Gisela" auch nicht so groß, und sie konnte leicht nachgeben, ohne dadurch beleidigt oder beschädigt zu werden. Denn wenn es wirklich um ihre Ehre oder ihr Ansehen gegangen wäre, hätte auch Konrad nicht so einfach darüber weggehen können. Es würde zu seinem sonstigen Verhalten überhaupt nicht passen, daß er nur um seiner ungefährdeten Krönung willen seine Frau im Stich gelassen hätte, durch die er ja überhaupt erst zum unangefochtenen Thronanwärter aufgestiegen war. Denn Konrad war nicht das Geschöpf Aribos, und es war noch nicht so, daß nicht auch ein anderer Erzbischof die Krönung hätte vornehmen können. Wenn die Verschiebung der Krönung Rücksicht auf die Verbitterung der alten Kaiserin war, die hier zum letzten Mal ihren Einfluß geltend machen konnte, dann war Nachgeben von der Seite Konrads und Giselas die richtige und angemessene Entscheidung. Das könnte sogar der im lateinischen Text folgenden Bemerkung Wipos einen anderen Sinn geben. Sie heißt "tamen virilis probitas in femina vicit" und wird übersetzt "Doch der tüchtige Mann setzte sich mit seiner Frau durch". Aber das ist nicht überzeugend, denn von Konrad ist vorher überhaupt nicht die Rede. Wörtlicher wäre "die männliche Nüchternheit setzte sich bei der Frau durch", und das wäre dann ein Kompliment für Gisela, weil sie einer vernünftigen Lösung zugestimmt hat.

Eine weitere Textstelle könnte auch mit diesem Problem in Verbindung stehen. Wipo bringt nämlich die ganze Ansprache Aribos an Konrad vor der Krönung. Sie geht aus von der Überlegung, daß Macht an sich aus einer reinen Quelle hervorgeht, aber durch menschliche Schlechtigkeit immer wieder verunreinigt wird. Es folgen Ermahnungen mit vielen Bibelzitaten, die Aufforderung zu guten Werken, Recht, Gerechtigkeit und Frieden. Zum Schluß heißt es dann:

"Jetzt aber, Herr König, bittet dich die ganze heilige Kiche mit uns um deine Huld für alle, die bisher gegen dich gefehlt und durch irgendwelche Beleidigung deine Huld verloren haben. Zu ihnen gehört der edle Herr Otto, der dich beleidigt hat. Für ihn und alle anderen erbitten wir deine Milde, verzeih ihnen um der Liebe Gottes willen, die heute einen neuen Menschen aus dir gemacht hat und dich teilhaben läßt an ihrem göttlichen Walten, wie auch Gott selbst wiederum dir für alle deine Sünden verzeihen möge."

Dieser edle Herr Otto gehört nicht zu den von Wipo aufgezählten anwesenden Fürsten, und niemand weiß, wer er war und wie er Konrad beleidigt haben könnte. Trotzdem wurde er von Aribo als einziger namentlich in die Predigt mit aufgenommen und damit in besonderer Weise unter den Schutz des Erzbischofs gestellt. Es liegt nahe, hier hochgehende Emotionen und einen sehr gereizten Konrad zu vermuten und eine Verbindung zwischen diesem Otto, Kunigunde, Aribo und der verweigerten Krönung anzunehmen.

Von Mainz zog der neue König nach Köln, und dort krönte am 21. September Erzbischof Pilgrim, der Intimfeind Aribos, Gisela zur Königin. Konrad nutzte also die Rivalität zwischen den Erzbischöfen. Aribo behielt seine Ämter auch als Erzkanzler, aber er gehörte nicht zum engeren Kreis der Berater, und in zwei berühmten Fällen, im Verfahren gegen Otto und Irmingard von Hammerstein wegen unkanonischer Ehe ebenso wie beim Gandersheimer Streit entschied Konrad gegen ihn. Sein Nachfolger wurde 1031 Bardo, ein Verwandter der Kaiserin Gisela, ein Mönch und Seelsorger, der der Politik ferne stand. In allem zeigt sich eine leise, aber deutliche Mißbilligung und Kaltstellung Aribos, der sich seine Rolle unter der neuen Regierung sicher anders vorgestellt hatte.

Zur Sicherung der neuen königlichen Autorität gehörte der Umritt, der zuerst nach Aachen führte, wo Konrad auf dem Stuhl Karls des Großen Platz nahm und sich von den Fürsten huldigen ließ. Vom Westen gingen Konrad und Gisela nach Sachsen. Im November 1024 wurden sie in der Abtei Vreden von den beiden Schwestern Ottos III., den Äbtissinnen Adelheid und Sofia, empfangen, die offenbar immer noch großen Einfluß hatten. Von Sachsen führte der Zug über Ostfranken und Bayern nach Schwaben, wo er an Pfingsten 1025 in Konstanz beendet wurde. Überall nahm der neue König die Huldigung entgegen und beschwor die Einhaltung der alten Rechte. Gisela gehörte zum engsten Kreis und nahm an allen Umritten und Unternehmungen außer den reinen Kriegszügen teil.

Die Mutter und die Kaiserin

Nach der Geburt des Sohnes Heinrich bekamen Gisela und Konrad noch zwei Töchter, Mathilde und Beatrix, beide vor 1024. Mathilde wurde weltlich erzogen und 1033 mit dem französischen König verlobt, aber sie verstarb bald darauf. Beatrix wurde 1025 der Äbtissin Adelheid von Quedlinburg zur geistlichen Erziehung anvertraut, starb aber auch schon früh. Giselas ältere Schwester Mathilde, die mit Konrad von Kärnten verheiratet gewesen war, hatte aus ihrer zweiten Ehe mit Herzog Friedrich von Lothringen zwei Töchter, die nach dem Tod ihrer Mutter 1026 von Gisela erzogen wurden, Beatrix und Sofia. Beatrix heiratete später den Markgrafen Bonifaz von Canossa-Tuszien, und sie und ihre Tochter Mathilde spielten in den Auseinandersetzungen um die Kirchenreform und "Canossa" eine große Rolle. Sofia heiratete nach Lothringen.

Von Giselas vier Söhnen waren die beiden jüngsten, Hermann und Heinrich, im Alter nah beieinander und wurden gemeinsam und in der Familie erzogen. Der älteste, vielleicht 1007 geborene Liudolf war in Braunschweig bei der Familie des Vaters. Das Problemkind war der zweite Sohn, der um 1010 geborene Sohn des Babenbergers Ernst, seit 1015 Herzog von Schwaben. Er hatte noch Erinnerungen an den Vater, vielleicht auch den Konflikt zwischen seinen Eltern erlebt, und durch seinen Onkel war er gegen den Stiefvater und die Mutter aufgehetzt und eingenommen worden. Jetzt war er mit fünfzehn Jahren mündig und einer der wichtigsten Reichsfürsten, und er neigte zur Selbstüberschätzung und ließ sich von anderen benutzen und vorschieben. Dazu kam ein objektiver Konflikt, der Anspruch auf das Königreich Burgund. Dessen

König Rudolf war ohne Kinder und hatte das Erbe seinem Neffen Heinrich II. versprochen. Konrad sah sich auch hier als dessen Rechtsnachfolger, außerdem war er mit der nächsten Erbin verheiratet. Aber Herzog Ernst hielt sich für den nächsten männlichen Erben und hätte gern das Königreich Burgund seinem Herzogtum Schwaben hinzugefügt.

Herzog Ernst war schon 1025 an einer ersten nicht sehr gefährlichen Aufstandsbewegung gegen Konrad beteiligt. Im Februar 1026 wurde sein neunjähriger Halbbruder Heinrich durch die Zustimmung der Fürsten als König designiert und formal mit der Vertretung in Deutschland beauftragt, die aber faktisch bei Bischof Bruno von Augsburg lag. Konrad und Gisela bereiteten sich mit einem zahlreichen Gefolge, zu dem auch Ernst gehörte, auf den Italienzug vor. In Italien und unter den Augen des Königs und Stiefvaters bewährte sich der junge Herzog. Deshalb schickte ihn Konrad Ende 1026 nach Deutschland zurück, denn der Augsburger Bischof war durch Graf Welf in ernste Schwierigkeiten geraten. Konrad und Gisela zogen nach Rom weiter und wurden an Ostern 1027 in Rom als Kaiser und Kaiserin gekrönt. An dieser Kaiserkrönung nahmen der König von Dänemark und der König von Burgund teil, dazu die Mehrzahl der deutschen und italienischen Erzbischöfe und Bischöfe und viele deutsche und italienische Fürsten. Auch der designierte König Heinrich und Bischof Bruno von Augsburg waren anwesend.

Als Herzog Ernst Ende 1026 in sein Herzogtum zurückkam, vergaß er schnell den Auftrag, den er übernommen hatte, und ließ sich von dem Grafen Welf auf die andere Seite ziehen und in die Rolle des Anführers drängen. Im Elsaß überfiel er die Burgen von Herren, die zum König hielten, dann machte er einen ergebnislosen Feldzug nach Burgund,

und schließlich plünderte er sogar seine wichtigsten Klöster, Reichenau und St. Gallen, weil sie sich seinem Aufstand nicht anschlossen. Als der neue Kaiser schon im Juli 1027 nach Deutschland zurückkehrte, setzte er zunächst die Wahl seines Sohnes Heinrich als Herzog in Bayern durch. Anschließend berief er einen allgemeinen Reichstag nach Ulm, um den Aufstand endgültig beizulegen. Ernst wollte in einer völligen Verkennung seiner Stärke das Herzogtum zum Kampf gegen den Stiefvater aufrufen, aber seine Leute verweigerten ihm die Gefolgschaft und schlossen sich Konrad an. Ernst mußte sich unterwerfen und wurde zur Haft nach Halle in die Festung Giebichenstein gebracht. Anschließend traf Konrad in Basel wieder mit König Rudolf von Burgund zusammen, der jetzt notgedrungen das Erbrecht Konrads anerkannte. Für Gisela war beides enge Verwandtschaft, Herzog Ernst war ihr Sohn, und König Rudolf, ein unzuverlässiger und schwieriger Mann, ihr Onkel. Sie war nicht sentimental und stand deshalb in der Sache immer auf der Seite Konrads, aber sie bemühte sich doch um eine gewisse Verständigung. So behielt ihr Sohn wenigstens formal das Herzogtum, und wahrscheinlich übernahm sie seine Vertretung.

An Ostern 1028 wurde Heinrich in Aachen durch Erzbischof Pilgrim von Köln zum König gekrönt. Wahrscheinlich zu diesem Anlaß und auf Bitten Heinrichs und Giselas wurde Herzog Ernst aus der Festungshaft entlassen und in den Hofstaat eingegliedert, wo er auch noch unter Kontrolle und Aufsicht stand. Denn auf einer im Juli 1028 in Magdeburg ausgestellten Urkunde Kaiser Konrads haben als Zeugen unter anderen die beiden älteren Söhne Giselas, Graf Liudolf von Braunschweig und Herzog Ernst von Schwaben unterschrieben. Auf einem Reichstag in Ingelheim an Ostern 1030 sollte Ernst wieder mit allen Rechten als Herzog eingesetzt werden, dafür aber die Gegner des Kaisers, seine Parteigänger, vor allem Werner von Kyburg verfolgen und bestrafen. Er verweigerte den Eid und wurde als Herzog abgesetzt. Wo Gisela in diesen Konflikt stand, sagt uns wieder Wipo:

"Selbst Kaiserin Gisela - welch betrübliche Feststellung, aber welch löbliche Haltung! - ließ ihren unberatenen Sohn gegenüber dem weisen Gemahl fallen und gelobte öffentlich, was auch immer ihm zustoße, sie wolle an niemandem Vergeltung üben und um dieser Sache willen niemand feind sein."

Sie gab also diesen Sohn auf, weil er die Harmonie und den Aufstieg der ganzen Familie gefährdete. Ob ihr der Verlust des Sohnes sehr nahe gegangen ist, läßt sich nicht feststellen. Auf jeden Fall ordnete sie ihre emotionale Betroffenheit der nüchternen politischen Rationalität unter. Herzog Ernst floh zu seinem Freund Werner und fiel im August 1030 als Aufrührer gegen seinen Kaiser in einer Schlacht auf der Baar.

Konrads unentbehrliche Gefährtin

Wipo, der Verfasser der "Gesta Chuonradi II. Imperatoris", der Taten Kaiser Konrads II., war schon bei der Königswahl von 1024 dabei und hat danach zum engeren Hof gehört, nicht in einer herausragenden Position, aber in einer sehr vertrauten Stellung zu den Mächtigen. Aufgezeichnet hat er die Taten Konrads für Heinrich III., den er miterzogen hatte und als den Erben und Vollender Konrads ansah. Wipo mahnte bei Konrad auch Schwächen und Fehler an, und genau in diesen Punkten hoffte er, daß der hochgebildete Nachfolger den Vater noch übertreffen würde. Die Kritik betraf vor allem das Verhältnis zur Kirche. Wipo rechnete damit, daß auf den großen Konrad ein noch größerer Heinrich folgen würde, seine Beschreibung der Taten Konrads sollte den Sohn anspornen, und auch der Autor plante eine Fortsetzung und Weiterführung mit Heinrich III. als Hauptperson. Aber Wipo starb kurz nach dem Eingreifen Heinrichs in der Papstfrage und seiner Krönung zum Kaiser.

Wipos Berichte sind für uns auch wichtig, weil sie von jemand stammen, dem die handelnden Personen persönlich vertraut waren. Wipo nannte Gisela die "necessaria comes", die unentbehrliche Gefährtin des Königs, und er schreibt von ihr:

"Doch sie alle übertraf an klugem Rat des Königs geliebte Gemahlin Gisela. Trotz ihres hohen Adels und ihrer erlesenen Schönheit war sie frei von jeder Überheblichkeit. Ehrfürchtig diente sie Gott, stetig, und zwar so unauffällig wie möglich, blieb sie in Gebet und Almosengeben nach dem Worte des Evangeliums: 'Zeigt eure Gerechtigkeit nicht vor den Menschen!'. Sie war sehr freigebig und von großer Gewandtheit, strebte nach Ehren statt nach eitlem Lob, hielt auf Zucht, widmete sich weiblichem Tun, verschwendete nichts unnütz, spendete für wertvolle und förderliche Dinge sehr freigebig, besaß reiche Eigengüter und wußte die hohe Würde ihres Amtes recht zu tragen."

Gisela hatte also einen festen Platz und eine ausschlaggebende Stimme im Rat und in der Regierung Konrads II., und Wipo deutet nicht einmal eine ernsthafte Differenz oder Auseinandersetzung an. Selbst die Vorfälle um Herzog Ernst haben zu keinem Riß geführt. Erst in Ludwig Uhlands Trauerspiel "Ernst, Herzog von Schwaben" fühlt die mütterliche Gisela sich von Konrad hereingelegt und hintergangen "Gott!

es geht mir furchtbar auf". Konrad war wohl eine starke Persönlichkeit, aber gerade deshalb bereit, sich von andern raten zu lassen und ihnen auch Einfluß auf seine Entscheidungen einzuräumen. Wahrscheinlich war Gisela in diesem Gespann sogar der rationalere, bewußtere und intellektuellere Part, und Konrad verließ sich in vielen Entscheidungen und Bewertungen auf ihr Urteil. Umgekehrt war sie sehr der Sache ergeben und verpflichtet und stellte ihre persönlichen Gefühle zurück, nicht nur im Falle von Herzog Ernst. Sie betrieb keine engstirnige Protektions- oder Günstlingswirtschaft, und selbst ihr Verwandter Bardo, den sie am Hof einführte, stieg wegen seiner geistlichen Qualitäten zum Erzbischof von Mainz auf und nicht wegen seiner Beziehungen.

Zu den Bereichen, in denen Konrad sich sehr stark auf das Urteil seiner Frau verließ, gehörte die Beziehung zur Kirche. Hier drehte es sich um zwei verschiedene und fast gegensätzliche Fragenkomplexe. Auf der einen Seite ging es um die Kirchenreform und die Reinheit der Kirche. Im Kloster von Cluny wurde schon seit dem zehnten Jahrhundert eine strenge und auf die Einhaltung der Mönchsregel verpflichtete Richtung vertreten. Aber neue Ansätze der Frömmigkeit kamen aus den Lothringer Reformklöstern, vor allem Gorze und St. Maximin bei Trier. Hier ging es um Impulse für die mönchischen Ideale, um gelebte Frömmigkeit, bessere geistliche Bildung und eine auf Gott ausgerichtete Weltferne, die mit der starken Bindung der Kirche und vor allem der Kirchenoberen an die Adelswelt und ihre Ideale und Lebensformen im Widerspruch standen. Die Klosterreformer verbanden weltabgewandte Frömmigkeit mit einem hohen Bildungsanspruch und strengen Maßstäben an die Lebensführung der Mönche. Sie waren in den Klöstern keineswegs immer beliebt, und sie erwarteten und erhofften deshalb von der weltlichen Macht Unterstützung für ihr Werk. Auf der anderen Seite war die Kirche ein wichtiger Teil des öffentlichen Lebens und der staatlichen Organisation, denn seit Otto I. gaben die deutschen Könige Lehen und Ämter an Kirchenfürsten und zogen diese intensiv für Staatsaufgaben heran. Insbesondere Heinrich II. hatte den Einfluß der Kirche und der Bischöfe noch erweitert. Diese Praxis machte aber nur Sinn, wenn der König bei der Ernennung der Bischöfe mitwirken konnte. So war unter Heinrich II. und Konrad II. die richtige Auswahl der Erzbischöfe, Bischöfe und großen Äbte eine herausragende politische Aufgabe, und manche dieser Kirchenfürsten hatten kaum Zeit, sich um ihr eigenes Amt zu kümmern, weil sie von ihren politischen Pflichten so in Anspruch genommen waren. Gisela setzte sich positiv mit den Ideen und Idealen der Klosterreform auseinander, und sie wirkte bei der Auswahl der Kirchenfürsten mit. Das Kirchenregiment Konrads II. funktionierte nicht anders als das seines Vorgängers, und wesentliches Kriterium für die Auswahl der Bischöfe war ihre politische Brauchbarkeit und Zuverlässigkeit. Der mögliche Widerspruch zwischen dem Reformdenken und der Praxis des Kirchenregiments war dieser Generation noch nicht bewußt.

Mit der Kirche verknüpft ist auch die Frage der Bildung. Gisela hatte zweifellos eine hohe Bildung mitbekommen, aber die Träger und Vermittler einer solchen Bildung waren meistens Kleriker. Die Bildungssprache war Latein, das Konrad nur mühsam, Gisela dagegen fließend beherrschte. Am Hof legte man Wert auf gutes Latein. Das beweist allein schon Wipo. Aber Giselas Muttersprache war althochdeutsch, und sie interessierte sich auch für den Schriftgebrauch dieser Volkssprache. Vom deutschen Psalter des St.

Galler Mönchs Notker Labeo ließ sie sich eine Abschrift an-
fertigen. Als Gisela 1027 mit ihrem Sohn Heinrich St. Gallen besuchte, schenkte sie der Klosterbibliothek wichtige li-
turgische Handschriften. Gisela trug wohl auch für die geistige Erziehung ihrer Söhne Hermann und vor allem Heinrich
die Hauptverantwortung, und Heinrich war ein dankbarer
Schüler, der für die geistigen Fragen der Zeit ein tiefes Verständnis entwickelte. Von dieser Erziehung scheint auch Wipos Vertrautheit mit der kaiserlichen Familie herzurühren.
Aber Heinrich wurde nicht nur mit Bildungsinhalten gefüt-
tert, sondern offenbar schon früh von den Eltern mit in die
Verantwortung hineingenommen und so auf seine Aufgabe
vorbereitet. Die Urkunden zeigen, daß Gisela den Kaiser fast
immer begleitet hat und an den Entscheidungen beteiligt war,
und seit 1027 tritt Heinrich immer häufiger als Intervenient
neben sie. Die Erziehung eines Königssohnes, immer eine
schwierige Aufgabe, ist in diesem Fall besonders gut geglückt.

Sehr eng mit Gisela verbunden war das Herzogtum
Schwaben, eine der Machtgrundlagen des salischen Königs-
tums. In Schwaben und am Rhein lag Giselas reiches Eigengut, und ein Erbe ihres Vaters war auch ein gewisser Anspruch auf das Herzogsamt, das zuerst ihr Bruder, dann ihr
zweiter Ehemann und schließlich ihr Sohn Ernst ausübte.
Nach dessen Ende wurde ihr dritter Sohn Hermann, der jüngere Bruder Ernsts, neuer Herzog von Schwaben. Hermann
hatte den eigenen Vater nicht mehr erlebt und war in der
Familie des Stiefvaters mit seinem zwei Jahre jüngeren Halbbruder Heinrich aufgewachsen. Er fühlte sich ganz zur Familie
gehörig. Als Helfer und Stütze Heinrichs III. war ihm von
Gisela und Konrad ein wichtiger Platz im salischen Reichsbau
zugedacht. Deshalb wurde er von Konrad zusätzlich mit der

Markgrafschaft Susa in Italien belehnt und mit der Tochter eines italienischen Adligen verheiratet.

Konrad II. verband mit dem Reich die dritte Königskrone, das Königreich Burgund. Auch dabei spielte Gisela eine große Rolle. Denn wenn auch Konrad als Nachfolger Heinrichs II. in den Erbvertrag mit König Rudolf eintrat, so war doch Gisela dessen nächste Verwandte. Sie vermittelte im August 1027 in Basel zwischen ihrem Mann und ihrem Onkel. Auf der Grundlage dieses Vertrags rückte Konrad II. nach dem Tod Rudolfs 1033 in Burgund ein und ließ sich in Payerne zum König wählen und krönen, allerdings ohne Gisela. Zur endgültigen Sicherung war 1034 ein zweiter Feldzug nötig. Im Herbst 1038 übertrug Konrad das Königreich Burgund seinem Sohn Heinrich. Gisela war bei allen drei Burgundfahrten nicht dabei, wahrscheinlich aus der Überlegung, daß so keine Diskussion über das Erbrecht aufbrechen konnte.

Im Zusammenhang mit Polen heißt es bei Wipo einmal: "Nun bemühte sich Mieszko eifrigst um die Huld der Kaiserin Gisela und der übrigen Fürsten, um des Kaisers Gnade zurückzugewinnen". Diese Bemerkung sagt viel über den Einfluß Giselas und ihren Anteil an der Regierung Konrads. Eine ähnliche politische Erfahrung hatte sie zusammengeführt, und seit ihrer Heirat bildeten sie eine enge Gemeinschaft. Für Konrad war Gisela nicht nur ein äußerer Zuwachs an Macht und Einfluß, sondern die eigenständige Mitgestalterin, ohne die sein Königtum so nicht möglich gewesen wäre. Bei Gisela und Konrad sind von außen her Krisen, Einbrüche oder Entfremdungen nicht auszumachen, wohl aber ein großes Vertrauen und große Vertrautheit, in die der Sohn Heinrich mit hineinwuchs und mit hinein erzogen wurde.

Der Tod und die Kaiserin

An Pfingsten 1036 heiratete Heinrich III. in Nimwegen die Tochter des Königs Knut von Dänemark und England, die sechzehnjährige Gunhild. Der Sommer brachte einen Feldzug über die Elbe, aber zum Jahresende zwangen die Nachrichten aus Italien zur Vorbereitung eines zweiten Italienzuges. Das junge Ehepaar ebenso wie Herzog Hermann von Schwaben begleiteten den Kaiser und die Kaiserin. Auf diesem Zug wurde dem jungen Paar Ende 1037 oder Anfang 1038 eine Tochter Beatrix geboren, vielleicht bei der Markgräfin Beatrix von Canossa-Tuszien, der Kusine und Adoptivschwester Heinrichs. Die Kriegshandlungen wurden einigermaßen erfolgreich abgeschlossen, aber als man sich bereits zur Heimfahrt rüstete, brach im Heer und im kaiserlichen Gefolge eine furchtbare Seuche aus, der am 18. Juli die junge Königin Gunhild und am 28. Juli Herzog Hermann von Schwaben erlagen, also Giselas Schwiegertochter und ihr dritter Sohn. In Deutschland war kurz vorher auch ihr erster Sohn Liudolf aus der braunschweigischen Ehe gestorben. So war jetzt von allen (mindestens) sieben Kindern Giselas nur noch ihr Sohn Heinrich am Leben, und der jung verwitwet mit einer halbjährigen Tochter.

Konrad belehnte auf dem Rückweg von Italien Heinrich mit dem Herzogtum Schwaben. Das war zwar ungewöhnlich, weil Heinrich ja gewählter König und seit 1027 Herzog von Bayern war, aber vom Erbrecht her hatte er als letzter Sohn der Gisela einen unbestreitbaren Anspruch, und es war für die Salier wichtig, Schwaben in der eigenen Verantwortung zu behalten. Von Schwaben aus führte Konrad seinen Sohn nach Burgund, wo er ihm auch dieses Königreich übertrug.

Konrad war noch nicht fünfzig Jahre alt, und diese Maßnahmen zeigen eigentlich, daß er noch mit einer längeren Regierungszeit rechnete, in der er als Kaiser und Oberherr regieren und seinen Sohn mit den vielen kleineren Aufgaben betrauen konnte. Aber an Pfingsten 1039, das der Hof in Utrecht feierte, wurde Konrad krank.

"Unter inbrünstigen Tränen richtete er sich empor, empfing nach aufrichtiger Beichte und innigem Gebet in tiefer Demut Gemeinschaft mit den Heiligen und Sündennachlaß, nahm nach herzlichen Ermahnungen Abschied von der Kaiserin und seinem Sohne, König Heinrich, und schied am Montag, dem 4. Juni, in der 7. Indiktion, aus diesem Leben. Des Kaisers Eingeweide wurden zu Utrecht beigesetzt, und der König begabte den Grabesort mit Geschenken und Grundbesitz. Den übrigen, denkbar prächtig umhüllten und eingesargten Leichnam geleiteten die Kaiserin und ihr königlicher Sohn nach Köln ... dreißig Tage nach seinem Tode setzte man ihn unter hohen Ehren bei in der Stadt Speyer, die der Kaiser selbst, wie später auch sein Sohn, sehr ausgezeichnet hat."

Gisela war also jetzt, mit neunundvierzig und nach dreiundzwanzigjähriger Ehe, die gleichzeitig eine sehr enge politische Gemeinschaft gewesen war, zum dritten Mal Witwe. Zunächst wirkte wohl die Routine der bisherigen Praxis ebenso wie die feierliche Durchführung der Beisetzung, aber mit der Zeit kam es mit ihrem Sohn Heinrich zu Reibereien und bald zu sehr ernsthaften Auseinandersetzungen. Vermutlich ging Gisela mit ihrem Sohn anders um als mit ihrem Mann, sie übernahm mehr eigene Verantwortung und ließ ihn ihre Überlegenheit spüren. Er wehrte sich gegen ihren beherrschenden Einfluß und sah offenbar keinen anderen Weg, sie loszuwerden. Deshalb wies er ihr Goslar als Wohnsitz an und

Kaiserin Gisela als Witwe
Perikopenbuch. Universitätsbibliothek Bremen.

verbannte sie zeitweilig vom Hof. Die ausführlichste Nachricht finden wir im Tetralog, einem Gedicht, das Wipo 1041 für Heinrich schrieb:

"So hielt Wipo für nothwendig dem König ans Herz zu legen, daß er mit seiner Mutter, der Kaiserin-Wittwe Gisela, in Friede und Freundschaft lebe: habe sie sich doch in besonders hohem Maße um seine ganze geistige Ausbildung verdient gemacht, und sei es daher seine heilige Pflicht ihr mit Ehrerbietung zu begegnen! Keinenfalls dürfe es unter ihnen wieder zu einer Entzweiung kommen, wie sie schon einmal dagewesen sei und die Freude am Reich gestört habe, bis sie durch Gottes Hilfe beigelegt wurde."

Der äußere Frieden war offenbar wiederhergestellt, und Heinrich wie Gisela war daran gelegen, aber Heinrich hielt an seiner Entscheidung fest, Gisela an der Macht nicht mehr zu beteiligen. Gisela mußte sich mit einer Randstellung und halben Verbannung begnügen. Sie blieb in Goslar, wo sich allerdings Heinrich mit dem Hof auch immer wieder aufhielt. Soweit sich politischer Einfluß an den Interventionen ablesen läßt, ging er in diesen Jahren sehr zurück. Über ihr sonstiges Leben gibt es kaum Nachrichten. Vermutlich war es von einer gewissen Resignation geprägt.

Die Nachricht über Giselas Tod findet sich nicht bei Wipo, sondern in der Chronik des Hermann von Reichenau. Da heißt es zu 1043: "Kaiserin Gisela starb in Goslar am 14. Februar an der Ruhr, obgleich sie von Wahrsagern, die ihr manchmal Wahres vorhersagten, zu dem Glauben gebracht worden war, sie werde ihren Sohn, den König, überleben; sie wurde zu Speyer neben ihrem Gemahl, dem Kaiser, begraben."

Über "diese so unmütterlich unzweifelhaft auf Herrschsucht beruhende Gesinnung der alternden Gisela" läßt sich
Steindorff in den Jahrbüchern zu Heinrich III. aus. Aber daß
Gisela, die drei Ehemänner und alle Kinder außer Heinrich
überlebt hat, auf solche Gedanken kommen konnte, ist nicht
weiter verwunderlich. Und Heinrichs Tod hätte für Gisela
nicht die Rückkehr an die Macht bedeutet, sondern die endgültige Entfernung von ihr. Als ihrem Vater und seiner Familie einst ein glänzendes Schicksal bevorstand, stiftete er zur
Erinnerung für sich und seine Familie das Kloster und die Kirche von Regenbach, und Gisela mußte diese unnötig gewordene Stiftung 1033 auflösen. Vielleicht plagte sie die Vorstellung, daß sie auch die zweite Familie überleben und Speyer
wie Regenbach enden würde. Die Fortsetzung des glänzenden
Aufstiegs, der Gisela und Konrad zum Kaisertum geführt hatte, ruhte jetzt allein auf den Schultern des Königs Heinrich,
den Gisela geboren und für seine Aufgabe erzogen hatte. Sein
Tod wäre für sie kein Thriumph gewesen, auch wenn sie ihm
ihre Kaltstellung sicher übelgenommen hat.

Quellen und Literatur

Jahrbücher des Deutschen Reiches unter Heinrich II.
Hrsg. Siegfried Hirsch. 3 Bände. Leipzig 1862-1875
– Zitat Bruno v. Braunschweig Bd. 1, S. 464

Jahrbücher des Deutschen Reiches unter Konrad II.
Hrsg. Harry Bresslau. 2 Bände. Leipzig 1879-1884

Jahrbücher des Deutschen Reiches unter Heinrich III.
Hrsg. Ernst Steindorff. 2 Bände. Leipzig 1874-1881
– Zitat Wipo Tetralog Bd. 1, S. 124
– Herrschsucht der alternden Gisela ebenda, S. 125

Ausgewählte Quellen zur Deutschen Geschichte des Mittelalters,
Band XI: Quellen des 9. und 11. Jahrhunderts zur Geschichte der Hamburgischen Kirche und des Reichs. Darmstadt 1978/1990.
Darin: Wipo, Taten Kaiser Konrads II. (Hrsg. Werner Trillmich)
– Gisela unentbehrliche Gefährtin/Krönung c. 4, S. 552/553
– Aribos Kronansprache c. 3, s. 548/549
– Giselas Absage an Herzog Ernst c. 25, S. 582/583
– Miezko von Polen c. 29, S. 588/589
– Tod Konrads II. c. 39, S. 608/609
Darin: Hermann von Reichenau, Chronik (Hrsg. Rudolf Buchner)
– 1043, Zitat S. 677

Christoph Friedrich von Stälin: Württembergische Geschichte
Teil 1: Schwaben und Südfranken von der Urzeit bis 1080,
Stuttgart-Tübingen 1841 (Nachdruck Aalen 1975)
– Zitat Tod Ernsts von Babenberg nach Thietmar S. 474

Norbert Bischoff: Über die Chronologie der Kaiserin Gisela und über
die Verweigerung ihrer Krönung durch Aribo von Mainz.
Mitteilungen des Instituts für Österreichische Geschichtsforschung.
58. Band, 1950, S. 285 - 309

Erich Brandenburg: Probleme um die Kaiserin Gisela. Sächsische
Akademie, Phil.-Hist. Klasse 80, 4. Leipzig 1928.

Wolfgang Huschner: Kaiserin Gisela. Klügste Beraterin Konrads II.
In: Erika Uitz, Barbara Pätzold, Gerald Beyreuther: Herrscherinnen und
Nonnen. Frauengestalten von der Ottonenzeit bis zu den Staufern.
Deutscher Verlag der Wissenschaften, Berlin 1990.

Neue Deutsche Biographie:
K. Schmidt: Ernst I. / Ernst II.
H. Appel: Gisela / Konrad II. / Heinrich III.

Hansmartin Schwarzmaier: Die beiden Konrade/Probleme um die
Kaiserin Gisela/Der Rebell: Herzog Ernst
In: Von Speyer nach Bonn. Wegstationen und Lebensspuren der
Salier. Thorbecke Sigmaringen 1991. S. 44 - 65

Stefan Weinfurter: Herrschaft und Reich der Salier. Grundlinien
einer Umbruchzeit. Thorbecke Sigmaringen 1991

Gerhard Wunder: Gisela von Schwaben, Gemahlin Kaiser Konrads II.,
in: Lebensbilder aus Schwaben und Franken, XIV, Stuttgart 1980.

Armin Wolf: Königskandidaten und Königsverwandtschaft. Hermann
von Schwaben als Prüfstein für das "Prinzip der freien Wahl". In:
Deutsches Archiv für die Erforschung des Mittelalters 47, Heft 1, 1991.
Der hier wieder vorgetragenen These, daß Hermann von Schwaben ein
Sohn Herzog Konrads war, daß dieser Konrad mit dem Kuno von Öh-
ningen der welfischen Genealogie identisch ist und mit Richlint, einer
außerhalb dieser Genealogie nicht auftauchenden Tochter Liudolfs von
Schwaben verheiratet war, kann ich mich nicht anschließen. Wenn
Hermann von Schwaben ein Urenkel Ottos des Großen gewesen wäre,
würde es dafür irgend einen Anhaltspunkt geben. Auch stimmen die
Daten nicht richtig zusammen. Und vor allem wäre Hermann dann mit
seiner Frau Gerberga um eine Stufe näher verwandt als Konrad von
Kärnten mit Hermanns Tochter Mathilde. Dann hätte Heinrich in
Diedenhofen dieses Beispiel gewählt. Vergleiche dazu auch den Exkurs
"War Ida von Schwaben die Großmutter Richezas von Polen?" von
Gunther Wolf in: Kaiserin Theophanu, Böhlau Köln Weimar Wien
1991.

Agnes

Gemahlin Heinrichs III.

1025 - 1077

Kindheit und Jugend in Aquitanien und Burgund

Im Kampf der karolingischen Nachfolgestaaten um Lothringen und Burgund hatte das westfränkisch-französische Königreich verloren und mußte sich mit den Gebieten westlich davon begnügen. Die seit 987 regierenden Kapetinger waren dazu im wesentlichen auf ihren nicht sehr bedeutenden Hausbesitz vor allem in der Ile de France beschränkt und übten weder in der Normandie noch südlich der Loire wirkliche Königsherrschaft aus. Um der Normannenplage Herr zu werden, hatte der französische König 911 dem Normannenführer Rollo den Küstenschutz übertragen und ihn zum Herzog gemacht. In der Folgezeit etablierten sich die Normannen und nahmen die französische Sprache an. Sie dehnten ihr Herzogtum im französischen Westen aus und griffen im elften Jahrhundert auch nach Süditalien und England. Sie waren machtpolitisch von der französischen Krone unabhängig, und auch sprachlich-kulturell war ihr Französisch, das Anglonormannische, über lange Zeit der wichtigste Zweig der französischen Sprachfamilie.

In Südfrankreich war die Unabhängigkeit noch ausgeprägter, denn der Süden gehörte zu einer eigenen lateinisch-romanischen Sprach- und Kulturgemeinschaft, die den Norden als barbarisch, schwerfällig und rückständig einschätzte. Hier war nicht nur die Nähe zur klassischen lateinischen Kultur größer und weniger eng an die Kirche als Vermittlerin gebunden. Die Übergänge zwischen dem gesprochenen Latein und den volksromanischen Dialekten, die wir als okzitanisch oder provenzalisch bezeichnen, waren fließend, und die nahe Verwandtschaft zum Katalanischen wie zum Genuesischen verwies auf das Mittelmeer, auf eine alte Zusammengehörigkeit, die auch durch den Islam nicht ganz abgerissen war. Die erste nicht von der Kirche bestimmte volkssprachliche Literatur entstand auf provenzalisch, und die höfische Dichtung der Troubadours trat von hier aus ihren Siegeszug durch die neuen europäischen Volkssprachen an.

Dieses kulturelle Überlegenheitsgefühl wird ergänzt durch eine andere Besonderheit des provenzalischen Südens, eine Art geistigen Dualismus, der im folgenden Jahrhundert dazu führt, daß dieses Land die Hochburg der Katharer wird. Kultur und Bildung waren wie Macht und Genuß weltliche Dinge, um die mit allen Mitteln gekämpft und gerungen wurde, mit Geschick, Schläue und Brutalität, mit Heiraten, Ehescheidungen, Besitz- und Erbansprüchen. Treu und Glauben galten hier weniger als Durchsetzungsvermögen. Aber auf der anderen Seite lag am Rande des Königreichs und des provenzalischen Sprachraums das Kloster Cluny, das bedingungslose Abkehr von der Welt, ein eingeschränktes Leben nach strengsten Regeln und eine völlige Konzentration auf den Dienst an Gott predigte und forderte. Die meisten Klostergründungen in Südfrankreich gingen von Cluny oder von dem Reformkloster St. Victor in Marseille aus, und nicht selten verließen die adligen Herren und Frauen, die diese Klöster gegründet hatten, plötzlich ihre säkulare Welt und wurden Mönche oder Nonnen in diesen Klöstern. Kirche und

Welt standen in einem dualistischen Gegensatz, und man gehörte kompromißlos zur einen oder zur anderen Seite. Die rit-
terlich-höfische Welt entwickelte sich nach ihren eigenen
Gesetzen. So heißt es 1063 von Gottfried von Preuilly, er sei
der Erfinder des Turniers. Es gibt deutsche Klagen über ver-
derbliche französische Mode wie den Kleiderluxus oder das
Rasieren. Und natürlich wurde auch der Geist von Cluny angegriffen und bitter überzeichnet. Cluny und die Klöster waren eine Form der Flucht aus der Welt, aber es gab auch schon
im elften Jahrhundert in Südfrankreich Spuren der dualistischen Theologie der Katharer, die in der Folgezeit von Südfrankreich Besitz ergriff und auch für die Blüte der weltlichen
Kultur der Troubadoure mitverantwortlich war.

In der neuen Welt des Adels spielten Macht und Gewalt,
Kampf und Mord eine große Rolle, und die ordnende Hand
des Königs war weit. Das Recht war oft das des Stärkeren, und
unter der Unsicherheit und Friedlosigkeit hatten die Schwa-
chen besonders zu leiden. Dem Einfluß von Cluny war die
Bewegung für den Gottesfrieden zu verdanken, die ritterliche
Bereitschaft zum gelegentlichen und geregelten Verzicht auf
Kampf und Vorteilnahme. Zum einen galt der Gottesfrieden
den Witwen und Waisen, die sich nicht selbst verteidigen
konnten, zum andern war er eine Absprache auf Zeit, ein
Waffenstillstand für Sonn- und Feiertage, der regional und
zeitlich ausgedehnt werden konnte. Auch dieser Gottesfrieden als Versuch, die Gottestage auszudehnen und so den Mißbrauch der weltlichen Ordnung einzuschränken, gehört in
das Südfrankreich des elften Jahrhunderts.

Der mächtigste und unabhängigste Fürst im Süden und in
ganz Frankreich war Wilhelm V., der Große, Herzog von Poitou und Aquitanien. Wilhelm war ein wichtiger Politiker, der

seinen Besitz und Einfluß ständig mehrte, aber er liebte auch die gelehrte Bildung und tauschte mit Fulbert von Chartres Briefe über theologische Fragen aus. In dritter Ehe war er mit Agnes, der Tochter des Grafen von Burgund, verheiratet, und aus dieser Ehe wurde zwischen zwei Söhnen 1025 die Tochter Agnes geboren, vielleicht in Poitiers. 1029 kehrte der mächtige Vater der Welt den Rücken und trat ins Kloster ein. Dort starb er schon im folgenden Jahr. Die Mutter war wild entschlossen, ihren Söhnen die Nachfolge zu sichern, aber das Erbe wurde zunächst geteilt, und in Aquitanien regierte ihr Stiefsohn Wilhelm der Dicke. Aber schließlich wurde doch ihr zweiter Sohn Gesamterbe von Poitou und Aquitanien. Dessen Sohn Wilhelm war ein berühmter Kreuzfahrer, Pilger, Libertin und Troubadour, und seine Enkelin Eleonore brachte das reiche Erbe ihrem zweiten Gatten Heinrich Plantagenet in die Ehe. Der stammte aber auch von dieser Agnes ab, denn die Witwe heiratete 1032 ihren Lehensmann Gottfried von Anjou, und ihr Sohn Fulko ist der Großvater Gottfrieds von Anjou "mit der Ginsterpflanze" (Plantagenet), der mit der Engländerin Mathilde diese Dynastie begründete.

Agnes war vier Jahre alt, als ihr Vater sich von der Welt zurückzog und die Familie verließ, und fünf, als er starb. Sicher gehören zu ihren Kindheitseindrücken auch die unerfreulichen und heftigen Auseinandersetzungen zwischen ihrer Mutter und den Halbgeschwistern um das väterliche Erbe. Aber sie blieb nicht lange bei der Mutter. Möglicherweise als eine Art Geisel kam sie nach Aquitanien zu ihrem Halbbruder Wilhelm dem Dicken, und dort scheint sie die nächsten Jahre verbracht zu haben. Wilhelm residierte am liebsten in St. Jean d'Angély. Er war ein guter Administrator, aber kein Krieger. Von 1033 bis 1036 war er Gefangener seines Stiefvaters Gottfried von Anjou. Seine Frau Eustachia verbrachte diese Jahre im Kloster, und im Zusammenhang mit dem Lösegeld für Wilhelm erscheint 1037 Agnes mit dieser Eustachia in einer Urkunde. Aber über ihr Leben und ihre Beziehungen wissen wir überhaupt nichts. Wahrscheinlich hat sie sich mit ihrem Halbbruder und ihrer Schwägerin nicht schlecht vertragen und zu ihnen gehalten. Die Zeit am Hof ihres Bruders und als Halbgefangene im Kloster hat sie zum intensiven Lernen genutzt und dort auch die entsprechenden Anregungen bekommen, denn sie erscheint später als eine Frau mit sehr gründlicher und auch verinnerlichter Bildung. Dabei war ihr wohl der alte Vater in seiner Weltabkehr mehr Vorbild als die Mutter mit ihrer hektischen politischen Aktivität und ihrem skandalträchtigen Lebenswandel. Denn als sie Aquitanien verlassen mußte, ging sie nicht zu ihrer Mutter, sondern nach Burgund zu ihrem Onkel Reginald, dem Bruder der Mutter.

Braut und Bräutigam

Agnes lebte etwa seit 1040 in Besançon, und es war vor allem die Nähe zu Cluny, die sie dort fesselte. Sie war damals eine junge hervorragend gebildete Frau, die sich mit den quälenden Fragen der Zeit auseinandergesetzt und für sich selbst wahrscheinlich schon entschieden hatte, den Weg aus der Welt und in die Abgeschiedenheit des Klosters zu gehen. Aber für eine Dame dieses Ranges war der Schleier wie die Ehe auch eine Frage der Ausstattung, das Kloster wollte seine Mitgift genauso wie ein Ehemann, und dafür waren Verhandlungen mit der Mutter und den Brüdern notwendig. Das war wohl der Stand der Dinge, als sie den deutschen König Heinrich III. kennenlernte. Heinrich war seit dem Tod seines Va-

ters 1039 alleinregierender König von Deutschland, Italien
und Burgund und Vertreter der kaiserlichen Macht, auch
wenn er noch nicht zum Kaiser gekrönt war. Das Königreich
Burgund gehörte erst seit 1033 dazu, und Heinrich wollte es
offenbar selbständiger behandeln als sein Vater. So hielt er
sich über den Winter 1041/1042 längere Zeit in diesem Teilreich auf, vor allem in Lyon und Besançon. Zur besseren Verwaltung richtete er eine eigene Kanzlei für Burgund ein und
übertrug sie seinem Vertrauten, dem Erzbischof Hugo von Besançon. Bei diesem Aufenthalt verkehrte er natürlich auch
im Haus des Grafen von Burgund und lernte dort dessen
Nichte Agnes kennen.

Heinrich III. war zu dieser Zeit vierundzwanzig Jahre alt
und seit drei Jahren verwitwet. Seine erste Frau Gunhild, die
Tochter des Königs Knut von Dänemark und England, war
1038 eines der Opfer der Fieberepidemie unter den Deutschen in Italien gewesen. Seine engere Familie bestand nur
noch aus seiner Mutter Gisela, seiner schon ins Kloster gegebenen Tochter Beatrix und ihm. Seine Freunde und Anhänger hofften und warteten deshalb darauf, daß er wieder heiraten und eine neue Familie gründen würde. Aber das war nicht
so einfach. Der Tod seiner Frau, seines Bruders und im Jahr
darauf seines Vaters hatte auf ihn tiefen Eindruck gemacht
und seinen Hang zur Frömmigkeit und Askese noch verstärkt.
Heinrich war von seinen Eltern und Lehrern hervorragend
auf seine Aufgabe vorbereitet worden, nicht nur praktisch,
sondern vor allem in Hinsicht auf die große Verantwortung,
die ihm als höchster Autorität für die Welt und die Kirche
zufiel. Er verstand sich auch auf seinem Platz als von Gott
besonders ausgesucht und eingesetzt, und er wollte diesem
hohen Anspruch gerecht werden. So wehrte er sich gegen

weltliche Vergnügungen und Ablenkungen, seine Arbeit war für ihn eine Art Gottesdienst und seine Stellung ein Auftrag, kein Privileg. Er war wohl auch seinen Mitarbeitern gegenüber sehr anspruchsvoll und ihren Schwächen gegenüber unduldsam. In gewisser Weise verstand er sich als Mönch, dessen besonderes Gelübde die Verantwortung für das Reich war. Die Vorstellung, für eine junge Königin wieder mehr weltliche und gesellige Vergnügungen zulassen und mitmachen zu müssen, trug zu seiner zögerlichen Haltung bei.

Sicher fühlte sich Heinrich vom cluniazensischen Mönchsideal mit der völligen Abkehr von der Welt angezogen. Aber durch seine eigene Ausbildung stand er schon lange unter dem Einfluß der kirchenrefomerischen Ideen aus Lothringen. Die waren zwar in ihrer letzten Konsequenz nicht so radikal, aber sie trennten auch nicht so eindeutig zwischen Welt und Weltabgeschiedenheit, und ihr Grundanliegen war eine Verbesserung der Welt durch eine bessere Kirche. Die Kirche sollte "rein" sein, ihre Vertreter von Gott gewollt und ausgesucht und nicht durch irgendwelche weltliche Verstrikkungen in ihr Amt gekommen. Diese Reinheit wurde in den Anfängen noch eher individuell verstanden, einmal die Lebensführung, vor allem die Ehelosigkeit, zum andern aber, daß einer nicht durch Beziehungen oder gar Bestechung zu seinem Amt kam. Diese "Simonie" sollte verhindert werden, und die Kirchenreformer, die in der Kirche noch durchaus in der Minderzahl waren, forderten den König geradezu auf, für die Reformen aktiv einzutreten und so bei den Müden und Lauen Druck zu machen. Diese Erwartungshaltung traf sich mit Heinrichs hoher Auffassung von seiner Sendung und Verantwortung.

Als Heinrich im Winter 1041/1042 in Besançon mit der sechzehnjährigen Agnes zusammentraf, war es auch eine Begegnung zwischen Cluny und den lothringischen Reformideen. Wahrscheinlich war Heinrich beeindruckt von dem Ernst und der Tiefe des religiösen Gefühls bei dem jungen Mädchen. Vermutlich litt er darunter, daß er in seiner eigenen Umgebung so wenig wirkliche Gesprächspartner für diese ihn existentiell bewegenden Fragen fand. Für Agnes muß die Vorstellung, daß gerade bei Menschen mit politischer Verantwortung der von Gott gewollte Weg nicht der Abschied von der Welt war, sondern ihre Umgestaltung, ganz neue Möglichkeiten geöffnet haben. Natürlich haben wir keine Zeugnisse über die Art und Intensität dieser Begegnung. Aber hier haben sich zwei Menschen gefunden, die wegen der Radikalität ihrer Lebensauffassung und Frömmigkeit in ihrem jeweiligen Kontext in gewisser Weise Außenseiter waren und mit ihren Erwartenshaltungen und Anforderungen an sich selbst und andere in ihrer Umgebung auf Unverständnis und Ablehnung stießen. Sie verstanden sich und vertrauten einander, und auf dieser Basis entstand die Zuneigung und Liebe, die beide von ihrem Weg in die Ehelosigkeit abbrachte und zur Heirat führte.

Nur Liebe kann der Grund für diese Heirat gewesen sein, denn für Heinrich war Agnes nicht gerade das, was die Welt erwartet hätte. Er war immerhin der mächtigste König und amtierende Kaiser, und seine erste Frau war schon eine Königstochter gewesen. Agnes war zwar die Tochter des mächtigen und unabhängigen Herzogs von Poitou und Aquitanien, aber Heinrich wurde durch die Hochzeit doch zum Schwager des Lehensmannes des Kapetingerkönigs. Heinrich mußte bei einem Treffen mit ihm vielleicht sogar dessen Zustimmung

155

einholen oder ihm zumindest vermitteln, daß er sich mit dieser Ehe nicht in französische Angelegenheiten einmischen wolle. Dazu kam, daß die Skandale und Eskapaden der Schwiegermutter den Ruf der Familie nicht gerade verbesserten. Erbanwartschaften waren zwar nie ausgeschlossen, aber dennoch war Heinrichs Familie viel eher vom Aussterben bedroht als die von Agnes. Auch war die Dotierung nicht großzügig. Es gab in Deutschland genügend Stimmen, die gegen diese Ehe waren, weil die Braut nicht vornehm genug war, natürlich auch mit dem eigentlich immer gültigen Argument der zu nahen Verwandtschaft. Doch Heinrich wollte Agnes heiraten und setzte sich durch. Agnes aber, die nach einer überschatteten und desillusionierenden Kindheit und Jugend von der Welt und der Familie, ihren Kämpfen und Intrigen genug hatte und sich auf die Weltabgeschiedenheit des Klosters vorbereitete, fand in Heinrich einen Partner, der ihre hohen Ideale als Herrscher vertrat und danach strebte, sie in der Welt zu verwirklichen.

Verlobung, Krönung und Hochzeit

Für eine offizielle Verlobung brauchte man die Zustimmung der Mutter und des Stiefvaters. Deshalb schickte Heinrich seinen Verwandten Bischof Bruno von Würzburg als Werber nach Poitiers. Dabei wurden sicher auch die Bedingungen für die Mitgift ausgehandelt. Sie sprechen ebenfalls für eine Liebesheirat. Denn offensichtlich verzichteten Agnes und Heinrich auf Ansprüche aus dem Erbe des Vaters in Aquitanien und Poitou. Das lag ebenso im Interesse der Mutter und ihrer Söhne wie in dem des französischen Königs. Es wurde aber offenbar auch nicht über eine Abfindung in der

Form einer reichen finanziellen Ausstattung der Braut verhandelt. Agnes brachte keinen eigenen Hofstaat oder eine üppige Mitgift in die Ehe, und für ihre spätere materielle Sicherstellung hatte fortan ihr Ehemann zu sorgen. Der Familie war Agnes immer eher im Weg gewesen, und sie hatte das Mädchen so billig wie möglich ins Kloster loswerden wollen. Die Ehe mit dem deutschen König war zwar eine große Ehre, änderte aber an dieser Einstellung grundsätzlich nicht viel.

Heinrich III. traf sich im Januar 1043 mit dem französischen König, der über diese Abmachungen zumindest informiert werden mußte. Im Februar starb seine Mutter Gisela in Goslar, und Heinrich geleitete die Leiche nach Speyer, wo sie am 11. März im Dom beigesetzt wurde. Gisela war also wahrscheinlich über die Heiratspläne und die neue Schwiegertochter noch informiert. Im Sommer führte Heinrich einen erfolgreichen Feldzug in Ungarn. Im September leitete er in Konstanz eine Synode, die durch gegenseitiges Schuldbekennen und Vergeben zu einem allgemeinen Landfrieden führen sollte. Anschließend fand in Besançon die Verlobung statt, ausgerichtet wohl von dem Grafen Reginald von Burgund, dem Onkel, bei dem Agnes die letzten Jahre gelebt hatte. Diese Verlobung war eine große Veranstaltung, an der viele weltliche und geistliche Fürsten teilnahmen, vor allem aus Burgund. Sie entsprach auch Heinrichs Plänen, Burgund stärker als eigenständiges Königreich zu behandeln. Die Verlobung war eine Möglichkeit, Burgund an den Feierlichkeiten zu beteiligen. Die geplante Eheschließung trug wohl auch zum burgundischen Selbstbewußtsein bei, war die zukünftige Königin doch von ihrer Mutterseite her aus burgundischem Adel. Eine Krönung fand aber nicht statt, doch war schon Gisela in Burgund nicht zur Königin gekrönt worden.

Von Besançon führte der Zug des königlichen Hofes nach Mainz. Dort wurde Agnes Anfang November von Erzbischof Bardo zur Königin gekrönt. Für den Ort der Krönung und den Vorrang des entsprechenden Erzbischofs gab es keine feste Regel. Aber Bardo, "der ehrwürdige Erzbischof des Mainzer Stuhles, der Mönch gewesen und durch alle Frömmigkeit und Heiligkeit bewundernswert war", war nicht nur eine allseits geachtete Persönlichkeit, sondern auch ein Verwandter der Kaiserin Gisela.

So war es naheliegend, ihm die Aufgabe zu übertragen. Auffällig ist die Reihenfolge. Agnes wurde zuerst in Mainz zur Königin gekrönt, die Hochzeit folgte später. Eine Tradition dafür gab es nicht, denn Adelheid war in Deutschland nicht gekrönt worden, und Theophanu wurde in einem Akt mit Otto II. verheiratet und zur Kaiserin gekrönt. Die Anordnung entsprach also wohl den Vorstellungen Heinrichs III., und die gaben der Königin den Vorrang vor der Ehefrau. Natürlich war auch die Eheschließung ein öffentlich-rechtlicher Akt, aber die Reihenfolge sagt doch einiges aus. König und Königin, das waren für Heinrich von Gott gestellte Aufgaben und Pflichten, die allem anderen vorherzugehen hatten.

Die Hochzeit fand Ende November in Ingelheim statt. Die Krönung der neuen Königin und die Hochzeit waren Anlaß für eine glänzende Reichsversammlung, bei der die Mehrheit der geistlichen und weltlichen Fürsten anwesend war und die auch zu intensiven politischen Gesprächen und Verhandlungen genutzt wurde. Eine solche Hochzeit war eine große Angelegenheit und gleichzeitig eine Art Volksfest, zu dem auch die einfachen Leute von weit her geströmt kamen. Das war Heinrich schon zuviel: "dabei gab er allen ein nützliches Beispiel, indem er die eitle Gunst der Spielleute nichts achtete und sie mit leeren Händen traurig entließ". Er unterband also das fröhliche Teiben, um den religiös-feierlichen Charakter dieses Ehebundes zu betonen. Hermann von Reichenau hielt das für ein nützliches Beispiel, die Begeisterung der Bevölkerung über diese strenge Nüchternheit dürfte sich in Grenzen gehalten haben.

Mit der Hochzeit übernahm Heinrich auch die Verpflichtung zur angemessenen Ausstattung und Versorgung seiner neuen Königin. Die ersten Urkunden dafür stammen vom 30. November, weitere folgten im Januar 1044 und später, nach der Geburt der Kinder. Über die Ausstattung sagt Hansmartin Schwarzmaier:

"Agnes war nun im Besitz einer reichen Grundherrschaft, über die sie die alleinige Verfügungsgewalt besaß, und es hat den Anschein, daß sie wesentlich besser ausgestattet war als alle ihre Vorgängerinnen und auch ihre Nachfolgerin. Zwei Dinge sind freilich auffallend: im altsalischen Gebiet, um Worms und Speyer, hat Agnes keine Güter besessen. Ihre Ausstattung lag über das ganze Reich zerstreut, mit Schwerpunkt in Sachsen und im slavischen Grenzland. Und auffallend ist auch, daß Agnes nirgends Wurzeln geschlagen, kein Kloster gegründet hat, wo sie ihr Andenken nach ihrem Tod gepflegt sehen wollte."

Königin und Kaiserin

Die junge Königin wurde zunächst von ihrer neuen Umgebung genau und mit einem gewissen Mißtrauen beobachtet. Aber sie kannte niemand und bemühte sich um keine eigene Anhängerschaft. Sie hatte auch Verständigungsschwierigkeiten, denn ihre Sprachen waren Okzitanisch und Latein. Germanisch-althochdeutsch hatte sie vielleicht in Besançon zu lernen begonnen, aber es war noch eine Fremdsprache für sie. Sie war zurückhaltend und fromm, ihr wesentlicher Umgang waren die königlichen Kaplane, bei ihnen lernte sie offenbar weiter. Aber sie betrieb auch hier keine Günstlingswirtschaft und ließ sich für niemand einspannen. So galt sie bald als harmlos und ohne Einfluß, und diese Einschätzung wurde auch von späteren Betrachtern übernommen. So heißt es etwa bei Bulst-Thiele:

"Heinrich III., der bemüht war, alle Kräfte gleichmäßig anzuspannen, ließ ihr kein Gebiet, in dem sie Eigenes entfalten konnte. So kommt es, daß sie völlig zurücktritt, daß die zeitgenössischen Geschichtsschreiber sie nicht neben ihm erwähnen, wenn auch zu berücksichtigen ist, daß in dieser Zeit ein Chronist, der so mit den Verhältnissen des Hofes vertraut ist, wie Wipo etwa, fehlt."

Dabei war sie von ihrer Hochzeit an so etwas wie eine unentbehrliche Gefährtin für Heinrich. Die Salier galten insgesamt als die "Nomaden auf dem Kaiserthron", und insbesondere der rastlose Heinrich III. hatte kaum einen Ort, an dem er sich zuhause fühlen konnte. Bei Schwarzmaier finden sich dazu detaillierte Angaben, die eine gewisse Vorstellung von den Leistungen und Schwierigkeiten geben können, denen der königliche Hof unterworfen war. In der Lieblingspfalz Goslar hielt Heinrich sich in siebzehn Jahren zwanzigmal auf, insgesamt etwa achtzehn Monate. Im Jahr 1045 war er 4300 km unterwegs, 1053 nur 1700 km, im langjährigen Durchschnitt 2800 km. Und soweit es überhaupt nachprüfbar ist, war die Königin fast immer dabei, außer bei den direkten Feldzügen. Mit dem König und dem Hof zog sie auf den schlechten Straßen mühselig von Pfalz zu Pfalz, mit Tagesstrecken von 15 bis 20 km in der Kutsche oder Sänfte und Zwischenaufenthalten von wenigen Tagen oder Wochen zur Erholung und zur Erledigung der Geschäfte. Die Routen waren zum Teil so gewählt, daß wichtige Angelegenheiten vor Ort geklärt und geregelt werden konnten, aber natürlich reisten auch Bittsteller weit, um den König bei einer bestimmten Gelegenheit zu treffen und ihr Anliegen zur Entscheidung zu bringen. Die Urkunden Heinrichs III. zeigen, daß die Königin regelmäßig und im Laufe der Zeit immer häufiger als Intervenientin genannt wird. Ihre Anwesenheit und die sicher auch formelhafte Intervention sagen aber natürlich noch nicht viel über ihren wirklichen Einfluß beim König.

Heinrich III. war ein einsamer Herrscher, der seine Mitarbeiter einsetzte und forderte, aber sie nicht im Übermaß in sein Vertrauen zog. Er wollte sich nicht von Ratgebern oder Parteien abhängig machen und niemand einen zu großen Einfluß auf seine Entscheidungen einräumen. Er war sehr darauf bedacht, königliche Rechte zu wahren und zu mehren. Dazu gehört etwa das ständige Bemühen um das Königsgut im südlichen Sachsen, für das die Pfalz Goslar der Mittelpunkt werden sollte. Heinrich wollte sich nicht auf eine Ebene mit seinen Erfüllungsgehilfen stellen, aber von seiner Erziehung her war er darauf geprägt, keine einsamen Entscheidungen zu treffen, sondern diese im Gespräch vorzubereiten, wie es sein Vater und seine Mutter mit ihm gemacht hatten. Von seiner Mutter her hatte er eine hohe Auffassung von der Rolle der Königin, auch wenn er sich zuletzt mit ihr zerstritten hatte. So suchte er nach einer Gefährtin, mit der er über seine Sorgen und Probleme sprechen konnte, ohne daß daraus gleich auf eine Schwäche oder Beeinflußbarkeit geschlossen wurde.

PER ME REGNANTES VIVANT HEINRICUS ET AGNES
Evangeliar aus Goslar (heute in Uppsala)

Heinrich wollte eine Frau, die formal und geistig im gleichen Rang stand wie er, königlich und unabhängig, und er
fand sie in der acht Jahre jüngeren Agnes. Deshalb erhob er
sie noch vor der Eheschließung in den Rang der Königin.
Noch deutlicher wird das im Goslarer Evangelienbuch, das
auf Weisung Heinrichs in Echternach gefertigt wurde. Dort
sind Heinrich und Agnes kniend links und rechts vom seg-
nenden Christus abgebildet, und darüber steht: "Per me regnantes: vivant Henricus et Agnes". In dieser Darstellung, die
genau den Vorgaben Heinrichs entsprach, drückt sich sein
Selbstverständnis in mehrfacher Hinsicht aus. Christus seg-
net die Könige und beauftragt sie mit der Regierung. Das "per
me regnantes" heißt gleichzeitig "durch mich" und "für
mich". Kein Mittler, kein Bischof und kein Papst steht zwischen Christus und den Königen. Die tiefreligiöse Einstellung
kommt in dem "vivant" zum Ausdruck, Heinrich und Agnes
leben in und aus Christus. Und schließlich das doppelte Königtum, Heinrich und Agnes sind die Regierenden, nicht
Heinrich allein oder Heinrich mit Agnes. Dieses Bild ist eine
eindeutige und persönliche Erklärung des Herrscherpaares.
Ob Agnes die in sie gesetzte Erwartung von Anfang an erfüllen konnte, wissen wir nicht. Aber sie lernte schnell und viel,
und allein schon der äußere Anschein spricht dafür, daß ihre
Anwesenheit für Heinrich immer unentbehrlicher wurde.
Agnes gehörte zu Heinrich, am Hof mit seinen Parteien und
Intrigen war sie fremd und wollte es auch bleiben. Daß Agnes
in der Regierungszeit Heinrichs III. keinen eigenen Einfluß
geltend machte, darf also nicht zu dem Urteil verleiten, sie sei
das naive und fromme Mädchen an der Seite des bedeutend-
sten Königs gewesen.

1045 zog Heinrich zum dritten Mal nach Ungarn, und an Pfingsten nahm er in Stuhlweißenburg das Königreich unter seine Oberherrschaft. Auf dieser Fahrt wäre er bei einem Unglück fast ums Leben gekommen, als in Oberösterreich ein alter Söller, auf dem der König mit seinem Gefolge stand, zusammenbrach. Im Herbst des Jahres mußte wegen einer schweren Erkrankung Heinrichs ein Fürstentag in Tribur abgesagt werden. Die Lage war so dramatisch, daß eine Fürstenversammlung für den Fall seines Todes den nicht verwandten lothringischen Pfalzgrafen Heinrich zum Nachfolger bestimmte. Zur selben Zeit hatte Agnes ihr erstes (oder vielleicht zweites, denn eine Tochter Gisela verstarb früh, doch ihr Platz in der Kinderreihe ist nicht bekannt) Kind zur Welt gebracht, aber nicht den dringend erwarteten Thronfolger, sondern eine Tochter Mathilde. Die Namen, die Heinrich und Agnes für ihre Kinder wählten, beziehen sich alle auf die salisch-sächsische Linie, ohne Erinnerung an die südfranzösische Herkunft der Mutter. Die Vorgänge von 1045 zeigen, wie groß der Erwartungsdruck auf Agnes wegen des Erben und Thronfolgers war.

Das Jahr 1046 brachte den lang erwarteten Romzug. Nach den schlechten Erfahrungen mit der südlichen Sommerhitze wurde die Reise über den Winter geplant. Das Heer sammelte sich im September in Augsburg und zog über Verona nach Pavia, wo Heinrich Ende Oktober eine Synode mit deutschen und italienischen Bischöfen leitete. Anfang November traf er in Piacenza mit dem neuen Papst Gregor VI. zusammen und trug sich mit ihm in das Gedenkbuch des Klosters ein. Dieser frühere Erzpriester Gratian aus dem Haus der Pierleoni war ein Anhänger der Kirchenreform, und Heinrich scheint hier an seiner Rechtmäßigkeit noch keinen Zweifel gehabt zu haben. Doch in den folgenden Wochen erfuhr er einiges, was seine Einstellung zu diesem Papst änderte und ihn als die oberste von Gott eingesetzte Autorität zum Handeln zwang.

Nach den Bemühungen der Ottonen um eine Lösung des Papsttums aus den Verstrickungen der römischen Stadtpolitik war seit 1012 das Papsttum wieder fest in den Händen einer Adelspartei, der Tusculaner. Konrad II. hatte sich mit diesen Verhältnissen arrangiert und dafür ohne Störung in seinem Herrschaftsbereich die straffe Führung und Kontrolle der Kirche wahrgenommen. Heinrich übte diese Führung genauso klar und hart wie sein Vater aus. Aber er stand mehr unter dem Einfluß der Reformbewegung, die für eine "reinere" Kirche eintrat. Dazu gehörten höhere Anforderungen an die moralische Qualität in geistlichen Führungsämtern, aber vor allem die Abwehr der Simonie, des Ämterkaufs, der nicht nur in Geldzahlungen, sondern auch in politischer Einflußnahme bei der Besetzung bestehen konnte. Heinrich sah sein Kirchenregiment als Teil der Verantwortung, die ihm als König und Kaiser von Gott übertragen worden war. Er sorgte damit für mehr Reinheit in der Kirche. Daß eben dieses königliche Eingreifen als Simonie aufgefaßt werden könnte, kam ihm noch nicht in den Sinn. Die kirchliche Reformpartei spürte vielleicht schon den Widerspruch, aber sie brauchte den Schutz und die Hilfe des Königs, damit sie sich kirchenintern überhaupt durchsetzen konnte.

Der seit 1032 amtierende Papst Benedikt IX. war den Reformern ein besonderer Stein des Anstoßes. Über ihn kursierten in der Christenheit die wildesten Geschichten. Er sei ein Kinderpapst, ein willenloses Werkzeug seiner Adelssippe, ein moralisches Scheusal. Wahrscheinlich war es nicht ganz so schlimm, aber immer noch schlimm genug. Er war mit fünfzehn Papst geworden, und nachdem der politische Einfluß seiner Sippe nachließ und er bei einem Italienzug des deutschen Königs mit ernsten Schwierigkeiten zu rechnen hatte, war er 1045 bereit, gegen eine entsprechende Entschädigung zurückzutreten. Die Reformer drängten nun den ihnen nahestehenden Erzpriester Gratian, aus dem Vermögen seiner Familie diese Entschädigung zu bezahlen und so das Papsttum für die Reformer "anzukaufen". Diese Vorgänge waren Heinrich wohl noch nicht bekannt, als er sich in Piacenza zum ersten Mal mit diesem Papst traf. Zu der Zeit war die Lage Gregors in Rom allerdings ganz ungeklärt, denn es gab nicht nur einen Gegenpapst aus der Adelssippe der Creszentier, sondern auch neue Ansprüche Benedikts IX., den sein Handel reute.

Heinrich war auf dem Weg nach Rom, um sich zum Kaiser krönen zu lassen. Aber für die Krönung wollte er einen Papst, der seinen hohen Maßstäben in jeder Hinsicht entsprach. Was er in den nächsten Wochen von den verschiedenen Parteien erfuhr, bestimmte ihn dazu, vor der Kaiserkrönung eine Synode einzuberufen, und weil er vor dem feierlichen Akt Rom nicht betreten sollte, fand diese Synode in dem wenige Kilometer vor der Stadt liegenden Sutri statt. Den Vorsitz bei dieser Synode, die am 21. Dezember eröffnet wurde, hatte zunächst Papst Gregor. Auch der Gegenpapst der Creszentier wurde geladen. Beide Päpste erläuterten die Umstände ihrer Erhebung. Die Synode erklärte beide Wahlen für ungültig, vielleicht trat Gregor auch freiwillig zurück. Er durfte auf jeden Fall nicht mehr nach Rom zurück, sondern wurde nach Köln in die Verbannung geschickt. Sein Begleiter auf diesem Weg war der Kleriker Hildebrand. Am 24. Dezember wählte die Synode einen neuen Papst, den Bischof Suitger von Bamberg. Wie die nachfolgenden deutschen Päpste behielt er zur besseren materiellen Ausstattung sein Bistum. Der neue Papst wurde am 25. Dezember in der Peterskirche feierlich als Clemens II. eingekleidet und inthronisiert und krönte anschließend Heinrich und Agnes zum Kaiser und zur Kaiserin. Die Krönung am Weihnachtstag war sicher von langer Hand geplant gewesen, aber durch die Synode von Sutri und ihre weitreichenden Folgen war man in Termindruck geraten. Auf einer weiteren Synode wurde dann auch Benedikt IX. für abgesetzt erklärt. Eine Reihe anderer Entscheidungen und Beschlüsse öffnete die Kurie den Anhängern der Reform.

Für Heinrich und Agnes war dieser Eingriff in die höchste Repräsentanz der Kirche notwendig, aber sicher nicht einfach. Auch wenn sie in der Verantwortung vor Gott für die Kirche handelten, wußten sie doch, daß sie hier viel weiter gingen als beide Vorgänger Heinrichs III., und das in einer Zeit, die in der Frage der Abhängigkeit der Kirche von der weltlichen Ordnung kritisch geworden war. Von ihrer Erziehung und ihrer persönlichen Frömmigkeit her waren sie sensibel genug, um Zweifel an der Berechtigung dieses Vorgehens zu spüren. Noch in einem späteren Fall, vor der Benennung Leos IX., ließ sich Heinrich von Bischof Wazo von Lüttich abkanzeln, weil er sich überhaupt in die Papstfrage eingemischt hatte. "Weder nach göttlichem noch nach menschlichem Recht sei das zulässig". Gegen den Willen der Synode hätte Heinrich die Absetzung wohl nicht ausgesprochen, aber der Zuspruch der Kirchenreformer bestärkte ihn in seiner Haltung. In Sutri und in Rom begegnete Agnes wohl vermutlich zum ersten Mal den Wortführern der Reform in Rom, Hildebrand und Petrus Damiani, mit denen sie später so viel zu tun haben sollte.

In Rom traf Agnes auch, wahrscheinlich zum ersten Mal seit ihrer Kindheit, mit ihrer Mutter zusammen, die sich vielleicht von ihrer zur Kaiserin aufgestiegenen Tochter Unterstützung erhoffte, weil sie inzwischen mit ihrem zweiten Ehemann in offener Auseinandersetzung stand. Ob sich Mutter und Tochter viel zu sagen hatten, ist nicht bekannt. Es sieht auch nicht so aus, daß sich die jüngere Agnes irgendwie zugunsten der älteren eingesetzt hätte. Im Januar rückte Heinrich nach Montecassino und Capua weiter. Dabei begleitete ihn Agnes nicht. Sie war schwanger und sollte langsam und schonend nach Norden reisen. Ihre Mutter begleitete sie nicht, sondern begab sich auf eine Wallfahrt zum Monte Gargano nach Apulien. Das Kind, eine zweite Tochter Judith nach der Frau Ottos von Kärnten, des Stammvaters der Salier, wurde Ende März bei Ravenna geboren. Dort traf Agnes Anfang April wieder mit Heinrich zusammen, der in zehn Wochen Kalabrien und Apulien durchzogen hatte.

Auf brüchigem Grund

An Ostern 1047 waren Heinrich und Agnes in Mantua, der Hauptstadt des Markgrafen Bonifaz von Tuscien-Canossa, und dort mußten sie länger bleiben als ursprünglich geplant, weil Heinrich wieder krank wurde. Dieser Bonifaz war mit Beatrix von Oberlothringen verheiratet, einer Nichte der Kaiserin Gisela, die wie eine Schwester mit Heinrich zusammen am kaiserlichen Hof erzogen worden war. Er gehörte also an sich zur Familie, stand aber der Politik Heinrichs III. und vor allem einer stärkeren Präsenz der kaiserlichen Macht in Italien ablehnend gegenüber. Da seine Frau erheblichen Besitz in Lothringen in die Ehe eingebracht hatte, war er auch ein wichtiger Faktor in der deutschen Politik. In Lothringen hatte Heinrich ständig mit einer starken Opposition zu kämpfen, die von Gottfried dem Bärtigen angeführt wurde, und mit dieser Opposition stand Bonifaz in enger Verbindung. Als Bonifaz 1052 ermordet wurde, heiratete seine Witwe eben diesen Gottfried und verlobte gleichzeitig ihre Tochter Mathilde mit dessen Sohn Gottfried dem Buckligen.

Diese Heirat schuf eine für Heinrich gefährliche Verbindung zwischen Lothringen und dem mächtigsten Fürstenhaus in Italien, die er nicht mehr endgültig zerschlagen konnte, auch wenn Beatrix und ihre Kinder zeitweilig seine Gefangenen waren.

Der in Sutri gewählte Papst Clemens II. starb schon nach zehn Monaten, und wegen der langen Kommunikationswege und eines Todesfalls wurde erst im Herbst 1048 in Worms von einer Versammlung geistlicher und weltlicher Fürsten ein Nachfolger bestellt. Bruno von Toul aus der Familie der Grafen von Egisheim-Dagsburg war mit den Saliern verwandt, denn Konrads Mutter Adelheid stammte aus derselben Familie. Er gehörte zur Kanzlei Konrads II. und wurde 1026 Bischof von Toul. Er war ein überzeugter Anhänger der Kirchenreform. Deshalb reichte ihm auch die Benennung in Deutschland nicht aus. Er reiste nach Rom und ließ sich dort am 12. Februar noch einmal "kanonisch" wählen und dann als Leo IX. inthronisieren. Erst von diesem Tag an zählte sein Pontifikat. Aus Lothringen brachte Leo eine ganze Reihe von Anhängern und Verfechtern der Kirchenreform mit, darunter Hildebrand, der sich nach dem Tod des verbannten Papstes in Köln zeitweilig nach Cluny zurückgezogen hatte, Humbert von Silva Candida, der der große Theoretiker der Kirchenreform werden sollte, Hugo Candidus und Friedrich von Lothringen, den späteren Papst Stephan IX., einen Bruder Gottfrieds des Bärtigen. Leo IX. war der eigentliche Reformpapst, er reiste für seine Überzeugungen von Synode zu Synode und von Kirche zu Kirche, denn er wollte die Laien wie die Geistlichen überzeugen. Er sorgte auch für die innere Umgestaltung der Kurie, in der der römische Adel seine bisherige Rolle verlor und die Schlüsselstellungen von Reformern eingenommen wurden. Aus dieser Neuorganisation entstand das Kardinalskollegium, das später die "kanonische" Wahl sicherte. Aber die Lothringer, die unter Leo IX. die Führung übernahmen, waren auch Verwandte der lothringischen Opposition gegen Heinrich III., und so konnte sich die grundsätzliche Unzufriedenheit über einen Kaiser, der in innere Bereiche der Kirche eingriff, leicht mit einer antisalischen Richtung bei den Fürsten verbinden.

Im Oktober 1048 gebar Agnes ihre dritte Tochter. Sie erhielt nach der Mutter Konrads II., die wie der neue Papst aus der Familie der Grafen von Egisheim-Dagsburg stammte, den Namen Adelheid. Im November 1050 wurde schließlich der erste Sohn geboren, der zuerst Konrad heißen sollte, dann aber Heinrich getauft wurde. Schon an Weihnachten ließ Heinrich in der Pfalz Pöhlde die anwesenden Fürsten dem Kind Treue schwören. Am Ostersonntag 1051 wurde es in Köln getauft. Sein Pate war der neue Abt Hugo von Cluny. Im Herbst 1053 wurde der Dreijährige auf einem Fürstentag in Tribur zum König gewählt, allerdings mit der Einschränkung, "si rector iustus futurus esset", wenn er in der Zukunft ein gerechter Herrscher sein werde, die zu diesem Zeitpunkt mehr als Kritik am Vater zu verstehen war. Im Sommer 1054 wurde er in Aachen feierlich gekrönt. In der Mitte des Jahres

1052 wurde dem Kaiserpaar das letzte Kind geboren, ein Sohn Konrad, der schon 1055 starb.

Die Verhältnisse in Ungarn, in die Heinrich sich eingemischt hatte, zwangen ihn nach 1050 zum fast jährlichen Eingreifen, denn der deutschfreundliche König Peter war gestürzt worden, und sein Nachfolger Andreas hielt sich nicht an die immer wieder gegebenen Versprechungen und suchte Kontakt zur deutschen Fürstenopposition. Am gefährlichsten war seine Verbindung mit den Herzögen von Bayern und Kärnten und dem Bischof von Regensburg. Der Kopf dieser Verschwörung war der abgesetzte Herzog Konrad von Bayern aus der Familie der Ezzonen, ein Neffe des Kölner Erzbischofs und Urenkel von Otto II. und Theophanu, der den Kaiser umbringen lassen und an seine Stelle treten wollte. Es gab nicht nur Kontakte nach Ungarn, sondern auch zu Gottfried von Lothringen. Der Tod dieses Konrad verhinderte das Ausbrechen einer großen Aufstandsbewegung. Aber diese Verschwörung zwang Heinrich 1055 zu einem zweiten Italienzug, bei dem er auch den Bischof von Eichstätt als neuen Papst Viktor II. nach Rom brachte. Vor allem aber suchte er gegen die Verbindung von Lothringen und Tuscien-Canossa eine Front aufzubauen, indem er sein Haus mit dem der Markgrafen von Turin verband. Deshalb wurde der fünfjährige König Heinrich, der mit seiner Mutter an diesem Zug teilnahm, mit der gleichaltrigen Bertha von Turin verlobt und die Braut zur standesgemäßen Erziehung in die Hand der Kaiserin Agnes gegeben.

Das schwäbische und das bayerische Herzogtum waren für die Verbindung nach Italien von besonderer Bedeutung. Heinrich hielt 1039 beide Herzogtümer, aber das war wohl gegen das Herkommen. Er übertrug 1045 Schwaben an den

Fragment einer Statue der Kaiserin Agnes
(Vorder- und Rückseite)
Regensburg, Museum

Pfalzgrafen Otto aus der Familie der Ezzonen, die er besonders förderte. Aber Otto starb schon 1047. Sein Nachfolger wurde Otto von Schweinfurt, der sich um das Herzogtum nicht kümmerte. So blieb Schwaben weiterhin unter salischer Kontrolle. Auch Bayern gab Heinrich an einen Ezzonen, Konrad, von dem oben die Rede war. Nach dessen Absetzung übertrug er es erst auf seinen Sohn Heinrich, nach der Geburt des zweiten Sohnes Konrad auf diesen, und nach dessen Tod auf seine Gemahlin. So war Agnes seit 1055 Herzogin von Bayern. Diese höchst ungewöhnliche Konstruktion zeigt auf der einen Seite das große Vertrauen Heinrichs zu seiner Frau, auf der anderen Seite aber auch, wie eng es um den Kaiser geworden war.

So war im Jahr 1056 die Stellung Heinrichs III. an verschiedenen Stellen angeschlagen. Bei den Fürsten wie in der Kirche regte sich Widerstand gegen seine straffe und harte Regierung und vielleicht auch gegen seine konsequente Lebensführung, die von anderen als freudlos und vergnügungsarm empfunden wurde. Dazu kam ein großer Wechsel bei den in der Nähe der Krone Verantwortlichen. Mit Suitger von Bamberg, Bruno von Toul und schließlich Gebhard von Eichstätt waren drei wichtige Stützen der Regierung abgegeben worden. Der Mainzer Erzbischof Liutpald gehörte nicht zum engeren Kreis, und Hermann von Köln, einer der treuesten Gefolgsleute Heinrichs III. und konsequent reichstreu, starb im Februar 1056. An seiner Stelle ernannte Heinrich den jungen und ehrgeizigen Anno aus einer kleinen schwäbischen Adelsfamilie, der seine theologische Ausbildung in Bamberg erhalten und als Propst des Stiftes in Goslar auf sich aufmerksam gemacht hatte. Als Heinrich am 5. Oktober 1056 in der sächsischen Pfalz Bodfeld in der Nähe von Goslar starb, war weder bei den Reichsfürsten noch bei den Bischöfen eine erfahrene und unbedingt reichstreue Persönlichkeit vorhanden, die der Kaiserin bei der Bewältigung der schwierigen Aufgaben hätte helfen können. Den Papst, der beim Tod des Kaisers anwesend war und dieser Aufgabe auch gewachsen gewesen wäre, riefen seine anderen Pflichten bald nach Rom zurück. Dort starb er schon im Juli des nächsten Jahres.

Die Regentschaft der Kaiserin Agnes

Agnes war beim Tod Heinrichs III. 31 Jahre alt, und sie hatte die letzten dreizehn Jahre in seiner Nähe und im engen geistigen Austausch mit ihm verbracht. Er hatte sie an seiner Verantwortung teilnehmen lassen und in diese Verantwortung mit aufgenommen, immer auch aus dem Wissen heraus, daß sie bei seinem Lebensstil und seiner prekären Gesundheit eines Tages allein mit ihr dastehen würde. Wir haben ein kleines Zeugnis für die Trauer und den Schmerz, in die der Tod Heinrichs die Kaiserin gestürzt hatte. Es ist ein Brief erhalten, den sie wohl in den ersten Tagen danach an Abt Hugo von Cluny geschrieben hat. Der Brief ist kurz, in schönem Latein und voller Zitate. Er hat drei klare Anliegen, die Fürbitte für den verstorbenen Kaiser, das Gebet für das Leben seines Erben und ein Entgegenwirken des Abtes bei möglichen Unruhen in Burgund. Aber er beginnt etwas persönlicher:

"Weil mein Harfenspiel zur Klage geworden ist, antworte ich auf das Glück und die Freude, die Euer Brief gemacht haben, jämmerlich mit Seufzen und Wehklagen. Das vom Schicksal verzehrte Herz wich davor zurück, alles zu berichten. Deshalb und weil sich, wie ich glaube, die Nachricht von Üblem schnell verbreitet und Euch meinen Schmerz kundgetan hat, bitte ich darum, daß Ihr meinen Herrn, den Ihr vorher im Fleisch nicht retten wolltet, doch betend mit Eurem Konvent als Verstorbenen Gott befehlt, und daß Ihr für Euren Sohn als seinen Erben ein langes und Gott würdiges Leben erfleht, und daß, wenn in den Teilen seines Königreiches, die in Eurer Nähe sind, irgendwelche Unruhen entstehen, Ihr Euch bemüht, sie mit eurem Rat zu beschwichtigen."

Schon der Trauerbrief zeigt, daß Agnes sich nicht auf ihren Schmerz zurückziehen konnte, weil sie nun für ihren sechsjährigen Sohn handeln mußte. Während seiner Unmündigkeit war sie die Leiterin des salischen Hauses, und gleichzeitig regierte sie das Reich in seinem Namen. Agnes führte auch ein eigenes Siegel, aber sie benutzte es offenbar nicht häufig, denn es ist kein Abdruck davon erhalten. Ihre erste Aufgabe sah sie darin, den letzten Willen Heinrichs III. zu erfüllen und ihrem Sohn die Nachfolge zu sichern. Heinrich hatte noch auf eine Bereinigung offener Konflikte durch Nachgeben gedrängt, sei es, daß er nicht als ein vielleicht im Unrecht Stehender abgehen wollte, oder aus der richtigen Erkenntnis, daß für eine Regentschaft eine gewisse Bereinigung der Frontlinien notwendig war. Dazu gehörte ein vom Papst vermittelter Frieden in Lothringen, der bewirkte, daß dieser dauernde Unruheherd in den folgenden Jahren friedlich blieb, allerdings auch fast ohne Steuerung durch das Reich.

Nach der Beisetzung Heinrichs III. in Speyer (nur das Herz blieb in Goslar im Stift St. Simon und Juda und liegt heute in der Ulrichskapelle der Pfalz) am 28. Oktober begab sich Agnes mit Heinrich IV. und Papst Viktor II. auf den Umritt, mit dem eine neue Regierung traditionell zu beginnen hatte. Er führte zuerst nach Aachen, wo der Papst den

Siegel der Kaiserin Agnes (nicht original,
aber vermutlich einem Original nachgebildet)
Urkundenbuch der Stadt Goslar, Band 2

König noch einmal krönte. Anfang Dezember fand in Köln ein Reichstag für den Westen statt. An Weihnachten war der Hof in Regensburg und regelte bayerische Angelegenheiten. Hier wurde wohl festgelegt, daß Agnes das Herzogtum Bayern wegen einer bestehenden Schwangerschaft vorläufig noch behalten könne. Davon war später nicht mehr die Rede. Entweder hat sie das Kind verloren, oder es war nur ein juristischer Vorbehalt, der eine sofortige andere Entscheidung verhinderte. In Bayern verabschiedete sich der Papst, um nach Rom zurückzugehen. Der nächste Reichstag fand an Ostern in Worms statt. Hier wurde auch eine Reihe von Schenkungen zum Gedächtnis an Heinrich III. beurkundet. Von Worms ging der Hof nach der Pfalz Kaiserswerth, Pfingsten wurde in Paderborn gefeiert, am 29. Juni war ein Fürstentag in Merseburg, von dort ging es zurück an den Rhein nach Tribur. Weihnachten 1057 wurde in Goslar gefeiert, verbunden mit einem Reichstag für Sachsen, und an Pfingsten 1058 war der Umritt mit einem Reichstag in Augsburg abgeschlossen. Dieses noch nicht einmal vollständige Itinerar zeigt, was die "Reiseregierung" von der Kaiserinwitwe und ihrem kleinen Sohn allein an physischer Kondition forderte.

Beim Wormser Reichstag an Ostern 1057 wurde von Agnes der erste Bischof erhoben, Gunther von Bamberg. Die Regentin nahm im Namen ihres Sohnes dieses Recht und diese Pflicht so wahr, wie es die deutschen Könige seit jeher getan hatten. Sie hielt sich dabei genau an die Vorgaben des gestorbenen Kaisers. Die neuen Bischöfe kamen oft aus der königlichen Kanzlei, sie hatten sich bereits in der Politik bewährt, und sie standen den Reformgedanken nahe. Von diesen von Agnes ausgewählten und eingesetzten Bischöfen gehörten manche wie Burchard von Halberstadt später zu den schlimmsten Gegnern ihres Sohnes, andere wie Siegfried von Mainz wechselten öfters die Seiten oder standen treu zu Heinrich IV. wie Otto von Regensburg. In der Kirche gab es zwar schon Widerstand gegen einen zu großen staatlichen Einfluß, und für einen überzeugten Anhänger der Kirchenreform wie Petrus Damiani war der frühe Tod Heinrichs III. ein Auftrag Jesu an den Papst: "Nachdem der König aus dem Leben hinweggenommen worden, habe ich die Rechte des gesamten leerstehenden römischen Reiches Dir überlassen." Aber Kirche und Staat zogen noch am selben Strang, waren gemeinsam für die Welt verantwortlich. Das sollte sich in den kommenden Jahren gründlich ändern. Für Agnes war die Frage besonders schwierig, weil in der Tradition von Cluny geistliches Leben Abschied von der Welt war, aber hier in Deutschland die Bischöfe einen zentralen Bestandteil des Königtums bildeten und wichtige staatliche und politische Aufgaben wahrnahmen. Von ihrer eigenen Neigung her war sie für eine stärkere Trennung staatlicher und kirchlicher Funktionen, sie wußte aber auch, daß das in der deutschen Situation nicht möglich war. Sie war für die Sicherung der Machtgrundlagen ihres Sohnes verantwortlich, und dazu gehörte in erster Linie die Verfügung über die Reichskirche.

Die Kirchenreformer, die die Kurie inzwischen fest im Griff hatten und die deutschen Verhältnisse bestens kannten, nutzten die Unsicherheit der Kaiserin in dieser Frage, um ihre Spielräume auszuweiten. Als Papst Viktor II. im Juli 1057 starb, wählten sie umgehend Friedrich von Lothringen zu seinem Nachfolger. Hildebrand und Anselm von Lucca wurden nach Deutschland geschickt, um die Kaiserin von der Richtigkeit dieses Schrittes zu überzeugen. Aber der neue Papst Stephan IX. war nicht nur ein entschiedener Vertreter der

Kirchenreform, sondern auch der Bruder Gottfrieds des Bärtigen. Ihm übertrug er das Herzogtum Spoleto. Mit den sich in Südtitalien ausbreitenden Normannen schloß er Verträge, in denen sie den Papst als ihren Lehensherren anerkannten. Zu beidem war der Papst nicht berechtigt, weil es sich um Zuständigkeiten des Reichs handelte, und beides waren Maßnahmen, die sich gegen das Reich richteten und die Gegner des salischen Hauses stärkten.

Doch auch die juristische und theologische Abgrenzung machte große Fortschritte. Als Agnes die Kurie um die Übersendung des geweihten Obergewandes als Symbol der erzbischöflichen Gewalt, des "palliums" für den von ihr ernannten Siegfried von Mainz ersuchte, lehnte Petrus Damiani im Namen aller Kardinäle ab, weil der Kandidat das pallium persönlich in Rom empfangen müsse.

Kardinal Humbert von Silva Candida veröffentlichte seine "Drei Bücher gegen die Simonie", in denen er die Kirche als besondere von Gott so gewollte und geheiligte Organisation definierte, die von keiner weltlichen Gewalt kontrolliert werden durfte. Jede Mitwirkung eines nichtgeweihten "Laien" war jetzt Simonie, und jeder, der eine solche Simonie duldete, mitmachte oder förderte, schloß sich damit selbst aus der Gemeinschaft der Gläubigen aus. Ein eigener Abschnitt "Über die Anmaßung der Frauen" macht das Weltbild dieses Reformtheologen deutlich:

"Weswegen beklagen wir uns hier so sehr über die Laien männlichen Geschlechtes, da dieselben auch einer Frau des Laienstandes selbst, während doch solchen weder in der Kirche zu sprechen, noch über einen Mann Herrschaft zu üben erlaubt ist, es nicht nur anvertrauen, geistliche Dinge an Laien auszuteilen, sondern überdies auch dabei mit Stäben und mit Ringen des Hirtenamtes an Geistliche die Investitur für Bisthümer und Abteien zu geben, an Persönlichkeiten, welche entweder die Gunst oder weltlicher Gehorsam oder ein der Zeitlichkeit angehörender Preis ihnen befreundete und empfahl".

Nicht nur die Schwäche einer regentschaftlichen Regierung förderte die Emanzipation der Kirche, sondern die Wahrnehmung der kaiserlichen Rechte durch eine Frau war für den eifernden Theologen eine neue Dimension der Simonie, eine Herausforderung, der sich die "reine" Kirche stellen mußte.

Die Herrschaft der Reformer in der Kurie fand in der Stadt Rom keineswegs ungeteilten Anhang. Als Stephan IX. im März 1058 starb, rief deshalb die Adelspartei der Tusculaner einen der ihren zum neuen Papst aus und bat die Kaiserin um Bestätigung. Hildebrand und Anselm von Lucca gingen wieder an den deutschen Hof und konnten Agnes davon überzeugen, daß das einen Rückschlag für die Kirchenreform bedeuten würde. Agnes war dabeigewesen, als 1046 in Sutri das Papsttum dem römischen Adel entrissen und sozusagen der Kirche zurückgegen worden war. Sie wollte diesen Weg weitergehen und stimmte deshalb der Erhebung des von Heinrich III. als Bischof eingesetzten Gebhard von Florenz zum Papst zu. Hier versteckten sich die Reformer also noch einmal hinter der kaiserlichen Autorität. Der neue Papst Nikolaus II. berief eine Synode in den Lateran, die mit dem Papstwahldekret von 1059 endgültig klären sollte, wer eigentlich den Papst bestimmen durfte. Das Dekret, das wohl von Humbert und Hildebrand entworfen wurde, legt die Entscheidung in die Hand der Kardinalbischöfe und Kardinäle. Die Kurie selbst bestimmt also die zukünftigen Wähler. Das Volk von

Rom hat ein Akklamationsrecht, und die bisher geforderte Zustimmung der deutschen Krone reduziert sich auf einen windigen Vorbehalt, der noch dazu auf die Person des regierenden Königs Heinrichs IV. beschränkt ist. Mit diesem Dekret wollten die Reformer sicherstellen, daß sie den Schutz und die Hilfe der deutschen Krone nicht mehr brauchten. Aber es war auch gleichzeitig die klare Ankündigung des kommenden Machtkampfes.

Im fürstlichen Bereich hatte Heinrich III. sich stark auf die Familie der Ezzonen gestützt, die zum Teil Nachfahren Ottos II. und Theophanus waren. Auch hier knüpfte Agnes an seine Politik an. Den Pfalzgrafen Konrad erhob sie 1057 wieder zum Herzog von Kärnten. Das Herzogtum Bayern hatte sie vorläufig selbst behalten, aber sie mußte dafür eine dauerhafte und vertrauenswürdige Lösung finden. 1061 übertrug sie es dem sächsischen Grafen Otto von Northeim, vielleicht weil er mit der Ezzonin Richenza verheiratet war und dadurch zur "Familie" gehörte. Aber die wichtigste Entscheidung war die Neubesetzung des Herzogtums Schwaben. Dafür wählte sie 1057 den Grafen Rudolf von Rheinfelden. Einer späteren Quelle zufolge soll Rudolf die Kaisertochter Mathilde aus Konstanz entführt und so die Belehnung mit Schwaben erzwungen haben. Aber das ist nicht glaubhaft. Rudolf stammte aus einer Familie, die mit den Saliern über die elsässischen Grafen von Egisheim ebenso verwandt war wie über die burgundische Königsfamilie, und eine burgundische Verwandtschaft verband ihn auch mit Agnes. Ihm übertrug sie das Herzogtum Schwaben und verlobte ihn gleichzeitig mit ihrer Tochter Mathilde, die dann zur weiteren Erziehung nach Konstanz geschickt wurde. Rudolf erhielt auch das Rektorat über Burgund, also die Vertretung des Königs in diesem Teilreich. 1059 heiratete Rudolf die vierzehnjährige Kaisertochter, aber sie starb schon 1060 vielleicht an ihrem ersten Kind. Nach dem Tod ihrer Tochter vermittelte Agnes eine andere Familienverbindung. Rudolf heiratete nun Adelheid von Turin, die Schwester der Bertha, mit der Heinrich IV. verlobt war. Rudolf war also ein Eckpfeiler der von Agnes betriebenen salischen Macht- und Familienpolitik, der Mann ihres Vertrauens, dem sie eine herausragende Schlüsselstellung einräumte. Nach dem Tod Konrads von Kärnten übertrug Agnes dieses Herzogtum dem Grafen Berthold von Zähringen, einem Konkurrenten Rudolfs, der vielleicht über dessen Aufstieg verärgert war und damit versöhnt werden sollte.

Diese Belehnungen bedeuteten eine gewisse Abkehr von der Politik Heinrichs III., der versucht hatte, die Herzogtümer möglichst lange unter eigener Kontrolle zu behalten. Aber zum einen blieb Agnes wohl aus Rechtsgründen nichts anderes übrig, und auch Heinrich hatte Herzöge für Bayern wie für Schwaben und Kärnten ernannt. Zum andern konnte sie voraussehen, daß die bisherige Praxis der Übertragung von weltlichen Aufgaben an Bischöfe zu Konflikten führen würde, und so war der Aufbau einer nichtkirchlichen Gefolgschaft durchaus folgerichtig. Agnes war wohl auch eher als Heinrich III. bereit, eine größere Selbständigkeit der Fürsten zu akzeptieren und die Funktion des Königtums auf eine indirekte Oberaufsicht zu beschränken. Es ist für die Zeit der Regentschaft der Kaiserin Agnes in ihrem Verhältnis zur Kirche wie zu den Fürsten nicht leicht auszumachen, wie weit es sich um einen Machtverlust aus Schwäche, um andere Konzeptionen oder um kluge Einsicht in die Grenzen ihrer Machtausübung handelte. Schon die zeitgenössischen Bewertungen sind sehr widersprüchlich. Daß die Fürsten der Kaiserin das

Recht zubilligten, im Falle des vorzeitigen Todes ihres Sohnes einen neuen König zu designieren, kann für ihre Autorität sprechen. Der Autor der Lebensbeschreibung Heinrichs IV. lobt Agnes, weil sie das Reich "mit männlicher Weisheit regiert habe". Ein anderer meinte: "Die Fürsten wollten von einem Weibe oder einem Kinde sich nicht beherrschen lassen, und das erste, was sie gemeinsam vollbrachten, war, daß sie die Freiheit früherer Zeiten sich wieder gewannen und sich von der Dienstbarkeit lösten". Der von Agnes eingesetzte Bischof Gunther von Bamberg bezeichnete die Kaiserin als "rasende Furie", weil sie ihm in einem Zuständigkeitsstreit nicht recht gab. Ein Bamberger Kleriker schrieb: "Ihr Geschlecht ist verdächtig wie ihr Naturell; ihr Naturell wie ihre Heimat; ihre Mutter zählt so viele Buhlen wie Geburtstage". Lampert von Hersfeld, der als Geschichtsschreiber in subtiler Weise die Salier ins Unrecht zu setzten suchte, beklagte ihre große politische und persönliche Abhängigkeit von Bischof Heinrich von Augsburg. Die intimen Beziehungen seien so skandalös gewesen, daß die Fürsten um die moralische Erziehung des jungen Königs gefürchtet hätten. Aus sittlichen Gründen hätten sie sich zum Eingreifen gezwungen gesehen. Diese bösartigen und haltlosen Angriffe waren allerdings notwendig, um den Kirchenfürsten eine moralische Rechtfertigung für ihren Gewaltstreich zu geben.

Im offenen Konflikt

Im Juli 1061 starb Papst Nikolaus II., und in Rom erhob sich Widerstand gegen eine innerkirchliche Wahl. Der römische Adel preschte dieses Mal nicht mit einem eigenen Kandidaten vor, sondern schickte eine Gesandtschaft mit den päpstlichen Insignien an den deutschen Hof, um dort einen neuen Papst designieren zu lassen. Das wollte Hildebrand, inzwischen der unbestrittene Führer der radikalen Reformer, auf keinen Fall. Da er aber sogar mit der Unterstützung Gottfrieds des Bärtigen nicht stark genug war, rief er den Normannenfürsten Richard von Capua zu Hilfe. Unter dem Schutz normannischer Truppen wurde im Oktober Anselm von Lucca zum Papst gewählt. Kaum hatten die Normannen Rom verlassen, gewannen dort die Gegner des neuen Papstes wieder die Oberhand. Hildebrand hoffte, daß die Kaiserin wieder zustimmen würde. Aber dieses Mal war die Situation anders. Das Papstwahldekret von 1059 war eine klare Kampfansage gewesen, die römischen Gesandten forderten die Benennung eines neuen Papstes durch den deutsche König, und die Umstände der Wahl Anselms, vor allem die Anwesenheit der Normannen, waren kirchenrechtlich bedenklich und reichsrechtlich ein klarer Verstoß. Deshalb berief die Kaiserin auf Ende Oktober eine Synode nach Basel, die über die Besetzung des päpstlichen Stuhles entscheiden sollte.

Die Nachrichten und Berichte über diese Synode und Reichsversammlung sind dürftig und wahrscheinlich nachträglich bereinigt worden, denn später wollte natürlich niemand dabeigewesen sein. Die Wahl des Ortes verweist einmal auf die beiden wichtigsten Berater der Kaiserin, Bischof Heinrich von Augsburg und Herzog Rudolf von Rheinfelden. Zum andern zeigt sie, daß auch Burgund und Italien geladen waren. Für Burgund war Rudolf von Rheinfelden verantwortlich, und Kanzler und Berater für Italien war Wibert von Ravenna. Die norditalienischen Bischöfe lagen in einer erbitterten Fehde mit der Reformkurie. Sie waren meist noch Kirchenfürsten älteren Typs, aus adligen Familien und mit einer entsprechenden großzügigen Lebensführung. Gegen sie hatte sich in Mailand eine Art volkskirchlicher Bewegung gebildet, die Pataria, und die Kurie griff immer wieder mit Rechtssprüchen und Entscheidungen ein, die die Pataria stärkten und die Bischofsherren herausforderten. Die Pataria war das besondere Arbeitsgebiet von Anselm von Lucca, und so war er für die lombardischen Bischöfe unannehmbar. Deshalb war ihre Beteiligung an der Basler Synode besonders groß. Aber auch sonst war diese Versammlung vermutlich gut besucht und durchaus repräsentativ. Sie entschied, daß die Wahl Anselms von Lucca ungültig sei. Zum neuen Papst wurde Bischof Cadalus von Parma bestimmt, ein älterer und angesehener Kirchenfürst, aber doch aus der adlig-lombardischen Fraktion. Die Frage ist, ob die Wahl je ernst gemeint war, und wie sich die Kaiserin dazu gestellt hat.

Das Vorbild für das Basler Vorgehen war vermutlich die Synode von Sutri. Auch dort war zuerst eine Papstwahl für ungültig erklärt und dann ein neuer Papst bestimmt worden. Aber die Fronten waren von Agnes aus gesehen vertauscht. Jetzt mußte sie um der weltlichen Macht ihres Sohnes willen für einen Papst eintreten, der von den lombardischen Adelsbischöfen ausgesucht war und vom römischen Stadtadel unterstützt wurde. Genau dagegen hatte sie an der Seite Heinrichs III. in Sutri gekämpft, und für eine unabhängige und reine Kirche. Ihre Gegner meinen, sie habe sich von ihren Beratern überfahren und ausmanövrieren lassen. Aber Agnes hat wohl schon seit längerem gespürt, daß dieser Konflikt auf sie zukommen würde, und es war ihr persönlicher Konflikt. Ihrer eigenen Neigung nach hätte sie sich, wie einst ihr Vater, aus der Welt zurückgezogen. In der südfranzösischen Tradition war das ein Entweder-Oder, aber dort hatte die Kirche auch keinen so großen Anteil an der weltlichen Macht wie in Deutschland und Italien. Agnes war für die Freiheit der Kirche und stand zu den Ideen der Reformer. Aber sie war auch die Mutter und Vertreterin des Königs, und sie sah, wie unter den deutschen Verhältnissen die Freiheit der Kirche das Ende der königlichen Macht bedeuten würde, wenn die Kirche nicht gleichzeitig auf ihre weltliche Macht verzichtete. Bei ihrer starken Neigung zur Askese und zu den Ideen von Cluny sah sie vielleicht sogar, daß die Kirche mit dem Gewicht dieser weltlichen Macht in eine neue "hausgemachte" Abhängigkeit zu geraten drohte. In diesem Konflikt war Agnes auf beiden Seiten gebunden. Ihre persönliche Antwort darauf war, daß sie zum Jahresende in Goslar "den Schleier nahm". Auch das wurde ihr als Zeichen der Schwäche ausgelegt, als Flucht aus der Verantwortung. Aber sie ging nicht ins Kloster und verzichtete auch nicht auf ihre Rechte und Pflichten. Die ersten Wochen des neuen Jahres verbrachte der Hof in Goslar, Mitte März war er in Paderborn, und Ostern feierte die Kaiserin mit ihrem Sohn in Utrecht. Von dort ging es Anfang April zur Pfalz Kaiserswerth.

Wie ernst es Agnes mit der Wahl des Cadalus war, zeigt die Entsendung des Bischofs Benzo nach Rom, um die Aufnahme des neuen Papstes vorzubereiten. Benzo fand dort eine für ihn günstige Situation vor, denn die Gegner Hildebrands und seines Papstes Alexander II. hatten die Stadt in der Hand. Benzo konnte sogar Beziehungen nach Konstantinopel aufbauen, weil die Normannen in Süditalien gemeinsame Feinde der östlichen wie der westlichen Kaisermacht waren. Cadalus zog mit einem Heer nach Rom, um den päpstlichen Stuhl in Besitz zu nehmen. Anfang April schlug er vor den Toren der Stadt die Truppen Hildebrands. Gottfried der Bärtige rückte zu dessen Unterstützung heran, aber er war nicht stark genug für eine Abwehrschlacht. So machte er Anfang Mai dem Cadalus das scheinbar faire Angebot, daß beide Päpste sich zurückzuziehen und die Entscheidung der deutschen Regierung überlassen sollten. Solange Agnes für den deutschen König die Geschäfte führte, war diese Entscheidung klar. Deshalb stimmte Cadalus zu.

Gottfried wußte aber, daß die Verantwortung inzwischen nicht mehr bei Agnes lag. Denn im April hatte Erzbischof Anno von Köln den jungen König in Kaiserswerth auf ein Schiff gelockt und mitsamt den Reichsinsignien nach Köln entführt. Dieser "Staatsstreich von Kaiserswerth" beendete die Regentschaft der Kaiserin Agnes. Daß die Kirchenreformer, die gegen sie ihren Papst nicht hätten halten können, und Gottfried der Bärtige, der mit allen Mitteln um seine Stellung kämpfte, sich nur in dieser Weise gegen die Mutter Heinrichs IV. durchsetzen konnten, wirft doch ein anderes Licht auf die Autorität und Konsequenz ihrer Regentschaft. Die deutschen Handlanger dieser Verschwörung waren vor allem der ehrgeizige und machtbesessene Anno von Köln und der bayerische Herzog Otto von Northeim, der damit seine lange Karriere als hemmungsloser Machtpolitiker begann. Aus diesen Zusammenhängen wird auch deutlich, warum die Putschisten und ihre publizistischen Helfershelfer nun die moralische Integrität der Kaiserin angreifen und in den Schmutz ziehen mußten, denn je schlimmer ihr sittlicher Verfall und ihr schlechtes Beispiel für den jungen König war, umso gerechtfertigter war die gewalttätige Machtübernahme durch Anno von Köln.

Die Entführung ihres Sohnes und die Bösartigkeit der gegen sie gerichteten Angriffe hat Agnes sicher mehr getroffen als der Verlust der Macht, die für sie vor allem eine ungeliebte Verantwortung war. Agnes hat keine Anstalten gemacht, die Verschwörer vor Gericht zu ziehen oder gegen sie militärisch vorzugehen, etwa mit Hilfe Rudolfs von Rheinfelden, der an der Verschwörung nicht beteiligt war und sie wohl unterstützt hätte. Sie hat sogar geschworen, keine Rache zu nehmen. Vielleicht hat sie diesen Ausgang als eine Art Gottesurteil in dem inneren Konflikt angesehen, in den ihre verschiedenen Loyalitäten sie gebracht hatten. Aber Agnes verschwand auch nicht, wie es früher dargestellt wurde, im Kloster Fruttuaria. An den Abt dieses Klosters richtete sie allerdings nach dem Staatsstreich von Kaiserswerth einen Brief, in dem "die Kaiserin und Sünderin" von ihrem großen Wunsch sprach, "zu Euch zu kommen, von welchen ich Kunde vernommen habe, weil Eure Gebetsvermittlung das sichere Heil ist. Aber unsere Reisen stehen in Gottes Hand und nicht in unserem Willen." Der Brief zeigt ihre Gewissensnot und bittet darum, sie in ihre Gebetsgemeinschaft aufzunehmen und bei ihrer Rettung zu helfen. Er gibt aber keinen Aufschluß darüber, ob diese Last allgemein ist, oder ob sie damit konkret den Gegenpapst meint, an dessen Erhebung sie beteiligt war.

Agnes blieb in Deutschland, auch wenn sie von Anno und später von Adalbert von Bremen, der sich mit diesem die Verfügung über den jungen König teilte, bewußt von ihrem Sohn ferngehalten wurde. Ihre Aufgabe war die Leitung des salischen Hauses, und sie suchte ihrem Sohn wenigstens hier sein Erbe zu erhalten, auch wenn sie auf den Umgang mit dem Reichsgut, aus dem sich die neuen Herren großzügig bedienten, keinen Einfluß mehr hatte. Im November 1062 traf sie in Regensburg wieder mit dem Sohn zusammen. In einer königlichen Urkunde für Bischof Arnold von Worms steht Anno als Intervenient und Agnes als Petentin, Bittstellerin. Auch in diesen schweren Jahren ist das, was die einen für Schwäche halten, eine ruhige Beharrlichkeit für die Interessen des Sohnes, denen sie anders nicht mehr dienen kann. An Ostern 1065 fand im Beisein seiner Mutter die feierliche Schwertleite Heinrichs IV. und damit die Erklärung seiner Mündigkeit statt, und zwar in der alten Salierstadt Worms, die vielleicht damals der hauptsächliche Aufenthaltsort der Kaiserin gewesen war. Gottfried der Bärtige trat dabei als Schildträger in Aktion und brachte so seinen besonderen Rang in Erinnerung. Den größten Einfluß auf den jetzt unabhängigen König erlangte Adalbert von Bremen, aber offenbar erst, nachdem Agnes nicht mehr bereit war, in die Verantwortung mit einzutreten. Sie hatte ihre Verpflichtung dem Sohn gegenüber erfüllt und war jetzt, als Vierzigjährige, endlich frei.

Die geistliche Fürstin

Im Dezember 1061 hatte Agnes den Schleier genommen, aber sie war nicht Nonne geworden. Es war kein kirchenrechtlicher Akt, sie wurde nicht geweiht und trat nirgends ein. Sie legte ein privates Gelübde ab, mit dem sie sich selbst zu einem keuschen und Gott wohlgefälligen Leben verpflichtete. Das änderte vermutlich für den Augenblick nicht viel an ihrer an sich schon strengen Lebensführung und war wohl in der Situation eher eine Demonstration des reinen Gewissens gegenüber den immer bösartiger werdenden Gerüchten über ihren Lebenswandel. Gleichzeitig entsprach das Gelübde aber ihrer grundsätzlichen Einstellung und besonderen Frömmigkeit, die sie beide in ein Leben fern von den Umtrieben der Welt und dem falschen Ehrgeiz der Politik auch bei den Männern der Kirche verwiesen. Bei den südfranzösischen Katharern des nächsten Jahrhunderts hätte sie zu den Reinen und Unangefochtenen gehört, die die Welt in sich überwunden haben.

Das norditalienische Kloster Fruttuaria, zu dem Agnes Kontakt aufnahm, war eine Stiftung der Familie ihrer Mutter und stand auch in der geistlichen Führung unter cluniazensischem und südfranzösischem Einfluß. Aber sie suchte keine Klostergemeinschaft, in der sie aufgehen und sich verlieren konnte. Mehr als das entsprach ihr die in Italien aufkommende Eremitenbewegung, wo der einzelne selbstverantwortlich seinen Frieden mit Gott suchte. Ihr Hauptvertreter war Petrus Damiani, und er wurde in den kommenden Jahren bis zu seinem Tod 1073 der Beichtvater und geistliche Partner der Kaiserin. Petrus Damiani gab eine Karriere als Jurist und Rechtslehrer auf, aber auch in der strengen Zucht eines Klosters fand er nicht seinen Frieden. In der Weltabgeschiedenheit von Fonte Avellana wollte er als Eremit der Askese und der Versenkung in Gott leben. Die politischen Kirchenreformer um Hildebrand trauten ihm nicht ganz, aber sie konnten auf die Ausstrahlung seiner Persönlichkeit nicht verzichten und zwangen ihn immer wieder in kirchliche Ämter und Aufträge. Wie die Kaiserin ließ er sich in die Verantwortung nehmen, aber seine Seele sehnte sich nach etwas anderem.

Agnes bereitete ihre Übersiedlung nach Italien sorgfältig vor. So wurden ihr von Heinrich IV. Güter in Italien bestätigt, die schon zur Ausstattung der Kaiserin Adelheid gehört hatten. Es gab auch eine beachtliche Reihe von Schenkungen an deutsche und italienische Klöster. Aber die Sicherung der materiellen Ausstattung zeigt doch, daß Agnes in Italien an ein Leben dachte, das zwar ihrem Gelübde, aber auch ihrem Rang als Kaiserin entsprach. Wir wissen nicht, wo sie die Jahre in Rom verlebte, aber sie hielt Hof, empfing Besucher und hatte gesellschaftlichen Umgang, allerdings entsprechend ihren Interessen vor allem aus dem geistlichen Bereich. Ihr Haus muß eine Art Mittelpunkt gewesen sein, wo sich Petrus Damiani, Johannes von Fécamp, Rainald von Como und andere regelmäßig einfanden. Ihren Gästen ließ sie köstliche Speisen auftragen, aß aber selbst nicht davon. Zu ihrer engsten Umgebung gehörte ihre Schwägerin Ermensinde, die Witwe ihres ältesten Bruders. Von Petrus Damiani haben wir einen Bericht über ihre Ankunft in Rom. Er stellt dem Einzug der Königin von Saba in Jerusalem, mit der Agnes einst verglichen worden war, dem demütigen Auftreten in groben wollenen Gewändern und auf schlechten Pferden gegenüber. Man darf allerdings den Aspekt der Sünderin und Büßerin nicht zu wörtlich nehmen und vor allem nicht nur auf die Unterstützung des Gegenpapstes beziehen. Ob das Gewissen der Kaiserin dadurch besonders belastet war, scheint mir mehr als fraglich. Denn der Papst legte ihr keine besondere Buße auf. "Solange sie in Rom verweilt, soll sie dem heiligen Petrus dort in Nachtwachen, Beten und Fasten dienen", also genau das, was sie so oder so vorhatte, und als Agnes bei Petrus Damiani eine Lebensbeichte ablegte, konnte er keine Schuld erkennen.

Agnes war für Damiani das herausragende Beispiel einer Frau, die ein Gott wohlgefälliges Leben führte. Die Witwenschaft mit ihrer freiwilligen Askese schien ihm die höchste Form weiblicher Hingabe an Gott zu sein, mehr als die Ehe oder die Erhaltung der Jungfräulichkeit, also mehr als der frühe Eintritt ins Kloster. Mit der Kaiserin verband ihn eine tiefe und sehr persönliche Freundschaft. Eine ganze Reihe von

Briefen zeugt davon, mit denen offenbar die Gespräche während seiner "Dienstreisen" fortgesetzt wurden. Als Agnes im Winter 1066/1067 nach Deutschland reiste, bat Damiani sie in einem ersten Brief um ihre baldige Rückkehr, in einem zweiten fürchtete er sogar, daß der lange Aufenthalt am Königshof sie von ihrem Entschluß abbringen könne, auf das weltliche Leben zu verzichten. Der Brief beginnt mit den Worten: "Während Deiner Abwesenheit bin ich täglich in Trauer, bin ich nicht bei mir, auf der anderen Seite seufze ich mit neuem Jammer, weil mein Herz weit weg ist. Denn (Matth. 6,21) wo Euer Schatz ist, da ist auch Euer Herz."

Das zeigt die starke gegenseitige Faszination und Anziehung, eine Art mystischer Sinnlichkeit, die auf die Gemeinschaft in Gott ausgerichtet war. Die Stellung der Kaiserin Agnes in Rom nach 1065 war also keineswegs die einer gebrochenen Büßerin, die ihrer Sünden wegen in klösterlicher Abgeschiedenheit Vergebung sucht. Ihr Haus war ein gesellschaftlich-geistlicher Mittelpunkt, und ihre Einstellung zur Kirchenreform und zur drohenden Auseinandersetzung zwischen Papst und König war durchaus selbständig und von ihrer persönlichen Frömmigkeit geprägt. Sie war kein willenloses Werkzeug der Kirchenreformer. Aber gerade deshalb war ihr Ansehen und ihre Autorität auf allen Seiten gleich groß, und sie wurde immer wieder zur Vermittlung aufgefordert und herangezogen.

Mutter, Vermittlerin und Politikerin

Schon 1066 drängte Papst Alexander II. die Kaiserin, wieder an den deutschen Hof zu gehen und dort den König zum Romzug aufzufordern. Er sah sich nämlich einer ganz neuen

Bedrohung gegenüber. Die Normannen, die bei seiner Thron-erhebung so nützlich gewesen waren und den Papst als Le-hensherren anerkannt hatten, trieben jetzt ihre Eroberungs-politik weiter, und Richard von Capua begann damit, sogar Gebiete zu besetzen, die zum Kirchenstaat gehörten. Da Gottfried der Bärtige sich seit zwei Jahren vor allem in Loth-ringen um den Ausbau seiner Macht bemühte, erinnerte man sich an der Kurie, daß der Schutz des Papstes eine der hervor-ragenden Aufgaben des zukünftigen Kaisers sein müsse. Zum Jahresende machte Agnes sich deshalb auf den winterlich-beschwerlichen Weg über die Alpen. Heinrich IV. war An-fang Dezember noch in Goslar. Das Weihnachtsfest feierte er in Bamberg, vielleicht weil er seiner Mutter entgegengezogen war. Sie war mit ihrem Auftrag erfolgreich, denn der König lud für seinen Romzug auf den 2. Februar nach Augsburg. Dort erhielt er aber die Nachricht, daß Gottfried der Bärtige inzwischen von sich aus ein Heer gesammelt habe und gegen die Normannen vorgehe. Verärgert sagte er den Italienzug ab. Genau das hatte Gottfried gewollt. Denn seine eigene Stel-lung konnte durch das Erscheinen des deutschen Königs und seine Krönung zum Kaiser nur geschwächt werden. Eine Ab-sprache mit Richard von Capua verschaffte ihm auch einen schnellen und billigen Erfolg. Obwohl ihr Auftrag damit ei-gentlich erledigt war und Petrus Damiani zur Rückkehr drängte, blieb Agnes noch bis Ostern am deutschen Hof, der sich von Augsburg nach Regensburg verlagerte. Ein Grund könnte das Verhältnis zwischen ihrem Sohn und seiner Frau Bertha gewesen sein. Bertha von Turin war 1055 als kleines Mädchen an den deutschen Hof gekommen und von Agnes wie ein eigenes Kind erzogen worden. Im Sommer 1066 wur-de Bertha in Würzburg gekrönt und in Tribur mit Heinrich vermählt, aber mehr auf Druck der Fürsten als auf dessen Wunsch. Agnes kannte ihre beiden Kinder recht gut und spürte wohl schnell, daß die Ehe nicht in Ordnung war. Denn an Pfingsten 1069 verlangte Heinrich auf einem Reichstag in Worms die Scheidung, weil die Ehe nie vollzogen worden sei. Die Entscheidung wurde auf eine Synode vertagt, zu der als päpstlicher Legat Petrus Damiani erschien. Er konnte auch mit dem Rückhalt der Kaiserin Agnes Heinrich von der Unmöglichkeit dieser Scheidung überzeugen. Die Tochter aus dieser schließlich doch fruchtbaren Ehe wurde Agnes getauft und ist die Stammutter der Staufer.

Zum zweiten Mal kam Agnes im Juli 1072 nach Deutschland, dieses Mal, um einen drohenden Konflikt zwischen Heinrich und Rudolf von Rheinfelden zu verhindern. Heinrich hatte in Sachsen um den Ausbau des Königsguts gekämpft und als Hauptgegner Otto von Northeim gehabt, dem er 1070 das Herzogtum Bayern absprach. In diesem Kampf fühlte er sich von Rudolf nicht genug unterstützt und glaubte ihn im Einverständnis mit Otto. Rudolf sah Heinrich unter dem Einfluß falscher und fürstenfeindlicher Berater, und weil er sich am Hof nicht mehr sicher fühlte, wollte er keiner Aufforderung dorthin mehr Folge leisten. Damit war der Konfikt gegeben. Aber bevor er offen ausbrach, einigten sich die beiden Seiten auf eine Vermittlung durch die Kaiserin. Auch der Papst drängte sie, diese Aufgabe zu übernehmen, und Abt Hugo von Cluny begleitete sie nach Worms. Sie führte die beiden Kontrahenten zu mehreren Aussprachen zusammen, und das gegenseitige Mißtrauen konnte zum Teil abgebaut werden, auch wenn Rudolf das Gefühl hatte, der König habe manche Bedenken nur zurückgestellt. Rudolf von Rheinfelden hatte im Regierungssystem der Regentschaft eine besondere Vertrauensstellung gehabt, er war mit der Schwester der Königin Bertha verheiratet, und Agnes war deshalb daran gelegen, das gute Einvernehmen zwischen den beiden Männern wiederherzustellen. Aber der Vorgang zeigt auch das Vertrauen Heinrichs wie Rudolfs in die alte Kaiserin und ihre ungebrochene Autorität. Agnes war offenbar nur kurz in Deutschland. Auf ihren Einfluß hin ernannte Heinrich ihren früheren italienischen Kanzler Wibert, der wesentlich an der Wahl des Cadalus zum Papst beteiligt gewesen war, zum neuen Erzbischof von Ravenna.

Im April 1073 starb Papst Alexander II., und schon am nächsten Tag wurde durch einen Volksauflauf unter Mißachtung auch des Papstwahldekrets von 1059 Hildebrand zum neuen Papst erhoben. Auch die Wahlanzeige an den deutschen König erfolgte nicht. Trotzdem anerkannte Heinrich Gregor VII. als rechtmäßigen Papst. Noch der alte Papst hatte Heinrich IV. aufgefordert, sich von einigen seiner Berater zu trennen, die offenkundig simonistisch seien. Nun hatte der deutsche König allerdings, wie seit jeher üblich, die Auswahl und Ernennung der Bischöfe gehandhabt und dabei sicher manchmal die nötige Sorgfalt vermissen lassen. Einige seiner Ratgeber hatten tatsächlich für die Vermittlung von Bischofsstühlen Gelder gefordert und kassiert, von denen Heinrich selbst nichts wußte. Es handelte sich also gar nicht um die Investitur an sich, sondern um offenkundigen Mißbrauch. Gregor wollte darüber nicht mit Heinrich in Streit geraten, deshalb bat er erneut die Kaiserin Agnes um Vermittlung. So kam sie im Mai 1074 mit den Bischöfen Rainald von Como und Heinrich von Chur und zwei päpstlichen Legaten nach Nürnberg. Heinrich sah seinen Fehler ein und trennte sich von diesen Räten. Vor den Legaten bekannte er seine Schuld und erhielt dafür die Absolution. Der Papst bedankte sich bei Agnes für ihre Hilfe: "Wir wissen fürwahr, daß Ihr für den Frieden und die Eintracht unserer allgemeinen Kirche viel arbeitet und Alles, was Papstthum und Königthum im Bande der Liebe fest zusammenzuziehen vermag, mehr, als das ausgesprochen werden kann, wünschet und in unermüdlicher Sorgfalt suchet". Dieser Brief zeigt die Kaiserin nicht nur in der Rolle des ehrlichen Maklers, sondern auch mit ihrem tiefsten Anliegen, einen Konflikt zwischen König und Papst zu vermeiden. Den Hoftag von Nürnberg nutzte Agnes zu einem neuen Versuch, Heinrich doch noch mit Herzog Rudolf auszusöhnen.

Unabhängig von ihr verschlechterte sich das Verhältnis zwischen Heinrich und Gregor ebenso wie das zwischen Heinrich und Rudolf in den kommenden Jahren. Die deutschen Bischöfe drängten Heinrich, Gregor abzusetzen, und im Gegenzug bannte der Papst den deutschen König während der Fastensynode am 15. Februar 1076 in einem öffentlichen Gottesdienst, an dem auch die Kaiserin Agnes teilnahm. Sie berichtet darüber in einem langen Brief an den Bischof Altmann von Passau. Der Brief stellt auf Wunsch des Empfängers ohne Wertung die Vorgänge dar, vom Auftreten der Gesandten des Königs bis zu seiner Bannung und Absetzung durch den Papst. Nur am Anfang heißt es, sie sehe große Gefahren für die Kirche drohen, weil ihr Sohn den Worten der Törichten gegenüber zu leichtgläubig sei. Und ganz am Schluß, nach der Grußformel steht, das sei das Zeugnis der Mutter von der Anmaßung, der Rebellion und der Ungerechtigkeit des Sohnes. Aber dieser Satz ist vermutlich erst bei der Abschrift in Passau angefügt worden. Man hat Agnes vorgeworfen, daß sie sich nicht gegen diesen Bannfluch gewehrt und ihren Sohn im Stich gelassen habe. Aber das geht aus dem Text nicht hervor. Agnes wird die Absetzung des Papstes nicht gebilligt haben. Im Unterschied zu den Absetzungen von Sutri dreißig Jahre früher wurde diese aus der Ferne ausgesprochen, ohne rechtliches Gehör und ausreichende Verteidigung und ohne Beteiligung der römischen Kirche. Sie war also schon juristisch leichtfertiger. Dazu traf sie einen Vertreter der Kirchenreform, der sich seit langem für die Unabhängigkeit der Kirche vom König einsetzte und dabei viele und wichtige Parteigänger hatte. Auch wenn Agnes in der Situation von Sutri ein königliches Eingreifen für gerechtfertigt gehalten hatte, sah sie dafür jetzt keine Basis. Aber ihr Hauptinteresse galt der möglichen Versöhnung, und dafür setzte sie sich weiter ein. Auf den Fürstentag von Tribur scheint sie einen gewissen Einfluß ausgeübt zu haben. Heinrich wurde nicht abgesetzt, wie manche gefordert und erwartet hatten, sondern nur aufgefordert, sich bis zum Frühjahr vom Bann zu lösen. Zwei Bischöfe, die Gregor in Klöstern hatte einsperren lassen, bat sie frei, und in die Pläne eines schnellen Treffens zwischen Heinrich und Gregor war sie zumindest eingeweiht. Weihnachten 1076 verbrachte Heinrich mit Bertha und dem kleinen Sohn Konrad schon in Besançon bei den Grafen von Burgund, Verwandten der Kaiserin Agnes, anschließend reiste er im Schutz seiner Schwiegermutter Adelheid von Turin. Gregor war auf dem Weg nach Deutschland, als er von der Annäherung Heinrichs hörte und sich in die feste Apenninenfestung Canossa zurückzog. Dort mußte er Heinrich am 28. Januar nach dreitägiger Buße die Absolution erteilen und den Bann lösen. Agnes wollte an dem Treffen zwischen Papst und König teilnehmen, aber wegen der kurzfristigen Änderungen verpaßte sie den Termin. Erst Mitte Februar traf sie in Piacenza mit ihrem Sohn zusammen. Sie sah eine rasche Versöhnung zwischen Heinrich und Gregor als für beide notwendig an und betätigte sich auch hier wieder als ehrliche Maklerin.

Eine Reihe deutscher Fürsten traf sich Mitte Februar in Ulm, um über das weitere Vorgehen zu beraten. Sie setzten einen Wahltag auf den 13. März in Forchheim fest. Rudolf von Rheinfelden schickte danach einen Boten an Heinrich IV., er solle nicht selber nach Forchheim kommen, sondern entweder den Papst oder aber seine Mutter Agnes schicken. Meistens wird das als eine Falle Rudolfs bewertet, aber Rudolf war der Kaiserin Agnes aufrichtig zugetan, und vielleicht glaubte er wirklich, daß sie mit ihrer Autorität in Forchheim einen Kompromiß durchsetzen könnte, der ihrem Sohn das Königtum ließ und die von den Fürsten angeführten Mißstände behob. Aber Heinrich reagierte nicht, und die Fürsten in Forchheim wählten Rudolf zum neuen König. Der Kampf um das Königtum begann.

Agnes hatte sich mit den Aufregungen und Strapazen der letzten Monate wahrscheinlich übernommen. Aus dem Jahr 1077 haben wir keine weiteren Nachrichten über sie bis zu ihrem Tod am 14. Dezember: "Endlich hielt der schwächliche Körper diese Anstregungen nicht mehr aus, und sie selbst freute sich, als sie, selber in der Heilkunde nicht unbewandert, fühlte, daß das Fieber, das sie früher zu mildern verstanden hatte, sie heftiger ergriff, so daß ihre Kräfte nach der Dauer von nur zwei Wochen verzehrt waren. Nachdem sie über allen ihren Besitz für die Armen und die Kirche verfügt hatte, empfing sie, umgeben von Gregor VII., ihren Freunden und Vertrauten, die letzte Zehrung und starb, selbst mitsingend und Dank sagend, unter dem Psalmengesang und Gebete der Zeugen ihrer letzten Augenblicke. Erst nach einiger Zeit, nach Begehung feierlicher Gottesdienste und Vertheilung von Almosen, fand durch den Papst am 5. Januar das unter Betheiligung der ganzen römischen Kirche geschehene Begräbniß, neben dem Hochaltar der Kirche der Heiligen Petronilla, bei St. Peter, an der Seite der Heiligen selbst, statt."

Das Leben der Agnes führte von Poitiers über Burgund nach Deutschland und Italien. Aber nirgends war sie ganz zuhause, und sie wollte es auch nicht sein. Ihre großzügigen Schenkungen für Kirchen und Klöster sind über das ganze Reich verteilt. Sie brauchte und wollte kein Kloster und keine Kirche zu ihrer besonderen Erinnerung, denn ihre Sehnsucht richtete sich nicht auf diese Welt. Es mag Zufall sein, daß die Geschichtsschreibung für die Jahre ihrer Regentschaft besonders dürftig ist. Ein von Pandulf in Monte Cassino geschriebenes Leben der Kaiserin Agnes ist verloren gegangen, und ein in Bayern von einem reichstreu-kaiserlichen Kleriker geschriebenes Büchlein über die Kaiserin Agnes ist vielleicht bewußt vernichtet worden. So bleibt ihr Nachruhm bescheiden, und es ist nicht leicht, ihre Leistung zu bewerten. Aber sie hat in einer schweren und kritischen Zeit ohne eigenen Ehrgeiz die Verantwortung für das Reich übernommen und sich dadurch in ihrer Zeit eine ihren Sturz weit überdauernde Autorität geschaffen, der die neuere Geschichtsschreibung nicht immer gerecht geworden ist.

Quellen und Literatur

Jahrbücher des Deutschen Reiches unter Heinrich III.
Hrsg. Ernst Steindorff. 2 Bände. Leipzig 1874-1881

Jahrbücher des Deutschen Reiches unter Heinrich IV.
Hrsg. G. Meyer von Knonau. 7 Bände. Leipzig 1890-1909
– Petrus Damiani an Papst Viktor II. 1, S. 34
– Humberts drei Bücher über die Simonie 1, S. 114
– Gregors Dank an Agnes 2, S. 383
– Tod der Kaiserin Agnes 3, S. 93

Ausgewählte Quellen zur Deutschen Geschichte des Mittelalters,
Band XI: Quellen des 9. und 11. Jahrhunderts zur Geschichte der
Hamburgischen Kirche und des Reichs. Darmstadt 1978/1990.
Darin: Hermann von Reichenau, Chronik (Hrsg. Rudolf Buchner)
– 1043, Zitat S. 677

Marie-Luise Bulst-Thiele: Kaiserin Agnes. Beiträge zur Kultur-
geschichte des Mittelalters und der Renaissance 52,
Leipzig und Berlin 1933
– Agnes an der Seite von Heinrich S. 19
– Bischof Wazo von Lüttich S. 29/30
– Buße des Papstes für Agnes S. 88
– Brief an Bischof Altmann über die Fastensynode S. 101/102

Wilhelm von Giesebrecht: Geschichte der deutschen Kaiserzeit.
Bd. 2: Blüte des Kaisertums. Neuausgabe Meersburg 1929
Bd. 3: Das Kaisertum im Kampf mit dem Papsttum Meersburg 1929
– Bamberger Kleriker über Agnes und ihre Familie 3, S. 47

Monumenta Germaniae Historica: Die Briefe der deutschen Kaiserzeit
Kurt Reindel (Hrsg): Die Briefe des Petrus Damiani
Teil 1 Briefe 1 - 40 1983
Teil 2 Briefe 41 - 90 1988
Teil 3 Briefe 91 -150 1989
(Briefe an Agnes 71, 104, 124, 130, 144, 149 v. Febr. 1067)

Hansmartin Schwarzmaier: Die Heiratsurkunden der Königinnen
Agnes und Bertha (Zitat S. 81/82)

Der König auf Reisen/Heinrich III. im Jahr 1046/47
In: Von Speyer nach Rom. Wegstationen und Lebensspuren der Salier.
Thorbecke Sigmaringen 1991

Tilman Struve: Zwei Briefe der Kaiserin Agnes.
In: Historisches Jahrbuch 104, 1984, S. 411 - 424
(Brief an Abt Hugo von Cluny 1056/Brief an Fruttuaria 1062)

Tilman Struve: Die Romreise der Kaiserin Agnes.
In: Historisches Jahrbuch 105, 1985, S. 1 - 29

Wolfgang Eggert: Agnes von Poitou. Ein Leben in Sorge und Frömmigkeit. In: Erika Uitz, Barbara Pätzold, Gerald Beyreuther: Herrscherinnen und Nonnen. Frauengestalten von der Ottonenzeit bis zu den
Staufern. Deutscher Verlag der Wissenschaften, Berlin 1990.

Hans Peter Laqua: Traditionen und Leitbilder bei dem Ravennater
Reformer Petrus Damiani 1042 - 1052.
Münstersche Mittelalter-Schriften 30, Fink München 1976

Jean Leclercq: Der heilige Petrus Damiani und die Frauen. In: Erbe und
Auftrag. Benediktinische Monatsschrift 51, 1975, S. 270-281

Régine Pernoud: La femme au temps des cathédrales. Stock Paris 1980.
Zweiter Teil, Kapitel VIII: Les femmes et le pouvoir politique, Dritter
Abschnitt: Agnès et Mathilde ou le pape et l'empereur. S. 295 - 308.

Richenza

Gemahlin Lothars von Supplinburg

1087 - 1141

Das Erbe des Vaters

D as Kaisertum Lothars von Supplinburg 1125 bis 1137
ist ein wenig positiv betrachteter Zwischenakt nach
dem letzten Salier und vor dem Anfang der Staufer, die
sich als dessen Erben und Vollender verstanden haben. Dazu
mag beigetragen haben, daß die Staufer sich 1125 um die
Nachfolge betrogen glaubten und in Lothar einen Emporkömmling sahen, der der großen Aufgabe der Weiterführung
der Kaiserpolitik nicht gewachsen war, und bei dieser Beurteilung ist es im Grunde bis heute geblieben. Wenn Lothar in
der Geschichtsschreibung schon eher unpopulär war, hat man
an seiner Umgebung wenig Interesse gehabt, und so ist auch
seine Frau, die Kaiserin Richenza, unter den bekannt gewordenen Frauengestalten des Mittelalters kaum zu finden. Das
Konversationslexikon widmet ihr drei Zeilen, und in den
Fachpublikationen kommt sie nicht viel besser weg. Natürlich ist auch die Quellenlage nicht immer sehr gut, aber das
vorhandene Material reicht doch aus, um ein detailliertes Le-
bensbild dieser interessanten Persönlichkeit vorzulegen.

Richenza wurde vor 1090, vermutlich 1087 als Tochter
Heinrichs des Fetten von Northeim geboren. Die Familie der
Grafen von Northeim verfügte im südlichen Niedersachsen
am Rande des Harzes über beträchtlichen Eigenbesitz und

übte gräfliche Rechte aus. Wie andere sächsische Familien stieß sie beim Ausbau ihrer Machtstellung mit den Saliern zusammen, die hier das Erbe der Ottonen antreten wollten. Das alte sächsische Stammesherzogtum war schon lange in eine Reihe von Territorien auseinandergebrochen, im Osten die verschiedenen Marken, die Herrschaftsbereiche der Bischöfe und ein nördliches Herzogtum Sachsen. Aber im Raum zwischen Paderborn und Merseburg lag der Hausbesitz der Ottonen, der von den Saliern als Reichsgut betrachtet wurde. Schon Heinrich III. widmete der Zusammenfassung und Organisation dieses Komplexes viel Mühe und baute Goslar als Zentralort systematisch auf. In der Zeit der Regentschaft und vor allem der Regierung der Bischöfe ging vieles davon verloren, durch großzügige Schenkungen ebenso wie durch einfache Übernahme. Heinrich IV. versuchte seit 1068, diese Entwicklung wieder zurückzudrehen und griff dabei genauso zu juristischen Griffen und Kniffen wie zu gewalttätiger Inbesitznahme. Die so wiedergewonnenen Gebiete wurden mit Burgen gesichert und diese mit landfremden "Schwaben" besetzt. Gegen diese Politik wehrten sich die Sachsen unter der Führung von Adligen und Grafen wie den Northeimern.

Graf von Northeim war seit 1049 Otto. Um 1050 heiratete er Richenza, die Witwe des Grafen Hermann von Werl. Richenza gehörte zu einer sehr vornehmen Familie, den Ezzonen oder rheinischen Pfalzgrafen. Ein Ezzo hatte um 990 eine Tochter Ottos II. und der Theophanu geheiratet, und ein Enkel dieses Paares wurde 1045 von Heinrich III. zum Herzog von Schwaben ernannt. Dieser Otto war vermutlich mit einer Nichte des Bischofs Bruno von Toul verheiratet, der 1049 als Papst den Namen Leo IX. annahm. Richenza war eine Tochter Herzog Ottos von Schwaben, und nach dessen unerwartet plötzlichem Tod erbte sie 1047 einen beachtlichen Besitz in Westfalen und Sachsen, den sie in ihre zweite Ehe mit Otto von Northeim einbrachte. Otto wie Richenza dürften bei der Eheschließung etwa 25 Jahre alt gewesen sein. Diese Heirat brachte Otto nicht nur eine beachtliche Vergrößerung seines Hausbesitzes und seiner Macht ein, sondern auch eine Erhöhung seines Ansehens. Denn die Salier sahen in den Ezzonen den weiteren Bereich der "Familie", und Heinrich III. setzte sie in Vertrauensstellungen ein. Als nun die Kaiserin Agnes für Bayern einen zuverlässigen Herzog suchte, der ihrem Sohn Heinrich in den schweren Anfängen seiner Regierung treu zur Seite stehen würde, entschied sie sich 1061 für den sächsischen Grafen Otto von Northeim.

Otto dankte ihr dieses Vertrauen wenig, denn schon im folgenden Jahr war er am Staatsstreich von Kaiserswerth beteiligt, und später gehörte er zu den Führern des Aufstands gegen Heinrich. 1070 entzog der König ihm das Herzogtum Bayern, wo man den sächsischen Herren im übrigen gern wieder los war, und übertrug es den Welfen. Der Kampf um Sachsen vermischte sich schließlich mit der großen Auseinandersetzung zwischen König und Papst. Otto war zwar rastlos im Kampf gegen Heinrich, aber die Fürsten entschieden sich für Rudolf von Rheinfelden als Gegenkönig. Nach dessen Tod wurde der bis dahin fast unbekannte Hermann von Salm zum Gegenkönig gewählt, auch von den Sachsen. Der umtriebige Aufsteiger war offenbar auch dort nicht unumstritten. Es ist deshalb nicht einfach, in Otto von Northeim mehr zu sehen als einen machtbesessenen Intriganten, aber in seiner Familie beurteilte man das sicher anders.

Das Erbe der Mutter

Otto von Northeim starb 1083, und 1085 hatte Heinrich IV. sich auch in Sachsen wieder durchgesetzt. Ottos ältester Sohn und Erbe, Heinrich der Fette, mußte sich schließlich mit ihm vergleichen und vertragen, und das schlug am Ende noch zu seinem Vorteil aus, als 1088 der Markgraf Ekbert von Braunschweig mit seinen Söhnen der Acht verfiel und seinen ganzen Besitz verlor. Denn Heinrich war seit 1086 mit Gertrud, der Schwester dieses Ekbert verheiratet. Gertrud war die Witwe des Grafen Dietrich von Katlenburg und verwaltete dessen Besitz für einen unmündigen Sohn, der wohl noch im Kindesalter starb. Auf jeden Fall bedeutete die Hand der Witwe auch die vorläufige Verfügung über den katlenburgischen Besitz. Als Heinrich der Fette Gertrud heiratete, war er noch mit Ekbert verbündet, aber bei der Verurteilung Ekberts 1088 saßen unter den Richtern seine jüngeren Brüder. Auf Grund des Urteils fiel der Eigenbesitz der Familie an die nicht an der Verschwörung beteiligte Schwester Gertrud. So verfügte Heinrich der Fette nicht nur über den northeimischen Besitz, sondern auch über den katlenburgischen und den braunschweigischen.

Die Familie Gertruds ist aber auch noch aus einem anderen Grund interessant. Ein Bruno von Braunschweig war zwischen 1004 und 1009 der erste Mann der Gisela von Schwaben, der späteren Kaiserin. Er wurde 1009 von einem seiner Dienstleute namens Milo erschlagen. Der Sohn Brunos und Giselas, Liudolf, also ein Halbbruder Heinrichs III., starb 1037, und sein Sohn Bruno war der Vater von Ekbert und Gertrud. Gertrud brachte also nicht nur einen gewaltigen Besitz in die Ehe, sondern auch wieder die Beziehung zu höheren

Kreisen. Sowohl Otto von Northeim wie Heinrich der Fette hatten gesellschaftlich nach oben geheiratet. Die Verhältnisse waren juristisch nicht so einfach, weil der Ehemann zwar für seine Frau die Vormundschaft ausüben und handeln konnte, aber nicht alles zusammenwerfen durfte. Denn beim Eigenbesitz galt auch das Erbrecht der Töchter, während etwa Grafschaftsrechte an die nächsten männlichen Verwandten gingen. Als Heinrich der Fette 1101 starb, fielen diese Rechte schließlich an die Söhne seiner jüngeren Brüder. Der große Eigenbesitz northeimischer, ezzonischer, katlenburgischer und braunschweigischer Provenienz aber ging an die Tochter Heinrichs und Gertruds, Richenza.

Kindheit und Jugend

Als Richenza 1087 geboren wurde, galt ihr Vater als der mächtigste Mann in Sachsen nach dem König. Mit Heinrich IV. hatte er seinen Frieden gemacht. Heinrich scheint ein eher ruhiger und häuslicher Herr gewesen zu sein. Der Beiname deutet auch auf eine gewisse körperliche Unbeweglichkeit hin. Wahrscheinlich hat die Familie die meiste Zeit in Northeim und in der näheren Umgebung verbracht, und dort ist Richenza dann aufgewachsen. Ihre formale Bildung war vielleicht nicht von der gleichen Qualität wie am Hof, aber sicher nicht schlecht, denn sie konnte lateinisch sprechen, lesen und schreiben. Vermutlich war ihre Mutter ehrgeizig und sah für die Tochter Aufstiegsmöglichkeiten. Insgesamt pflegte man in der Familie wahrscheinlich die Erinnerung an die großen Vorfahren und den daraus abzuleitenden Rang und das Andenken an den Großvater Otto, der es fast geschafft hätte und der große Widersacher des Saliers gewesen war.

Denn die politische Grundeinstellung war auf jeden Fall antisalisch. Schon unter den späteren Ottonen hatte es eine Verschiebung des politischen Gewichts an den Rhein, nach Süddeutschland und Italien und in Sachsen dagegen Widerstand gegeben. Jetzt war diese politische Orientierung mit den Saliern verbunden. In Sachsen sah man nähere und wichtigere Aufgaben etwa im Grenzschutz gegen die Slawen, die immer dann plündernd über die Elbe vordrangen, wenn die Kräfte des Königs anderweitig gebunden waren oder er sogar eine Niederlage erlitten hatte. Das Christentum sollte den Slawen nur langsam zusammen mit der deutschen Oberherrschaft und unter Kontrolle der sächsischen Bischöfe gebracht werden, während die späten Ottonen und die Salier den Übertritt ganzer Völker, der Polen, Böhmen und Ungarn, mit der Einrichtung eines eigenen Bistums wie in Prag und sogar eines Erzbistums wie in Gnesen honorierten. Von Sachsen aus gesehen lief also in der großen Politik vieles falsch.

Gleichzeitig kümmerten sich die Salier aber zuviel um Sachsen, denn wie die Ottonen wollten sie ihre Königsmacht im ganzen Reich auch dadurch absichern, daß sie die Verwaltung des sogenannten Königsguts selbst in die Hand nahmen und Goslar zum Mittelpunkt eines direkten königlichen Machtkomplexes machten. Weil sie diese Politik nicht immer feinfühlig und geschickt betrieben, begegneten sie einer starken Opposition. Die sächsischen Adligen kämpften für mehr Unabhängigkeit und hätten ihre Machtbereiche gern durch das Königsgut vergrößert und abgerundet. Die Gefolgschaft der kleinen Bauern konnten sie aber nur erreichen, wenn sie ihnen den Salierkönig und seine Pläne in den schlimmsten Farben schilderten. So ging 1072 in Sachsen das Gerücht um, Heinrich IV. wolle alle Sachsen töten lassen

und sie durch Schwaben ersetzen. Ein sehr viel wirksameres
Instrument zur Diskriminierung des politischen Gegners lieferte aber der 1076 zwischen Papst und König ausgebrochene
Streit. Die Sachsen hielten in ihrer überwältigenden Mehrheit von Anfang an zum Papst. Für sie galt Heinrich IV. mit
dem Bann als abgesetzt, und Sachsen war die Machtbasis der
Gegenkönige.

Der Streit zwischen Heinrich IV. und Gregor war nicht
nur eine politische und kirchenpolitische Auseinandersetzung, sondern führte zu einer tiefgreifenden Spaltung, die sich
auf alle Lebensbereiche auswirkte. Zeitweilig gab es nicht nur
zwei Päpste und zwei Könige, sondern auch Bistümer, Herzogtümer oder andere Ämter waren doppelt besetzt, und die eine
Partei schloß die andere bedingungslos aus. Nach Ansicht
Gregors VII. bedeutete schon der Kontakt mit einem Gebannten oder mit einem, der mit Gebannten Umgang hatte,
daß man selber unter den Bann fiel. Die sächsischen Adligen
waren Anhänger der Kirchenreform, zum einen, weil sie auch
antisalisch war, natürlich aber auch, weil sie keine Bischöfe
einzusetzen hatten und deshalb ohne Schaden für die Freiheit
der Kirche eintreten konnten. Außerdem war die innere Organisation der Reformkirche ein nachahmenswertes politisches Modell. Denn nach Ansicht der Reformer verwirlich-
te sich in einer freien Wahl, bei der ohne Beeinflussung von
außen nur die Zuständigen abstimmten, Gottes Wille. Das
waren beim Papst die Kardinäle, bei den Bischöfen die Dom-
kapitel, und bei einer Königswahl konnten das die Fürsten
sein. Eine Beeinflussung von außen war in der Kirche die Ernennung eines Bischofs durch den König. Bei der Königswahl
konnte die Beeinflussung im Erbrecht liegen, das eine wirkliche Wahl verhinderte. Rudolf von Rheinfelden verzichtete

bei seiner Wahl ausdrücklich darauf, später seinen Sohn als Nachfolger wählen zu lassen. Diese Gedanken und Überlegungen wurden überall heftig diskutiert und waren das geistige Umfeld, in dem das Mädchen Richenza aufwuchs und ihre politischen Grundvorstellungen ausbildete. Und natürlich spielte die politische Tradition ihrer Familie auch bei den Eheplänen für Richenza eine Rolle. Denn auch wenn sie damals noch nicht die einzige Erbin war, mußte die Verbindung mit Heinrich dem Fetten von Northeim für jeden möglichen Bräutigam einen gewaltigen Zuwachs an Macht und Ansehen bringen und ihn zu einem Führer der sächsischen Sache machen.

Die Ehe mit Lothar von Supplinburg

Lothar von Supplinburg (eigentlich Süpplingenburg) stammt aus einer gräflichen Familie in Ostsachsen. Sein Vater fiel 1075 im Kampf gegen Heinrich IV., im gleichen Jahr, in dem Lothar geboren wurde. Von seiner Mutterseite her erbte er später Besitzungen um Haldensleben und Königslutter, das ihm seinen Namen verdankt. Um 1100 war seine Machtbasis noch nicht sehr groß, aber als Sohn eines Salieropfers und als energischer und kompromißloser Kämpfer hatte er wohl schon auf sich aufmerksam gemacht. Über die haldenslebensche Verwandtschaft der Mutter war er dazu so etwas wie ein Nachbar der Northeimer. So sah Heinrich der Fette ihn als geeigneten Ehekandidaten für seine Tochter Richenza an. Vielleicht war ihm bewußt, daß in der eigenen Familie sich niemand als Hoffnungsträger für die sächsische Sache anbot, denn dafür war die Annahme Lothars als Schwiegersohn auf jeden Fall eine Vorentscheidung. Die Heirat fand

um 1100 statt. Lothar war fünfundzwanzig Jahre, Richenza
etwa halb so alt. Es war also fast noch eine Kinderehe, eine
politische Verbindung, die wie üblich durch eine Heirat abge-
sichert wurde.

Über die frühen Jahre dieser Ehe ist so gut wie nichts bekannt. Den Aufenthaltsort des kleinen Grafen von Supplinburg verzeichnen die Quellen ebensowenig wie das Verhältnis
der Ehegatten zueinander, die Geburt und den Tod von Kindern, denn überlebende gab es keine, oder aber das zermür-
bende Warten auf die Anzeichen einer Schwangerschaft.
Trotzdem waren es sehr entscheidende Jahre für die innere
Gestaltung der gegenseitigen Beziehungen, die später einen
so klaren und festgefügten Eindruck vermitteln. Sicher verfügte Richenza über die bessere formale Bildung, denn in Lothars Jugend hatte es andere Schwerpunkte gegeben. Aber
darüberhinaus hatte sie wohl immer und schon von ihrem El-
ternhaus her ein großes Interesse an Politik und ein ausge-
prägtes Verständnis für politische Zusammenhänge. Ihr sicheres und klares Urteilsvermögen muß Lothar von Anfang an
aufgefallen und von ihm genutzt worden sein. Darauf weisen
alle späteren Zeugnisse hin. Lothar war zur Zeit ihrer Heirat
vor allem als Volksheld und Kämpfer bekannt. In geistigen
Dingen galt er als eher schwerfällig, und unter entsprechenden Umständen wäre er vielleicht nie mehr geworden als ein
sächsischer Kriegsherr an der Slawengrenze. Die Ehe mit Richenza brachte ihm nicht nur einen äußeren Machtzuwachs,
sondern war auch eine geistige Herausforderung. Lothar und
Richenza wuchsen in gegenseitiger Abhängigkeit und Weiterentwicklung zusammen in Aufgaben hinein, die weit über
seine ursprüngliche sächsische Führungsrolle hinauswiesen.

Denn mit der Heirat begann der unaufhaltsame Aufstieg
Lothars. 1101 starb sein Schwiegervater Heinrich der Fette,
und Lothar übernahm die Verantwortung für den ganzen
Eigenbesitz, auch wenn sein Schwager und seine Schwiegermutter noch Rechte hatten. Dazwischen lag der haldenslebensche Besitz seiner Mutter. Mit diesem Güterkomplex, dessen Organisation und Verwaltung er zügig in die Hand nahm,
wurde Lothar zu einem ernsthaften Machtfaktor in Sachsen.
Das fiel auch dem Salierkönig auf. Heinrich V. war 1098 mit
zwölf Jahren zum König gewählt worden, mußte aber seinem
Vater schwören, sich nie gegen ihn zu erheben. Ende 1104
verließ der junge Heinrich in Sachsen heimlich seinen Vater
und stellte sich auf den Standpunkt der päpstlichen Partei,
daß er mit einem Gebannten nicht verkehren dürfe und an
seinen Eid nicht mehr gebunden sei. Für die Flucht und die
Kontaktaufnahme zur Opposition brauchte Heinrich Hilfe,
und dabei kam es möglicherweise zur ersten Zusammenarbeit
mit Lothar. Denn als im Jahr 1106 bald nach Heinrich IV. der
Herzog von Sachsen, Magnus Billung, ohne männlichen Erben starb, ernannte Heinrich Lothar von Supplinburg zu seinem Nachfolger.

Heinrich V. war alles andere als ein sentimentaler Politiker, und Dankbarkeit war nicht das Motiv für diese Entscheidung. Er hoffte natürlich, den elf Jahre älteren Lothar damit
auf seine Seite zu ziehen und den alten Konflikt mit den
Northeimern so zum Abschluß zu bringen. Gleichzeitig wollte er aber in Sachsen Unfrieden stiften. Denn Magnus Billung
hatte zwei Töchter hinterlassen.

Die ältere Eilika war mit dem sächsischen Adligen Otto
von Ballenstedt verheiratet, der sich schon als neuen Herzog
gesehen hatte. Die jüngere Wulfhild war die Frau Heinrichs

des Schwarzen, des welfischen Herzogs von Bayern. Die beiden Schwiegersöhne teilten sich nun das große Eigengut der Billunger. Lothar mußte das Herzogtum ohne diesen Rückhalt übernehmen und stand dazu im Verdacht, sich um seines Vorteils willen auf die salische Seite geschlagen zu haben. So hätten sich die Billungererben und der neue Herzog gegenseitig neutralisieren können.

Herzog von Sachsen mit und gegen Heinrich V.

Es gelang Lothar offensichtlich, einen Konflikt in Sachsen zu vermeiden, vielleicht, weil er bei der Regelung der strittigen Erbfragen großzügig war. Der Verlust des Eigenbesitzes wirkte sich nicht aus, weil er ja am Rande des Herzogtums seine eigene Machtbasis hatte. Hier zwischen Königslutter und Braunschweig verband er die Gebiete verschiedenster Provenienz zu einem zusammenhängenden und durch Tausch auch äußerlich geschlossenen Territorium. In dieser Aufgabe bewies er sich als Organisator und Administrator, und man kann vermuten, daß hier der Einfluß Richenzas auch besonders groß war, zum einen, weil es sich ja zum größten Teil um ihr Erbe handelte und sie auch dort lebte, zum andern, weil die sonstigen Aufgaben Lothars mehr den militärischen Bereich betrafen.

Im Herzogtum Sachsen fand er eine dankbare Aufgabe in der aktiven Grenzpolitik gegen die Slawen. Sie trug zur Hebung seines Ansehens im Land bei, weil die Slaweneinfälle aufhörten, und sie stärkte natürlich auch seine Stellung. Er unterstützte den christlich gewordenen Obodritenfürsten Heinrich, der um seine Hauptstadt Lübeck ein von Sachsen abhängiges christliches Fürstentum aufzubauen versuchte.

Sein erster Feldzug über die Elbe war noch eine reine Strafexpedition, aber in den späteren Kriegen versuchte er gezielt, den sächsischen Einfluß auch bei anderen Slawenstämmen zur Geltung zu bringen. Lothar war damit der Wegbereiter der deutschen Ostsiedlung, wie sie zwei Generationen später von Heinrich dem Löwen und Albrecht dem Bären betrieben wurde und das Land zwischen Elbe und Oder unter deutsche Kontrolle brachte.

Lothars Verhältnis zu Heinrich V. verschlechterte sich, weil der Salier in seinem Verhältnis zu den Fürsten und zu Sachsen immer stärker in die Bahnen seines Vaters zurücklenkte. Seine Rechnung war nicht aufgegangen, und Lothar war jetzt unangefochten der Führer und Sprecher der Sachsen. Er stellte sich immer wieder gegen Heinrichs Ansprüche. 1112 setzte der inzwischen zum Kaiser gekrönte Heinrich ihn deshalb sogar für einige Monate ab, mußte ihn aber dann erneut bestätigen. Lothar suchte jetzt auch die Verbindung zu anderen Reichsfürsten, vor allem zu dem Erzbischof Adalbert von Mainz, einem früheren Vertrauten des Kaisers. Heinrich ließ diesen wegen Verrates von einem Fürstengericht aburteilen und zeitweilig einsperren, und in Sachsen führte ein königlicher Feldherr erfolgreich Krieg gegen Lothar und seine Anhänger. Anläßlich der Hochzeit Heinrichs V. mit Mathilde von England 1114 mußte der Herzog von Sachsen in Mainz im Büßergewand vor dem König knien und sich unterwerfen. Aber dann ging Köln zu den Aufständischen über, und im Februar 1115 wurde Heinrich V. von Lothar in der Schlacht am Welfesholz geschlagen. Am 18. April dieses Jahres wurde das einzige Kind von Richenza und Lothar geboren, eine Tochter, die nach Richenzas Mutter den Namen Gertud erhielt.

Diese Niederlage erwies sich als recht folgenreich, denn der Kaiser gab jetzt seine sächsischen Pläne auf. Er ging wegen der mathildischen Güter nach Italien und ließ wegen der fortdauernden Schwierigkeiten sogar noch einmal einen Gegenpapst wählen. Als schließlich der Kardinal Guido von Vienne 1119 als Papst Calixt II. gewählt wurde, war der Weg zu einem Kompromiß in der Frage der Bischofseinsetzungen offen. Im Wormser Konkordat von 1122 wurde unter starker Beteiligung der Fürsten festgelegt, welchen Einfluß der König hinfort bei den Bischofswahlen haben sollte. Lothar hatte in Sachsen inzwischen eine königsähnliche Stellung. Er besetzte die Mark Meißen mit Konrad von Wettin, und er war bei der Wahl von papsttreuen Bischöfen gegen die Kandidaten Heinrichs V. beteiligt, etwa in Verden, Münster, Paderborn und Osnabrück. Die deutschen Bischöfe, die sich weigerten, den kaiserlichen Gegenpapst anzuerkennen, fanden bei ihm in Sachsen Schutz. Lothar hatte Verbindung zu Köln und anderen Oppositionszentren am Niederrhein. Das kaiserliche Dortmund wurde von ihm zerstört. Heinrich V. hatte sich mit seiner salischen Linie nicht durchsetzen können. Große Teile des Nordens und des Westens sahen in Lothar ihren Beschützer und eigentlichen König.

Die Königswahl von 1125

Heinrich V. hätte vielleicht mit der Erhebung eines Gegenkönigs rechnen müssen, aber wegen einer schweren Krebserkrankung war das Ende seiner Regierung für Freund und Feind abzusehen. So liefen wahrscheinlich schon im Winter 1124/1125 intensive Verhandlungen zur Vorbereitung einer Neuwahl. Man hat lange Zeit in Erzbischof Adal-

bert von Mainz den Mann sehen wollen, der im Hintergrund
die Weichen stellte, aber das läßt sich heute so nicht mehr
halten. Die Wahl fand am 24. August 1125 in Mainz statt,
nachdem Heinrich am 23. Mai in Utrecht gestorben und Mitte oder Ende Juni in Speyer beigesetzt worden war. Diese
Wahl war eine der spannendsten und folgenreichsten, und
das war auch schon damals klar, denn es gibt einen eigenen
und ausführlichen Bericht darüber, die "narratio de electione
Lotharii". Die erste und grundlegende Frage war, ob die Wahl
"frei" im Sinn der Kirchenreformer sein oder sich wie bisher
am Geblütsrecht orientieren sollte, ob also eher die Wahl
Konrads II. oder die von Rudolf von Rheinfelden als Vorbild
dienen konnte. Es entsprach dem neuen Selbstbewußtsein
der unabhängiger gewordenen Fürsten, eine wirkliche Wahl
abzuhalten. Der vorsichtige Heinrich V. hatte offenbar dem
Sog des Geblütsrechts schon mißtraut, denn er hatte seinen
Neffen Friedrich von Schwaben nur zu seinem Privaterben
gemacht und ihm nicht die Reichsinsignien übergeben, um
ihn so als König zu designieren.

Eng damit verbunden war eine politische Frage. Lothar
war der faktische König des Nordens und des Westens. Friedrich von Schwaben verfügte über sein schwäbisches Herzogtum und über den großen Komplex von Reichsgut und sali-
schem Hausgut, der von Worms bis Nürnberg reichte. Außerdem konnte er mit der Unterstützung der Welfen rechnen, da
seine Frau Judith eine Tochter Herzog Heinrichs des Schwarzen von Bayern war. Damit drohte eine Spaltung, denn in
beiden Blöcken war die Bereitschaft gering, einen König der
anderen Seite anzuerkennen. Einen weiteren wichtigen Faktor stellten die Bischöfe dar, die zum Teil von Heinrich V.
ernannt worden waren, zum Teil aber auch zu den strengen

Kirchenreformern gehörten, die das Wormser Konkordat ab-
lehnten, weil sie jede Einwirkung von Laien für simonistisch
hielten. Sie hätten mit der Wahl gern die Rücknahme dieses
Konkordats verbunden. Da die Wähler bei der Wahl immer
noch nach Stämmen organisiert waren und die Bischöfe sich
dort einordnen mußten, spielten auch hier alte Rivalitäten
und Beziehungen eine Rolle.

Die Wahl war gut vorbereitet, und lange Zeit hat man hier
die Handschrift des Mainzer Erzbischofs Adalbert sehen wollen, eines klugen, aber auch sehr intriganten Kirchenfürsten,
der früher Kanzler Heinrichs V. gewesen und dann sein
schärfster Gegner geworden war. Da die Erzählung von der
Wahl Lothars, die von einem Kleriker und für kirchliche
Zwecke angefertigt wurde, mit der Nachricht endet, daß Lothar nach seiner Wahl versprochen habe, auf das im Wormser
Konkordat zugestandene Recht des Königs, bei Bischofswahlen anwesend zu sein, zu verzichten, hielt man Lothar lange
Zeit vor allem für den Kandidaten der kirchlichen Partei und
Adalbert für den Macher des "Pfaffenkönigs". Aber vieles davon ist nicht richtig. Lothar hat nicht auf irgendein Recht aus
dem Konkordat verzichtet. Der Erzbischof Adalbert stand Lothar nicht sehr nahe, und als Wahlleiter verhielt er sich, soweit man das heute noch beurteilen kann, korrekt. Der Kölner Erzbischof Friedrich war sogar eher ein Gegner Lothars,
weil sie in Westfalen territoriale Konkurrenten waren. Und
die päpstlichen Legaten setzten sich nicht für einen bestimmten Kandidaten ein, sondern drängten nur auf einen mächtigen König, weil der Papst ihn dringend als Schutz vor den
Normannen brauchte.

Wenn die Wahl aber nicht von der kirchlichen Partei entschieden wurde, dann muß sie im engeren Umfeld Lothars

und schon vor dem Tod Heinrichs vorbereitet worden sein. Lothar kam also mit der festen Absicht nach Mainz, sich dort zum König wählen zu lassen, und er hatte die Weichen entsprechend gestellt. Wenn diese Pläne aber vorher diskutiert und durchgespielt wurden, dann war auch Richenza daran beteiligt, denn sie war Lothars engste Beraterin, und ohne ihre Zustimmung und Mitwirkung hätte er ein so weitreichendes Projekt nicht in Angriff genommen. Richenza war bei der Wahl und der nachfolgenden Krönung offenbar nicht dabei, aber daraus kann man nicht schließen, daß sie an deren Ergebnis nicht beteiligt war.

Wahrscheinlich war schon vorher abgesprochen worden, daß offen gewählt würde, nur Friedrich von Schwaben wußte nichts davon. Auch über eine Wahlordnung bestand schon Einigkeit. Die Wähler waren nach Stämmen geordnet, dabei waren die Schwaben allein auf der einen Seite des Rheins, die Sachsen, Franken und Bayern auf der anderen. Die Sachsen waren am zahlreichsten vertreten, die Schwaben am schwächsten. Es wurde nun ein Fürstenausschuß mit je zehn Mitgliedern gebildet, der eine Vorauswahl treffen sollte. Der Ausschuß benannte Friedrich von Schwaben, Lothar von Sachsen und den Babenberger Leopold von Österreich. Entsprechend den Gepflogenheiten bei kirchlichen Wahlen erklärten Lothar wie Leopold, sie seien nicht würdig. Friedrich, der sich als sicherer Erbe sah und in dieser Sicherheit vorher wohl noch bestärkt worden war, hatte mit einem solchen Verfahren nicht gerechnet und konnte von seiner Position aus schlecht erklären, er sei nicht würdig. Die zweite Frage an die Kandidaten war, ob sie bereit wären, den Gewählten als König anzuerkennen. Lothar und Leopold sagten ja, aber Friedrich bat um Aufschub, weil er zuerst mit seinen Beratern die

Konsequenzen einer solchen Antwort durchsprechen wollte, denn er war ja bisher von einer Art Rechtsanspruch auf die Krone ausgegangen.

Während Friedrich auf der anderen Rheinseite mit seinen Leuten beriet, versuchten die Sachsen, Lothar im Tumult zum König auszurufen. Das wurde von den Erzbischöfen verhindert. Die Gefahr einer Spaltung und Doppelwahl war jetzt groß. Aber auch dafür war schon vorgesorgt. Die Entscheidung lag bei Herzog Heinrich dem Schwarzen von Bayern. Er galt als Anhänger Friedrichs, der sein Schwiegersohn war. Aber der Welfe hatte sich mit der anderen Seite arrangiert. Das zeigt schon die Anordnung der Stämme, die Schwaben allein auf der einen Flußseite, die Sachsen mit den Franken und Bayern auf der anderen. Auch trat Herzog Heinrich für die offene Wahl und gegen das Erbrecht ein, sonst hätte der Babenberger Leopold, der zum bayerischen Stamm gehörte, nicht kandidieren dürfen. Und schließlich stimmte nach einiger Bedenkzeit Heinrich der Schwarze der Wahl Lothars zu, und Friedrich wurde auf der anderen Rheinseite aus seinen Beratungen durch das Geschrei aufgeschreckt, mit dem der neue König von den drei Stämmen begrüßt wurde. Da Friedrich mit seinem Anhang isoliert war, blieb ihm nichts anderes übrig, als sich am nächsten Tag der Wahl anzuschließen und Lothar zu huldigen. Daß Herzog Heinrich die Wahl Lothars entschied, führt die "narratio" auf den Heiligen Geist zurück. Daran ist richtig, daß durch diesen Entschluß eine Doppelwahl verhindert wurde. Aber für den von langer Hand vorbereiteten Seitenwechsel der Welfen gab es einen handfesteren Grund. Lothars zehnjährige Tochter Gertrud wurde mit Heinrich dem Stolzen verlobt, dem Sohn und Erben Herzog Heinrichs des Schwarzen. Damit öffnete sich für die Welfen die Aussicht auf das reiche Erbe von Lothar und Richenza, das sich in Sachsen auch noch gut mit dem Billungererbe von Heinrichs Frau Wulfhilde ergänzte, und als größere Perspektive auch die Nachfolge im Reich.

Die Wahl Lothars war also das Produkt einer genauen Planung und Vorbereitung. Friedrich von Schwaben wurde fast elegant ausmanövriert und zur Zustimmung gezwungen, auch wenn dieses Verfahren den inneren Frieden nicht dauerhaft sichern konnte. Lothar teilte dem Papst seine Wahl mit, wie Gregor VII. es gefordert hatte, aber ob er wirklich um eine päpstliche Bestätigung bat, ist nicht klar. Auf jeden Fall war sie nicht rechtserheblich, denn Lothar wurde am 13. September 1125 in Aachen zum König gekrönt, ohne daß eine päpstliche Antwort schon hätte vorliegen können. Richenza war vermutlich nicht anwesend. Das ist an sich untypisch, denn vorher und vor allem nachher scheint sie immer mit Lothar zusammengewesen zu sein. Sie wurde erst später in Köln von Erzbischof Friedrich zur Königin gekrönt.

Im Kampf mit den Staufern

Wilhelm Bernhardi, der Verfasser der Jahrbücher zur Geschichte Lothars von Supplinburg, charakterisierte das Verhältnis von Lothar und Richenza so: "Ihr Einfluß auf Lothar ging über den der Frau hinaus, so daß sie auch an Regierungsgeschäften lebhaften und vielleicht oft maßgebenden Antheil nahm". Richenza stand also mit Lothar gemeinsam in der Verantwortung, auch wenn nicht in allen Fällen ihr Eingreifen oder ihr Einfluß belegt ist. Insbesondere in kirchlichen Fragen war ihre Meinung und Einstellung wohl sogar ausschlaggebend. Aber das erste Problem, vor das sich das neue Herrscherpaar gestellt sah, waren die Stauferbrüder. Denn so wie Lothar in den letzten Jahren in Sachsen eine königliche Stellung beansprucht und Königsrechte ausgeübt hatte, wirkten Friedrich von Schwaben und sein jüngerer Bruder Konrad in dem großen Komplex aus Reichsgut und Hausgut staufischer und salischer Provenienz, der vom Elsaß und Oberrhein bis nach Rothenburg und Nürnberg reichte. Lothar verlangte die Herausgabe des Reichsgutes. Dazu war er berechtigt, und wenn er sich nicht auf den Norden beschränken lassen und an die Linie seines Vorgängers überhaupt anknüpfen wollte, brauchte er diese alte Basis der Reichspolitik. Die Staufer verweigerten die Herausgabe. Zum einen war es tatsächlich schwierig, nach einer zum Teil hundertjährigen gemeinsamen Verwaltung festzustellen, was Reichsgut und was Hausgut war. Zum andern hätte die Trennung ihre geschlossene Machtbasis auseinandergerissen. Wie einst die Salier in Sachsen mußte Lothar jetzt an Rhein und Main gegen den Willen der Fürsten und der Bevölkerung königliche Rechte geltend machen und durchsetzen.

Lothar versuchte im Herbst 1125, in der Frage des Reichsguts eine Lösung zu finden, die nicht den Eindruck erweckte, er wolle vor allem seine Macht stärken. So wurde auf einem Reichstag in Regensburg im November beschlossen, solchen Besitz nicht der Verfügung des Königs zu überlasssen, sondern ihn nur von Reichs wegen zu verwalten. Die Fürsten wollten also nicht, daß Lothar über den eingezogenen Besitz frei verfügen und sich so neue Anhänger anwerben konnte. Lothar sollte sich nicht in Süddeutschland festsetzen, und der Beschluß war auch die Aufforderung zu einer einvernehmlichen Lösung. Aber dazu waren die Staufer jetzt nicht mehr bereit. Sie hatten den Schock der Königswahl überwunden und fühlten sich stark genug, jede Verhandlungslösung abzulehnen. An Weihnachten wurden sie deshalb von einem Fürstentag in Straßburg gebannt, doch Lothar konnte nicht sofort etwas unternehmen. Schon die Königswahl hatte gezeigt, daß er seine Unternehmungen sorgfältig vorbereitete und absicherte. Das galt auch für den Krieg gegen die Staufer. Das Bündnis mit den Welfen wurde Anfang 1127 durch die Hochzeit der zwölfjährigen Gertrud mit Heinrich dem Stolzen, seit dem Tod seines Vaters im Vorjahr Herzog von Bayern, besiegelt. Heinrich mußte jetzt an jeder Steigerung der Macht Lothars interessiert sein, weil er ja als Schwiegersohn sein Erbe war. Das andere mächtige süddeutsche Fürstengeschlecht der Zähringer und Badener wurde durch die Übertragung des Rektorats für Burgund auf Lothars Seite gezogen. Auch die meisten Bischöfe standen zum König.

Lothar hatte wohl die Stärke der Staufer unterschätzt und gehofft, daß ihre diplomatische Isolierung sie zum Einlenken bewegen würde. Deshalb war der Krieg vielleicht militärisch schlechter vorbereitet. Auf jeden Fall wurde er zu einer Kette von Mißerfolgen. Drei Monate lang belagerte Lothar das feste Nürnberg. Aber Heinrich der Stolze wurde bei Donauwörth von den staufischen Brüdern geschlagen. Sie wendeten sich mit ihrem Heer gegen Lothar, der sich nach Würzburg zurückzog. Dort mußten die Eingeschlossenen ansehen, wie die Staufer vor den Toren der Stadt Turnierspiele veranstalteten. Der Bischof von Speyer hielt zu Lothar, aber er wurde aus seiner Stadt vertrieben, und die Saliererben konnten diesen symbolträchtigen Platz zu einer wichtigen Festung ausbauen. Im Dezember 1127 fühlten die Staufer sich ihrer Sache so sicher, daß sie einen Gegenkönig erhoben, aber nicht den 1125 unterlegenen Friedrich von Schwaben, sondern seinen jüngeren Bruder Konrad. Er fand außerhalb des staufischen Machtbereichs keine Unterstützung, und die in Würzburg mit König Lothar eingeschlossenen Erzbischöfe von Mainz, Salzburg und Magdeburg belegten ihn und Friedrich deswegen sofort mit dem Bann. Aber Konrad war gewählt worden, um gleich nach Italien zu ziehen, dort die Reichsherrschaft anzutreten und sich womöglich zum Kaiser krönen zu lassen. Die Staufer setzten darauf, daß Lothar mit Italien und den italienischen Verhältnissen keine Erfahrung hatte und vielleicht resignieren würde.

Aber Lothar hatte den längeren Atem. Konrad konnte sich zwar in Monza zum König von Italien krönen lassen, aber seine Machtmittel reichten nicht aus, um sich durchzusetzen. In Deutschland wendete sich das Kriegsglück. Zum Jahreswechsel 1130 mußte das von Friedrichs Gemahlin Judith, der Schwester Heinrichs des Stolzen, verteidigte Speyer nach einer sechsmonatigen Belagerung kapitulieren, acht Monate später Nürnberg. Nun war die Staufermacht so geschwächt, daß Lothar an andere Aufgaben denken konnte. Die weitere Kriegsführung übertrug er Heinrich dem Stolzen, der den Druck auf seinen Schwager weitertrieb, aber im Grunde für einen Verständigungsfrieden eintrat. Im August 1134 eroberte und plünderte er Ulm, den letzten festen Platz der Stauferbrüder. Denen blieb jetzt nur noch die Unterwerfung. Bei einem Hoftag in Fulda im Oktober 1134 erschien Friedrich überraschend "barfuß und in großer Demut" vor der Kaiserin Richenza und bat um Vermittlung und um Lösung vom Kirchenbann. Am 17. März 1135 mußte Friedrich auf einem Reichstag zu Bamberg öffentlich vor Lothar und Richenza knien und Gehorsam geloben. Dafür wurde er in seinen Besitzungen und als Herzog von Schwaben bestätigt. Konrad verzichtete auf seinen Königstitel und erhielt seine Besitzungen um Rothenburg zurück.

Der endliche Sieg zeigt Lothars ruhige Beharrlichkeit, und für Richenza mag es eine eigenartige Erfahrung gewesen sein, daß ausgerechnet bei ihr die Saliererben um Vermittlung und Frieden anhielten. Aber ihr Urteilsvermögen und ihr Gewicht in politischen Entscheidungen war allgemein anerkannt, und diese Bitte unterstreicht nicht nur ihren Anteil an der Reichspolitik, sondern auch das Vertrauen in ihre Großzügigkeit und Überparteilichkeit. Natürlich war die Unterwerfung der Stauferbrüder ein sorgfältig ausgehandelter Kompromiß, den vor allem Heinrich der Stolze vermittelt haben dürfte. Letztlich hatte der zehnjährige Kampf auf beiden Seiten viel Kraft gekostet und Energien gebunden, die an anderer Stelle fehlten. Sein Ergebnis war kein Sieg des Königtums. Denn wie bei Lothar gegenüber Heinrich V. war jetzt wieder festgelegt worden, daß eine von einem mächtigen Fürsten offen gegen den gewählten König betriebene Politik letztlich straflos blieb oder sogar belohnt wurde. Lothar wurde der Nachfolger Heinrichs, und Konrad der nächste König nach Lothar. Auch blieb die Spaltung Deutschlands erhalten. In Süddeutschland hatte Lothar kaum eigenen Einfluß, sondern mußte sich von Heinrich dem Stolzen vertreten lassen.

Das päpstliche Schisma und Rom

Lothar galt in der Beurteilung immer als König der Bischöfe, aber in seinem Verhältnis zur Reichskirche fand das keinen Niederschlag. Nachdem die Reichsfürsten gegenüber der Krone immer unabhängiger geworden waren, sah er einen weiteren Verlust an königlicher Macht voraus, wenn der Einfluß des Königs auf die Bischofswahlen nicht mehr gesichert war. Deshalb nahm er die königlichen Rechte so wahr, wie es Heinrich V. auch getan hatte, und wie es im Wormser Konkordat festgeschrieben war. Er achtete dabei auch durchaus auf den Vorteil der Krone. Trotzdem kam es zu weniger Konflikten. Das hängt zum einen damit zusammen, daß Lothar die vorgesehene gemeinsame Beratung und einvernehmliche Regelung sehr ernst nahm. Außerdem galt er als reformfreundlich. Deshalb wollten die Anhänger der Reform unter den deutschen Bischöfen mit ihm nicht in Streit geraten. Zum andern war das Thema auch etwas ausgereizt. Vor allem die Kurie hatte andere Sorgen, die zunächst mit dem Vordringen der Normannen zusammenhingen. Ein starker deutscher König schien jetzt dagegen ein wünschenswerter Schutz zu sein.

Im Februar 1130 starb Papst Honorius II., und es kam zu einer Doppelwahl. Die beiden mächtigsten Familien in Rom waren damals die Frangipani und die Pierleoni. Der Namensgeber Pierleoni hatte im Investiturstreit der Reformpartei unschätzbare Dienste als Finanzier und Beschützer geleistet und hatte dafür den Titel 'Konsul der Römer' erhalten. Aber die Familie stammte aus dem jüdischen Ghetto, und erst dessen Großvater war zum Christentum übergetreten. Pierleoni ließ seinen Sohn in Paris bei Abélard Theologie studieren und dann ins Kloster Cluny eintreten. Das war eine gute Voraussetzung für eine Karriere an der Kurie. Paschalis II. holte ihn nach Rom zurück und machte ihn zum Kardinal. Jetzt galt er als Kandidat der Reformpartei und war von seiner Persönlichkeit wie vom Einfluß seiner Familie her der gegebene neue Papst. Aber die Frangipani wollten das verhindern. In unziemlicher Eile verscharrten sie den verstorbenen Honorius, denn erst nach der Beerdigung des toten Papstes konnte man einen neuen wählen. Dann bestimmten ihre Anhänger den Kardinal Gregor zum neuen Papst. Als Innozenz II. wurde er keine zwölf Stunden nach dem Tod seines Vorgängers inthronisiert. Aber das wollte die Partei der Pierleoni nicht akzeptieren. Sie wählte noch am gleichen Tag unter sehr viel größerer Beteiligung und in kanonischer Form den Kardinal Pierleoni zum Papst. Anaklet II. war zwar einige Stunden später gewählt, aber in korrekter Form, und seine Anhänger hatten mehr Macht. Innozenz II. mußte noch am gleichen Tag den Lateran räumen, und auch die Frangipani-Festungen waren für ihn nicht mehr sicher, weil die Pierleoni über reiche Geldmittel verfügten. So floh er nach Frankreich.

Rom und die Kurie waren fest in der Hand Anaklets II., aber Innozenz trat in Frankreich erfolgreich als Vertriebener und Märtyrer auf. Bernhard von Clairvaux, in dieser Zeit so etwas wie das lebende Gewissen der Christenheit, setzte sich für Innozenz ein, und ein immer gewichtigeres Argument gegen Anaklet wurde dessen jüdische Herkunft. Trotzdem war der Ausgang des Schismas keineswegs entschieden, und beide Päpste wandten sich an den deutschen Königshof, um ihre Sache zu vertreten und die Anerkennung durch den deutschen König zu erhalten. Beide schrieben auch besonders an die Königin Richenza, um sie von der Rechtmäßigkeit ihres Anspruchs zu überzeugen. Für den deutschen König hätte diese Situation eine große Chance sein können. Das Schisma war ohne Zutun der königlichen Politik entstanden, in einem Prozeß, der nach der Theologie der Reformer "frei" war und damit nur Gottes Willen offenbaren konnte. Damit war bewiesen, daß eine Grundbehauptung der Reform nicht richtig war, und daß eine Autorität von außen eine Entscheidung treffen mußte. Die salischen Herrscher hätten sich diese

Möglichkeit nicht entgehen lassen. Aber hier hatten Lothar und Richenza offenbar ernsthafte Zweifel. Zu tief saß bei ihnen die Überzeugung, daß die Kirche ein Körper für sich und außerhalb der Welt der Laien war, und daß ein königliches Eingreifen eine Anmaßung war, aus der nur Unheil erwachsen konnte. Ob Lothar wie einst Heinrich III. auf einer Synode beide Päpste ihre Ansprüche hätte vertreten lassen können, um dann zu einer allgemein akzeptierten Entscheidung zu kommen, ist nicht sicher. Aber er versuchte es gar nicht, weil er sich dazu nicht berechtigt fühlte.

So blieb Anaklet weiter Papst in Rom, während Innozenz in Frankreich, Deutschland und England allmählich Anerkennung fand. Im März 1131 traf Innozenz II. in Lüttich mit Lothar zusammen. Beim Empfang des Papstes leistete Lothar Marschalldienste, er hielt ihm beim Absteigen den Steigbügel. Diesen Dienst leistete sonst der Lehensmann seinem Lehensherrn, und in gewisser Weise fühlte sich Lothar dem Papst gegenüber in einer solchen Rolle. Der Papst krönte Lothar und Richenza, eine zeremoniale, aber wenig bedeutsame Veranstaltung, denn es war nur die Wiederholung der Königskrönung. In den folgenden Verhandlungen forderte der Papst einen Italienzug Lothars, um Rom für ihn zurückzuerobern. Lothar setzte sich für das volle Investiturrecht des deutschen Königs ein, wollte sich also den Zustand vor dem Wormser Konkordat vom Papst genehmigen lassen. Bernhard von Clairvaux brachte ihn nur mühsam von dieser Forderung ab. Lothar wollte demnach nicht nur Steigbügelhalter sein und hatte eine klare Vorstellung von seinem Königtum und dessen Notwendigkeiten.

Erst im Herbst 1132 und mit nur geringen Kräften konnte Lothar zu seinem Romzug aufbrechen, denn noch immer war ja der innere Krieg mit den Staufern nicht entschieden. In Piacenza traf er sich mit Innozenz, der von der französischen Kirche mit Mitteln ausgestattet worden war. Ohne sich in Norditalien weiter aufzuhalten, zogen die beiden kleinen Heere nach Rom weiter. Sie konnten einen Teil der Stadt erobern und Innozenz in den Lateranpalast führen. Aber die Engelsburg und der Petersdom blieben in den Händen Anaklets. So wurden Lothar und Richenza am 4. Juni 1133 unter dem Spott der Anaklet-Anhänger in der Laterankirche zum Kaiser und zur Kaiserin gekrönt. Eine noch anstehende schwierige Frage war die der "mathildischen Güter", die die Kirche wie das Reich für sich beanspruchten. Nach einem offenbar vor allem von Richenza vermittelten Kompromiß anerkannte Lothar das Besitzrecht des Papstes, der die Güter Lothar und seinem Schwiegersohn Heinrich dem Stolzen zu Lehen gab, aber nur Heinrich mußte den Lehenseid leisten. Lothar machte noch einen Vorstoß zur Herstellung des alten Investiturrechts, erreichte aber nur die nochmalige Bestätigung aller königlichen Rechte aus dem Wormser Konkordat. Der Italienzug war kein großer Erfolg, denn als Lothar im September 1133 in Würzburg ankam, hatte Innozenz bereits wieder aus Rom fliehen müssen. Rom hielt weiterhin zu Anaklet, der Rest der Christenheit zu Innozenz.

Anaklet gewann sich neue Verbündete, weil er den Grafen Roger von Sizilien als König anerkannte und ihm die süditalienischen Fürstentümer übertrug. Der Normannenstaat wie die fortdauernde Herrschaft Anaklets waren ein Ärgernis. Auf einem Hoftag in Merseburg im August 1135, der nach dem Ende des staufischen Aufstandes in gewisser Weise den Höhepunkt von Lothars Regierungszeit darstellt, war auch eine Gesandtschaft aus Byzanz anwesend, die zum gemeinsamen Vorgehen gegen die normannischen Usurpatoren aufforderte. Der zweite Italienzug, der im September 1136 begann, führte ein gewaltiges Heer nach Süden, zu dem nicht nur Heinrich der Stolze, sondern auch der Staufer Konrad gehörte. Dieses Mal konnte die Macht des Reiches auch in Norditalien zur Geltung gebracht werden. In dieser Zeit vertrat Richenza selbständig die Krone. Während Lothar in der westlichen Lombardei weilte, residierte sie in Reggio d'Emilia. Unter ihrem Vorsitz tagte das Hofgericht, und sie fertigte Urkunden aus. Vermutlich führte sie auch ein eigenes Siegel, aber es ist kein Exemplar erhalten.

Im Frühjahr 1137 führte Lothar einen Teil des Heeres an der Adria entlang nach Apulien. Heinrich der Stolze zog an Rom vorbei nach Süden. Innozenz blieb bei ihm, weil Rom ihn immer noch nicht aufnehmen wollte. In Bari trafen sie sich mit Lothar. Die normannischen Gebiete, die zu Anaklet gehalten hatten, wurden verwüstet und zerstört, die Normannen zogen sich nach Sizilien zurück. Der Eindruck des deutschen Heeres war furchterregend, und zum ersten Mal war ganz Süditalien unter der Kontrolle des Reiches. Um einen Streit zu vermeiden, übergaben der Papst und der Kaiser gemeinsam dem neuen Herzog von Apulien die Fahnenlanze als Zeichen seiner Würde. Aber die Deutschen wollten möglichst bald zurück, das Heer löste sich schnell auf, und Roger von Sizilien konnte in kürzester Zeit alles zurückerobern. Das Schisma löste sich durch den Tod Anaklets im Januar 1138, und Roger erreichte schießlich auch von Innozenz die Bestätigung seines Königtums. So hatte der große zweite Italienzug Lothars im Ergebnis eigentlich kaum etwas bewegt.

Richenza und Lothar waren im mittelalterlichen Sinn sehr fromm. Sie unterstützten die von ihnen abhängigen oder gegründeten Kirchen und Klöster, etwa Freckenhorst in Westfalen, wo ihre Köpfe zur Erinnerung in Stein gehauen wurden. Sie waren vom Denken der Kirchenreform geprägt und brachten den kirchlichen Amtsträgern den schuldigen Respekt entgegen. So war auch Lothars Marschalldienst zu verstehen. Sein hartnäckiges Bemühen um die Investiturrechte zeigt aber, daß er keine substantielle Verschlechterung der Königsrechte zulassen wollte. Papst Innozenz II., der ihm so viel zu verdanken hatte, ließ später im Lateran ein Bild malen, in dem Lothar als Lehensmann vor ihm kniet. Der Marschalldienst und die Verleihung der mathildischen Güter wurden zusammengezogen und so interpretiert, daß Lothar Lehensmann des Papstes geworden sei. Die Päpste haben später den Staufern gegenüber immer wieder Lothar als "guten" König angeführt, aber in dem von ihnen unterlegten Sinn war er es nicht.

Der Kampf für den Enkel

Lothar war mit fünfzig Jahren König geworden, und in den zwölf Jahren als König war ihm an Lasten und Strapazen nichts geschenkt worden. Auf dem Rückweg von Italien starb er am 4. Dezember 1137 in Breitenwang bei Reutte in Tirol. Richenza war ebenso an seiner Seite wie Heinrich der Stolze. Ihm übergab er das Herzogtum und die Reichsinsignien. "Hätte ihn nicht der Tod vorzeitig abberufen, er wäre geschaffen gewesen, durch seine Tüchtigkeit und Beharrlichkeit der Krone des Reiches das frühere Ansehen wiederzugeben". So beurteilt der staufische Geschichtsschreiber Otto von Freising seine Regierungszeit.

Hochzeitsbild Heinrichs des Löwen mit Vorfahren.
Ganz links Lothar und Richenza.
Evangeliar Heinrichs des Löwen. Braunschweig.

Der tote Kaiser wurde in das von ihm selbst gestiftete Königslutter gebracht und dort beigesetzt.

Heinrich der Stolze war jetzt in derselben Lage wie Friedrich von Schwaben 1125. Er war aus eigenem Recht Herr des
welfischen Hauses und Herzog von Bayern und jetzt auch
Erbe und Nachfolger seines Schwiegervaters in dessen Eigenbesitz und im Herzogtum Sachsen, er war die Stütze Lothars
in dessen ganzer Regierungszeit und vor allem beim letzten
Italienzug gewesen und als Herr der mathildischen Güter und
Herzog von Tuscien auch dort von großem Einfluß. So hielt er
sich auch für den Erben Lothars als König. Aber der Papst
Innozenz II. war gegen ihn, und weil Mainz und Köln im Augenblick nicht besetzt waren, berief der Erzbischof von Trier
eine überstürzte Wahlversammlung nach Koblenz und ließ
dort Konrad von Staufen zum neuen König wählen. Ein
päpstlicher Legat krönte ihn in Aachen. Heinrich der Stolze
erkannte die Wahl an und lieferte die Reichsinsignien aus.
Konrad verlangte, daß Heinrich auf ein Herzogtum verzichten solle, und weil er sich weigerte, verfiel er der Reichsacht
und verlor durch einen Beschluß beide Herzogtümer.

Damit begann der Kampf zwischen Konrad und Heinrich
dem Stolzen, der den größeren Teil seiner Regierungszeit bestimmen sollte. Im Süden, im welfischen Hausbesitz und im
Herzogtum Bayern, stand der jüngere Bruder Heinrichs, Welf
VI., an der Spitze des Widerstandes. Im Norden, im Hausbesitz Lothars und Richenzas und im Herzogtum Sachsen, setzte
sich Richenza mit ihrer ganzen Kraft und ihrem großen Ansehen für ihren Schwiegersohn und nach dessen plötzlichem
Tod im Oktober 1139 für ihren Enkel ein. Heinrich der Löwe
war zu dieser Zeit etwa zehn Jahre alt. Da sein Vater in den
letzten Jahren meistens im Gefolge Lothars unterwegs war,

wuchs Heinrich vermutlich bei seiner Mutter Gertrud und vor allem im northeimischen und brunonischen Hausgut auf, und Braunschweig wurde auch später der Mittelpunkt seines politischen Handelns. Er war sieben, als mit dem Tod Lothars und der Wahl Konrads die Katastrophe über seine Familie hereinbrach. In den folgenden und für seine politischen Vorstellungen entscheidenden Jahren war seine Großmutter Richenza für ihn die Leitfigur und die Erzieherin. Sie setzte durch, daß Heinrich der Löwe in Sachsen allgemein als Herzog anerkannt wurde, und sie knüpfte dabei an die alten Erfahrungen, Verbindungen und Vorurteile aus der Zeit des Kampfes gegen die Salier.

Die Welfen waren an sich ein süddeutsch-schwäbisches Geschlecht mit entsprechenden Verschwägerungen auch zu den Staufern. Den oft zitierten Gegensatz von Staufern und Welfen gab es eigentlich nicht. Welf VI. verstand sich mit seinem Neffen Friedrich Barbarossa gut und vermachte den welfischen Hausbesitz lieber ihm als seinem anderen Neffen Heinrich dem Löwen. Dieser war der erste "sächsische" Welfe, der dort geboren und aufgewachsen war, und entscheidend beeinflußt hat ihn dabei seine Großmutter Richenza. So lebte in der Auseinandersetzung zwischen Friedrich Barbarossa und Heinrich dem Löwen und später zwischen Philipp von Schwaben und Otto von Braunschweig der alte Machtkampf zwischen Saliern und Sachsen weiter, und Richenza war die Brücke.

Richenza starb am 10. April 1141 im Alter von 53 Jahren. Sie wurde in Königslutter an der Seite ihres Mannes beigesetzt. Ihm hatte sie durch ihr Erbe und ihren Namen den Weg nach oben geöffnet. Aus der sächsichen Opposition war sie zur Königin aufgestiegen und hatte an der Seite Lothars und in enger Zusammenarbeit mit ihm das Reich geleitet. Sie war die letzte "consors regni", die letzte Königin und Kaiserin, die wirklich an der Regierung beteiligt war. Ihre späteren Jahre hat sie sich wahrscheinlich anders vorgestellt. Statt als Kaiserinwitwe ihrem Schwiegersohn als König noch beratend zur Seite zu stehen oder sich im Alter aus der Welt zurückzuziehen, war sie gezwungen, allein für die Rechte und das Erbe ihres Enkels zu kämpfen und für seine Erziehung und Ausbildung zu sorgen. Sie sah in ihm den Erben vieler sächsischer Geschlechter, und sie bereitete ihn darauf vor, in erster Linie ein Kämpfer für Sachsen zu sein. Heinrich der Löwe hat sich daran gehalten, und seine erste Tochter erhielt den Namen der Großmutter.

Quellen und Literatur

Jahrbücher des Deutschen Reiches unter Heinrich IV./V.
Hrsg. G. Meyer von Knonau. 7 Bände. Leipzig 1890-1909

Jahrbücher des Deutschen Reiches unter Lothar von Supplinburg
Hrsg. Wilhelm Bernhardi. Leipzig 1879
– Mathildische Güter S. 484 / – Einfluß Richenzas S. 798

Reinhold Schneider: Kaiser Lothars Krone. Leben und Herrschaft
Lothars von Supplinburg. Roman (zuerst 1937). Mit einem einleiten-
den Essay von Wilfried Hartmann. Manesse Bibliothek der Weltlite-
ratur Zürich 1986. Anhang Zeitgenössische Quellen:
– Einladungsschreiben zur Königswahl 1125 S. 322-323
– Bericht über die Wahl Herzog Lothars S. 324-330
– Aus der Chronik Otto von Freisings S. 339-362 (Zitat S. 358)

Ferdinand Gregorovius: Geschichte der Stadt Rom im Mittelalter.
Achtes Buch, drittes und viertes Kapitel (über das Schisma).
Nachdruck dtv-bibliothek, 1978, Band II, 1, S. 178-192

Gertrud von Le Fort: Der Papst aus dem Ghetto. Roman (zuerst 1930)

Christoph Friedrich von Stälin: Württembergische Geschichte
Zweiter Teil: Schwaben und Südfranken. Hohenstaufenzeit
1080-1268 (Neudruck 1975 Scientia Aalen)

Marie-Luise Crone: Untersuchungen zur Reichskirchenpolitik
Lothars III. (1125-1137) zwischen reichskirchlicher Tradition und
Reformkurie. Europäische Hochschulschriften 170. Frankfurt 1982.

Karl-Heinz Lange: Die Stellung der Grafen von Northeim in der
Reichsgeschichte des 11. und frühen 12. Jahrhunderts. In: Nieder-
sächsisches Jahrbuch für Landesgeschichte 33, 1961, S. 1-106

Wolfgang Petke: Kanzlei, Kapelle und königliche Kurie unter
Lothar III. (1125-1137). Beihefte zu Böhmer, Regesta Imperii, 5.
Böhlau Köln Wien 1985. (Über die Kaiserin Richenza S. 407-413)

Lothar Speer: Kaiser Lothar III. und Adalbert von Mainz. Eine Untersuchung zur Geschichte des deutschen Reiches im frühen zwölften
Jahrhundert. Böhlau Diss. zur ma. Geschichte 3. Köln Wien 1983.

Konstanze

Gemahlin Heinrichs VI.

1154 - 1198

Das normannische Königreich Sizilien

Die Eroberung Südtialiens und Siziliens durch die Normannen war vielleicht nicht nur die beeindruckendste, sondern auch die romantischste ihrer politischen Leistungen... Das Unternehmen lief unter den Augen und in Reichweite der vier größten Mächte der damaligen Christenheit ab - des Byzantinischen Reichs im Osten, des deutsche Kaiserreiches im Westen, des Papsttums und der arabisch-islamischen Reiche - und war im Gegensatz zur Eroberung Englands das Ergebnis rein privater Initiative: Einzelne Ritter und Rittergruppen zogen von der Normandie aus, um ihr Glück im Süden zu machen." So sieht Richard Allen Brown die Entstehung der normannischen Fürstentümer in Süditalien. Und in der Tat ist der Aufstieg der Normannen eine kaum glaubliche und abenteuerliche Erfolgsgeschichte. Der Legende nach kam 999 eine Gruppe von vierzig normannischen Pilgern auf dem Rückweg vom Heiligen Land nach Salerno und erlebte dort, wie kopflos die Bevölkerung auf einen sarazenischen Angriff reagierte. Sie bewaffneten sich und schlugen die Sarazenen zurück. Zuhause in der Normandie erzählten sie von Süditalien und von den Möglichkeiten, die es beherzten und tatkräftigen Kämpfern bieten könnte. In den folgenden Jahrzehnten kamen die jüngeren Söhne normannischer Barone in kleinen Gruppen ins Land, verdingten sich als Söldner, gewannen an Macht und konnten sich als Landbesitzer etablieren. Sie kämpften mit den Byzantinern gegen Sarazenen und Langobarden, mit den Langobarden gegen Byzantiner und Sarazenen. 1030 wurde der Normanne Rainulf Graf von Aversa, und sein Sohn Richard 1058 Fürst von Capua.

Eine besondere Rolle dabei spielten die Söhne des Tankred von Hauteville, eines wenig begüterten, aber kinderreichen normannischen Adligen. Der erste, Wilhelm mit dem Beinamen Eisenarm, weil er im Zweikampf den Emir von Syrakus getötet hatte, erwarb die Bergfestung Melfi, der zweite, Drogo, erreichte 1047 von Heinrich III. die Bestätigung als Graf der Normannen in ganz Apulien und Kalabrien, und der dritte, Humfried, war der Sieger in der Schlacht von Civitate 1053, in der Papst Leo IX. in normannische Gefangenschaft geriet. Die Normannen behandelten ihn durchaus ehrerbietig, denn sie waren christlich fromm im Sinn der westlichen Kirche, und sie wollten ihre Eroberungen lieber als Lehen vom Papst als etwa von Byzanz oder vom Reich. In den Jahren des Investiturstreits waren sie die Verbündeten des Papstes und konnten ihre Herrschaft in Süditalien ungehindert und mit päpstlichem Segen ausbauen. Der größte Held der Familie, Robert Guiskard, kam 1046 allein und mittellos an. Er war der erste Sohn der zweiten Frau Tankreds, und seine Halbbrüder unterstützten ihn nicht. Robert unterwarf sich Kalabrien und gewann nach dem Tod seiner Brüder auch die Herrschaft über Apulien. 1071 fiel mit Bari die letzte byzantinische Festung, und 1081 besiegte er bei Durazzo in Albanien den byzantinischen Kaiser Alexios Komnenos. Byzanz war sein Endziel, aber 1085 starb er auf der Insel Kephallonia am

Typhus. Er wurde in der Kirche von Avosa bei Melfi begraben, die er selbst als Grablege für seine Familie gegründet hatte. Aber Robert hatte nicht nur nach Byzanz geblickt. Auch die Eroberung des sarazenischen Sizilien stand auf seinem Programm. Erleichtert wurde diese Aufgabe durch die Uneinigkeit der Emire, die sich ihre Machtbereiche gegenseitig streitig machten und dabei auch nach Verbündeten suchten. Diese Aufgabe übertrug er seinem jüngeren Bruder Roger, der 1056 angekommen war. Von den Byzantinern hatten die Normannen Schiffe erobert und übernommen, und mit ihnen setzten sie unter Führung Rogers 1061 zum ersten Mal nach Sizilien über.

Mit 440 Rittern eroberte er im Handstreich Messina. 1072 wurde die Hauptstadt Palermo eingenommen, und Robert ernannte Roger zum Grafen von Sizilien. 1087 fiel Syrakus, und 1091 wurde die letzte sarazenische Festung genommen. Die Normannen unter Roger hatten nicht nur ihre Fähigkeiten im ritterlichen Kampf bewiesen, sondern auch eine bemerkenswerte Geschicklichkeit bei der Logistik und der Organisation von Flotten entwickelt.

Weder in Unteritalien noch in Sizilien traten die Normannen in großer Zahl auf. Sie waren eine kleine Schicht grundbesitzender Barone, die sich in gewissem Maß mit dem vorhandenen Adel langobardischer und anderer Herkunft vermischten und das Land und die übrige Bevölkerung kontrollierten. Unter ihrer Herrschaft existierten die verschiedenen Bevölkerungsgruppen mit ihrem unterschiedlichen kulturellen und religiösen Hintergrund weiter, die Berührung, Gegnerschaft und gegenseitige Durchdringung griechischer, lateinischer und islamischer Traditionen. Die Normannen brachten ihre französische Sprache, ihr fränkisch geprägtes

Christentum und eine rigide Auffassung vom Lehensstaat mit, in dessen normannischer Ausprägung den Rechten des Lehensmannes, vor allem der Erblichkeit, ein hartes Zugriffsrecht des Lehensherrn bei irgendwelchen Verstößen gegenüberstand. Den periodisch wiederkehrenden Aufständen der Barone entsprach das blutige Strafgericht, mit dem der Lehensherr die abtrünnigen Barone immer wieder überzog. Rechtssätze und Konstitutionen, Güter- und Leistungsverzeichnisse, Rechtsschulen und Kanzleien gehörten zum Instrumentarium des Lehensfürsten, damit er seine Barone besser kontrollieren konnte.

Roger, der "große Graf", starb 1101. Seinem Sohn und Nachfolger, dem erst 1095 geborenen Roger II. gelang es in den folgenden Jahren, die süditalienischen Besitzungen der Nachkommen Robert Guiskards in seinen Besitz zu bringen. Im Schisma der Päpste von 1130 verlieh ihm Anaklet II. auf der Suche nach Verbündeten im Kampf gegen Innozenz II. das Recht, sich König von Sizilien zu nenen und sich in Palermo krönen zu lassen. So war der Enkel des Tankred von Hauteville zum Herrn des jüngsten Königreichs aufgestiegen. Papst Anaklet endete schließlich als nicht anerkannter schismatischer Papst, und Innozenz wollte durch einen Feldzug gegen Roger alles wieder rückgängig machen. Aber er wurde mit seinem Heer geschlagen und fiel in normannische Gefangenschaft, und 1139 anerkannte auch er Roger II. als König von Sizilien, Herzog von Apulien und Fürst von Capua. In Süditalien waren die normannischen Barone stärker und der lateinische Einfluß größer. In Sizilien waren weniger Normannen, der größte Teil des Landes war Krondomäne, vom König direkt bewirtschaftetes Gebiet. Die Griechen hatten dort die Normannen als Befreier begrüßt und spielten in der neuen

Verwaltung eine große Rolle. Aber auch die Sarazenen standen unter dem Schutz des Königs und konnten ihrer Religion nachgehen und ihre Berufe weiter ausüben. Griechisch, lateinisch und arabisch wurden in Kanzlei und Verwaltung gebraucht, in Süditalien auch das normannische Französisch. Roger II. hatte ein Gespür für wirtschaftliche Entwicklungen. So verschleppten die Normannen 1147 die Seidenweber aus Theben und Korinth nach Palermo, um diese Luxusindustrie unter ihre Kontrolle zu bekommen. Insgesamt wurden Handel und Gewerbe gefördert, und der sizilische Seehandel wurde zu einer ernsten Konkurrenz für die großen italienischen Seestädte Genua, Pisa und Venedig. Mit seiner Militärmacht und seiner starken Flotte war Roger II. ein gewichtiger Machtfaktor im Zentrum des Mittelmeers, der sich gegen Byzanz wie gegen das Reich oder die islamischen Küstenstaaten richten konnte. So hatte Roger II. zwanzig Jahre lang Tunis unter seiner Kontrolle.

Dem Papst hatte der König abgerungen, daß er als päpstlicher Legat die Oberaufsicht über die Kirche in Sizilien und Süditalien ausüben konnte. Damit war er berechtigt, die Bischöfe auszuwählen und zu investieren. Demgegenüber machte es wenig, daß der Papst als oberster Lehensherr anerkannt war, denn bei der strikten Erblichkeit und der starken Betonung der Königsrechte hatte er wenig Gelegenheit, seine Oberherrschaft anzumahnen. Die normannischen Könige statteten ihre Bistümer großzügig aus und gründeten und beschenkten viele Klöster. Aber die Kirche mit ihrem ganzen Reichtum war ein sicheres Instrument in der Hand des Königs, solange er auch die päpstlichen Rechte für sich in Anspruch nehmen konnte. Auch für die Wissenschaften interessierte sich Roger. Salerno wurde zu einer bedeutenden Hochschule für Medizin. Der Astronom Aristippus, der auch Texte griechischer Philosophen ins Lateinische übertrug, war der Lehrer des Kronprinzen, und der arabische Geograph al-Idrisi arbeitete im königlichen Auftrag fünfzehn Jahre lang an seinem Buch über die Beschaffenheit der Länder und Weltteile.

Konstanzes Herkunft und Familie

Roger II. war von 1117 bis 1135 verheiratet gewesen und hatte aus dieser Ehe vier Söhne. Der älteste, Roger, galt als Kronprinz. Der zweite Sohn starb schon 1139, der dritte 1144. Der junge Roger starb 1149, hinterließ aber aus einer nichtehelichen Verbindung einen Sohn Tankred, der zwischen 1130 und 1134 geboren worden war. Aber die legitime Nachfolge des Hauses Hauteville beruhte jetzt nur noch auf dem jüngsten Sohn Wilhelm. Deshalb entschloß Roger II. sich 1149 zu einer zweiten Ehe und, als die junge Frau ohne Kinder starb, 1152 zu einer dritten. Die dritte Frau war Beatrix von Rethel, eine Französin aus der Champagne in der Nähe von Reims. Etwa zur gleichen Zeit heiratete Rogers Sohn Wilhelm eine Margarethe von Navarra. Als Roger II. am 26. Februar 1154 starb, war sein Enkel Wilhelm gerade geboren und seine Frau Beatrix schwanger. Die nach dem Tod ihres Vaters geborene Tochter wurde auf den Namen Konstanze getauft. Sie war also die Schwester des neuen Königs Wilhelms I. und die Tante des vielleicht ein halbes Jahr älteren Kronprinzen Wilhelm und eines später geborenen jüngeren Bruders Heinrich. Ihre Mutter, ihr Bruder und dessen Frau stellten am neuen Hof die ältere Generation, Konstanze und ihre Neffen die jüngere.

In diesem familiären Rahmen wuchs Konstanze auf. Das Fehlen des Vaters machte sich vielleicht nicht so bemerkbar, weil ihr Bruder in etwa diesen Platz einnahm. Wir wissen von diesen Jahren überhaupt nichts. Aber allen Gepflogenheiten nach hatte die Königinwitwe Beatrix einen kleinen selbständigen Hofstaat innerhalb des Hofes, zu dem Konstanze gehörte. Hier und mit ihrer Mutter sprach sie vor allem französisch. Roger II. hatte bei seinen Kindern Wert auf eine gute Bildung gelegt, und Wilhelm war von den besten Gelehrten unterrichtet worden, vor allem von jenem Heinrich Aristippus, der unter ihm in höchste Regierungsämter aufstieg. Allem Anschein nach achtete er er bei seinen Kindern genau so auf eine umfassende Erziehung und Bildung, und Konstanze nahm mit dem gleichaltrigen Wilhelm an allem teil. Dazu gehörten die im Königreich Sizilien gängigen Sprachen, Griechisch, Latein und Arabisch, und später die Texte, die in diesen Sprachen wichtig waren, neben den Klassikern auch Gesetze und Verwaltungsmaterialien, aus denen der komplizierte Hintergrund dieses aus so verschiedenen Traditionen bestehenden und noch keineswegs zusammengewachsenen Königreichs verständlich wurde. Konstanze schöpfte aus dieser Jugend wohl nicht nur einen beachtlichen Hintergrund an Wissen und Kenntnissen, sondern entwickelte auch genuines Interesse für politischen Fragen und ein Gefühl der Verantwortung für das Schicksal dieses Königreichs, das ihr Vater Roger geschaffen hatte und das ihr zur Heimat geworden war.

Ganz im Unterschied zum deutschen Hof führte der Hof von Palermo ein äußerlich ruhiges und behagliches Leben, meistens im königlichen Palast, und in den Monaten der großen Hitze in einer Sommerresidenz in den Bergen. Solche Bedingungen waren auf jeden Fall für die Entwicklung der

Kinder günstiger als die "Heimatlosigkeit" des deutschen Hofes. Diese größere Ruhe bedeutete jedoch nicht eine Abschottung vom wirklichen Leben und von den grundlegenden politischen Fragen. Denn dazu lag das Königreich Sizilien zu sehr im Mittelpunkt der Schnittlinien zwischen den islamischen Staaten, Byzanz und dem Reich und im Konkurrenzkampf zu den See- und Handelsmächten von Pisa, Genua und Venedig. Auch der äußere Bestand war noch keineswegs gesichert. Apulien und Kalabrien waren vorher byzantinisch gewesen, Sizilien hatte zum Islam gehört. Und beide Mächte hatten darauf nicht grundsätzlich verzichtet und strebten unter günstigen Bedingungen eine Rückeroberung an. Dazu kam das Unabhängigkeitsbestreben der normannischen Barone vor allem in Süditalien, die nach dem Tod des starken Königs Roger im Bund mit Byzanz und dem Papst eine große Aufstandsbewegung auslösten. Aber Wilhelm I. reagierte rasch und hart. Die Byzantiner wurden vertrieben und die Barone bestraft. Der Papst hatte auf einen geschwächten Normannenkönig gehofft, aber jetzt stand ihm ein Sieger gegenüber, und 1156 mußte er dem neuen König dieselben Rechte zugestehen wie vorher seinem Vater, also auch die Verfügung über die Bistümer und Abteien.

Wilhelm, Konstanze und die Heiratsprojekte

Nach der Niederwerfung des ersten großen Aufstandes regierte Wilhelm mit einer Mannschaft von Beamten, Beratern und Günstlingen, die vom Volk und vom Adel gehaßt wurden. Das führte 1160 und 1162 zu Aufständen, bei denen der Palast in Palermo gestürmt, der Schatz geplündert und sogar der Königssohn Heinrich getötet wurde. Aber Wilhelm konnte auch diese Aufstände blutig niederschlagen und seine Stellung befestigen. Im Gegenzug baute er die verwaltungsmäßige Gliederung und Organisation, die systematische Erhebung von Steuern und Zöllen und die juristische Ausgestaltung der Regierungstätigkeit weiter aus. Die fortdauernden inneren Schwierigkeiten führten allerdings dazu, daß das von Roger eroberte Tunis aufgegeben werden mußte. Eine Bewährungsprobe für dieses Regierungssystem war der plötzliche und unerwartete Tod des Königs 1166. Ihm folgte sein elfjähriger Sohn Wilhelm II. unter der formalen Regentschaft seiner Mutter Margarethe von Navarra. Tatsächlich führte ihr Vetter Stephan von Perche als Kanzler die Regierung. Allein das Gerücht, Stephan wolle Konstanze heiraten und sich mit dieser Legitimation zum König aufschwingen, reichte zu einem neuen Aufstand aus. Dieses Mal standen die alten Beamten Wilhelms I. und die Barone auf der gleichen Seite. Stephan von Perche mußte fliehen, und die Regierung lag von da an bei einem "Familiarenrat" unter der Führung des Kanzlers Matheus von Ajello und des Erzbischofs Walter von Palermo.

Wilhelm II. trägt in der Geschichte den Beinamen "der Gute". Er kümmerte sich weniger um die fortlaufende innere Politik, und er war den Baronen gegenüber nachsichtiger. Unter ihm konnten sie ein Stück Selbständigkeit zurückgewinnen. Auch bei den Steuern und Abgaben verzichtete er auf manches, was dem Staat zwar rechtlich als Einnahme zustand und bisher erhoben worden war, aber letzlich doch bei den Steuereinnehmern verschwunden war. Nach der harten Unterdrückung jeder Opposition durch seinen Vater trug seine Großzügigkeit zum besseren Funktionieren des Staatsapparats bei, und zu größeren Aufständen kam es nicht. Dennoch vollzog sich in diesen Jahren ein bedeutender Wandel. Das Gleichgewicht aus griechischer, islamischer und lateinischer Tradition, auf dem Roger seinen Staat aufgebaut hatte, verschob sich zum Lateinisch-Romanischen, im kirchlichen und kulturellen Bereich wie in der Verwaltung. Den Sarazenen gegenüber kam es sogar schon zu ersten Verfolgungen und Pogromen.

Wilhelms etwas indirekteres Regierungssystem mit einem gut eingespielten Verwaltungsapparat brachte dem Land eine ruhige Weiterentwicklung und ließ dem König freie Zeit zum Planen und Träumen. Dabei stand ihm vermutlich Konstanze sehr nahe. Sie war zwar dem Verwandtschaftsgrad nach seine Tante, aber die beiden waren wie gleichaltrige Geschwister miteinander aufgewachsen und hatten wohl auch eine ähnliche Art. Für Henry Benrath, der in seinen historischen Romanen sehr viel Gefühl für psychologische Situationen und Wahrscheinlichkeiten entwickelt, verbindet Konstanze mit Wilhelm eine Seelenverwandtschaft, die in einem gemeinsamen familiären und kulturellen Hintergrund ihre Wurzeln hat und zu weitreichenden Zukunftsvisionen führt. Allerdings sind diese bei Benrath sehr humanistisch-ideal. Konstanze war die Tochter Rogers II., das Königreich Sizilien war das Ergebnis der konsequenten politischen Anstrengungen ihres Großvaters und ihres Vaters. Aber für den Ehrgeiz der Hauteville war das nie das Ziel gewesen. Robert Guiskard wollte Byzanz erobern und oströmischer Kaiser werden, und Wilhelm II. nahm diese Pläne später wieder auf. Man kann sich schon vorstellen, daß die beiden Halbgeschwister in ihren politischen Träumen davon sprachen, das Kaisertum im Osten durch Eroberung für ihn und das Kaisertum im Westen

durch Heirat für sie zu gewinnen und so den Rang der Hauteville weiter zu erhöhen.

Auffällig ist in jedem Fall, daß Konstanze und Wilhelm an
dem hochfürstlichen Spiel der Allianzen und Heiratsprojekte
keinen Anteil hatten, das die Staufer mit den Anjou-Plantagenet und den regierenden Häusern von Aragon, Kastilien
oder den Kreuzfahrerdynastien verband. Die verschiedenen
Verlobungen etwa der Kinder des deutschen Kaiserpaares
Barbarossa und Beatrix zeigen das deutlich. Die Kinder wurden einander versprochen, aber ihr Tod oder noch häufiger
ein politischer Richtungswechsel ließen das Projekt wieder in
Vergessenheit geraten. Dagegen ist offenbar über eine Verlobung Konstanzes nie verhandelt worden, und Wilhelm II.
stand nur einmal, im Jahr 1173, in Gesprächen mit dem deutschen Hof wegen der Verlobung mit einer Barbarossa-Toch-
ter. Der Plan scheiterte, weil er politisch eine Wendung gegen
den Papst bedeutet hätte, und das wollte Wilhelm nicht.
1177 heiratete er Johanna von Anjou-Plantagenet, eine
Tochter des englischen Königs Heinrich und der Eleonore
von Aquitanien. Deren Schwester Mathilde war die Frau
Heinrichs des Löwen, aber zu der Zeit war der Bruch zwischen
Barbarossa und dem Welfen noch nicht vollzogen. Diese Heirat war also nicht Teil eines antistaufischen Bündnisses. Sie
gehörte aber zur diplomatischen Vorbereitung eines Krieges
gegen Byzanz.

Im Oktober 1184 wurde in Augsburg die Verlobung Konstanzes mit dem Barbarossa-Sohn Heinrich bekanntgegeben.
Diese Verbindung galt lange Zeit als ein Geniestreich der
deutschen Politik, weil sie in Italien ganz neue Dimensionen
eröffnete und den Papst in die Defensive zwang. Von welcher
Seite die Initiative ausging und was im Zusammenhang damit

verhandelt wurde, ist nicht bekannt. Aber die Verlobung machte auch von Sizilien aus Sinn. Zum einen gab sie Wilhelm die notwendige Rückendeckung für seine Pläne gegen Byzanz, die in den folgenden Jahren zu aktiven Kriegshandlungen führten. Zum andern war sie eine Weichenstellung in der Erbfolge. Denn Wilhelms Ehe mit Johanna war nach sieben Jahren immer noch kinderlos, und er war der letzte legitime Hauteville in der männlichen Linie. Ganz offenbar wollte Wilhelm durch diese Ehe auch die Erbfolge für Konstanze sichern. Diese "Eventualerbfolge" war ein Bestandteil des Abkommens, das mit der Verlobung geschlossen wurde. König Wilhelm ließ die mögliche Erbfolge Konstanzes und ihres zukünftigen Gatten auch auf einem Hoftag von seinen Beratern und Baronen beschwören. Diese Regelung war ein wichtiges Anliegen Wilhelms, und sie konnte sich nur gegen die Ansprüche eines anderen Bewerbers richten, den er damit ausschalten wollte. Dieser Bewerber war Graf Tankred von Lecce, der illegitime Sohn des ursprünglichen Kronprinzen Roger. Tankred war zwanzig Jahre älter als Konstanze und Wilhelm, ein Vetter Wilhelms und wie dieser ein Neffe Konstanzes. Angesichts der Kinderlosigkeit Wilhelms hatte er vermutlich zum ersten Mal Ansprüche auf die Nachfolge erhoben, und Wilhelm hatte Konstanze zur Heirat gedrängt, um mit ihrem Mann und ihren möglichen Kindern eine Alternative zu diesem Nachfolger zu haben.

Der Bräutigam

Konstanze war bei ihrer Verlobung dreißig Jahre alt. Ihr Bräutigam, den sie noch nicht gesehen hatte, war im November 1165 geboren worden, also elf Jahre jünger. Er war der zweite Sohn von Barbarossa und Beatrix und bekam den Leitnamen der Salier, auf die sich die Staufer ja beriefen. Nach dem Tod seines älteren Bruders Friedrich, eines kränklichen Kindes, das dem Namen nach Herzog von Schwaben gewesen war, wurde um 1170 der dritte Sohn von Konrad in Friedrich umbenannt und zum Herzog von Schwaben gemacht. Heinrich war als Nachfolger im Reich vorgesehen und wurde schon im Juli 1169 zum König gewählt und zwei Monate später als Vierjähriger in Aachen gekrönt.

Heinrich wuchs am deutschen Hof im Zentrum der politischen Entscheidungen auf und wurde wohl auch schon früh von seinem Vater einbezogen und beteiligt. Er war klug und frühreif, und seine von Anfang an herausragende Stellung bestärkte ihn in der hohen Vorstellung, die er von sich und seiner Begabung und Bedeutung hatte. Die Autorität seines Vaters erkannte er rückhaltlos an, im Unterschied etwa zu den Söhnen Heinrichs II. von England, die sich immer wieder gegen ihren Vater stellten. Auch in seinen persönlichen Leidenschaften und Eigenheiten war er sehr gemäßigt. Sein großes Engagement galt der Politik, und es ist schwer zu trennen, wie weit er sich für die Größe des Kaisertums, die Rolle seiner Familie oder seinen persönlichen Platz in der Geschichte einsetzte. Aber von seiner Sendung als großer Kaiser war er zutiefst überzeugt, und er war auch bereit, Widerstände dagegen rücksichtslos zu unterdrücken.

Schon von Friedrich Barbarossa heißt es etwas einschränkend, er sei von Statur kleiner als die Größten und größer als die Mittelgroßen gewesen, aber Heinrich war offenbar wirklich klein, kränklich und schwächlich, also keiner, der durch körperliche Kraftakte und Kunststücke Aufsehen erregte. Beim Mainzer Pfingstfest 1184 empfing er zusammen mit seinem Bruder Friedrich von Schwaben die Schwertleite, aber er glänzte sicher nicht durch Turniersiege. Er war intellektuell überragend und hochgebildet, aber auch anspruchsvoll und hochfahrend. Eine andere Seite seines Wesens könnten seine Minnelieder zeigen, die zusammen mit seinem Bild die Manessische Liederhandschrift eröffnen. Sie besingen eine Geliebte, die ihm wichtiger ist als Macht und Herrlichkeit:

"Mir sind die Reiche und die Länder untertan,
sooft ich bei der Liebenswerten bin;
sooft ich aber da Abschied nehme,
ist all meine Macht und mein Reichtum dahin".

In den Gedichten kommen starke Gefühle zum Ausdruck, aber es gibt keinen Beleg dafür, daß Heinrich in seiner Lebensführung je ein solches Gefühl über seine politische Natur hätte die Oberhand gewinnen lassen. So sind sie entweder aus einem inneren "ennui" entstanden, aus einer unerfüllten Sehnsucht nach etwas anderem als Macht, oder aber sie waren ein Spiel, mit dem er seine geistigen Fähigkeiten und seine intellektuelle Begabung unter Beweis stellte, wenn er schon in Turnieren und Ritterspielen nicht glänzen konnte.

Auf jeden Fall galten solche Gefühle nicht Konstanze. Die Braut war für ihn Teil eines politischen Handels, der ihm große Möglichkeiten eröffnete. Die Erbfolge in Sizilien, für Wilhelm und Konstanze die Abwehr der Ansprüche Tankreds von Lecce und die Sicherung der Zukunft des Königreiches, bedeutete für Heinrich den Ansatz zu einer Neugestaltung der politischen Basis seiner Macht und seiner Familie. Zur Sicherung dieser neuen Dimension war allerdings ein Sohn und Erbe aus dieser Verbindung notwendig. Darüberhinaus hatte er vermutlich an Konstanze kein menschliches und persönliches Interesse. In der Familie Barbarossas standen der

251

Vater mit den Söhnen und die Söhne untereinander in einem engen und vertrauensvollen Verhältnis, auch wenn sicher Rivalitäten vorhanden waren. Aber Barbarossa bezog seine Frau Beatrix hier nicht ein, und dieses Vorbild färbte auf die Söhne ab. Heinrich sah in Konstanze die Erbin Siziliens und die mögliche Mutter seiner Kinder, aber nicht die Partnerin oder die "consors regni", die Teilhaberin an der Regierung.

Hochzeit und erster Deutschlandaufenthalt

Die Verlobung von Konstanze und Heinrich war für die Kurie eine Katastrophe. Deshalb gewannen dort die Gegner einer Verständigung mit Barbarossa die Oberhand, und einer ihrer Vertreter wurde 1185 als Urban III. neuer Papst. Die Hochzeit sollte deshalb eine Demonstration der neuen politischen Machtverhältnisse werden, und Friedrich hätte gern aus diesem Anlaß seinen Sohn Heinrich zum Kaiser krönen lassen. Aber das lehnte der Papst ab. So wurde als Ort für die Hochzeit Mailand ausgewählt, die Stadt, die Friedrich 1162 räumen und zerstören hatte lassen. Sie war inzwischen aus den Ruinen prächtig wieder auferstanden und stand im Bund mit dem deutschen Kaiser.

Im Sommer 1185 brach Konstanze von Palermo aus zu ihrer Hochzeit auf. Ihre Mutter starb in diesem Jahr, vor oder nach ihrer Abreise. Konstanze war noch nicht viel gereist, hatte vielleicht Sizilien und auf jeden Fall das Königreich noch nie verlasssen. König Wilhelm, ihr Neffe und Vertrauter, geleitete sie bis an die Grenze. Konstanze sollte keine arme Braut sein. Deshalb wurde sie von einer gewaltigen Karawane begleitet, die Schmuck, Gold, Kleider, Stoffe und andere Wertgegenstände mitführte. In Rieti wurde sie von einer kaiserlichen Delegation in Empfang genommen. Sie hatte von fast allem, was ihr bisher lieb und vertraut war, Abschied nehmen müssen, auch wenn sie natürlich einen kleinen Hofstaat mitnahm. Jetzt war sie unter Deutschen. Zwar war Latein immer noch Staats- und Bildungssprache, aber das Mittelhochdeutsche hatte sich nicht nur als Umgangssprache weitgehend durchgesetzt, sondern war auch die Sprache der modernen Dichtung. Die Deutschen fühlten sich den Italienern überlegen, und ein Ausdruck dieser Überlegenheit war der selbstbewußte Gebrauch ihrer Sprache. Konstanze hatte vielleicht neben ihren anderen Sprachen auch gewisse Kenntnisse des Langobardischen, aber davon war das Mittelhochdeutsche doch deutlich unterschieden. Zur übrigen Fremdheit kam also noch eine Sprachbarriere.

In Foligno traf Konstanze mit Barbarossa zusammen. Ihr Bräutigam Heinrich war nicht dabei, er hatte den Sarg mit seiner im November 1184 gestorbenen Mutter Beatrix zur Beisetzung nach Speyer gebracht und war jetzt auf dem Rückweg. Friedrich I. war zu dieser Zeit über 60 Jahre alt und im 34. Jahr deutscher König. Wie kein Kaiser vorher hatte er den Schwerpunkt seiner politischen Aktivität nach Italien verlegt und dort mit den lombardischen Städten, den Bischöfen und Adelsherren und der Kurie um Macht und Einfluß gestritten. Er war eine imponierende Persönlichkeit und machte sicher auch auf Konstanze großen Eindruck. Aber vermutlich gab er sich keine große Mühe, dieser nicht mehr ganz jungen und von der Art her wohl eher spröden und zurückhaltenden Schwiegertochter den Weg in die Fremde durch persönliche Annäherung leichter zu machen.

Im Gefolge Barbarossas reiste Konstanze über Piacenza und Pavia nach Mailand weiter und traf im Januar 1186 in

Mailand ein. Dort trat ihr auch zum ersten Mal ihr Bräutigam Heinrich gegenüber. Am 27. Januar, einem Montag, fand der große Festakt statt. Die Eheschließung war verbunden mit einer zeremoniellen Festkrönung Barbarossas durch den Erzbischof von Vienne, der staatsrechtlich unerheblichen Krönung Heinrichs zum König von Italien durch den Patriarchen von Aquileja und der Krönung Konstanzes zur Königin durch einen deutschen Bischof. Die Erhebung Konstanzes zur Königin war im Rahmen der ganzen Veranstaltung ein Randereignis, und es ist nicht einmal überliefert, welcher Bischof die Weihe vollzog. Die Veranstaltung war eine Selbstdarstellung des staufischen Reichsgedankens, und weil der Papst sie nicht mit einer Kaiserkrönung Heinrichs verbinden wollte, hatte man Mailand als Ort und die Abfolge von Krönungen als Form gewählt. Der große Schritt wurde noch nicht getan, aber die Tendenz zu einem von der Weihe durch den Papst unabhängigen Kaisertum war da.

Die Hochzeit selber war also ein großer Akt staufischer Politik und Konstanze dabei nicht viel mehr als eine Statistin. Und in der folgenden Zeit erging es ihr nicht besser. Bis Mitte 1188, also noch zweieinhalb Jahre lang, blieb Heinrich in Oberitalien, und auch Konstanze mußte sich dort aufhalten. Aber wir haben keinen Anhaltspunkt dafür, wo sie gelebt haben könnte, ob sie eher mit Heinrich mitzog oder, was wahrscheinlicher ist, in einer Pfalz lebte und auf seine sporadischen Besuche wartete. Denn 1187 führte Heinrich Krieg im Kirchenstaat. Die so lange ungelösten Fragen der weltlichen Herrschaft des Papstes, der mathildischen Güter und des imperialen Anspruchs auch auf die Kontrolle des Kirchenstaates schienen jetzt reif für eine endgültige Lösung im staufischen Sinn. Diplomatisch war diese Aktion gut vorbereitet, denn seit Mai 1187 gab es ein Bündnis der Staufer mit dem französischen König Philippe Auguste, das sich zwar gegen die Anjou-Plantagenet und Heinrich den Löwen richtete, aber den Papst auch ohne Hoffnung auf französische Hilfe ließ. Die andere große Aufgabe, mit der Barbarossa seine kaiserliche Führungsrolle zum Ausdruck bringen wollte, war der Kreuzzug, den die westliche Christenheit unter seiner Führung unternehmen sollte, um im Osten zu einer endgültigen und dauerhaften Sicherung der Heiligen Stätten und der Kreuzfahrerstaaten zu kommen.

Die Nachrichten aus dem Heiligen Land waren schlecht, denn im Juli 1187 hatte Sultan Saladin die Kreuzfahrer geschlagen und im Oktober Jerusalem zurückerobert. Das erleichterte dem neuen Papst Clemens III., von einigen Positionen seines Vorgängers abzurücken, um zu einem Ausgleich zu kommen.

So konnte Heinrich in der zweiten Jahreshälfte 1188 nach Deutschland zurückkehren, um sich von seinem Vater die gesamten Regierungsgeschäfte übertragen zu lassen. Konstanze zog auch hier mit. Sie intervenierte zweimal für Verwandte ihrer Mutter aus der Champagne, aber sonst ist über ihren Aufenthalt nichts bekannt. Soweit sie nicht im Gefolge Heinrichs mitzog, dürfte sie vor allem im staufischen Kernland zwischen Hagenau und Speyer residiert haben. Ihre von den Staufern aus wesentliche biologische Funktion, einen Erben auf die Welt zu bringen, hatte sie noch nicht erfüllt.

Auf einem Reichstag in Mainz im März 1188, der als "Hoftag Jesu Christi" bezeichnet wurde, nahmen der Kaiser und sein zweiter Sohn Friedrich von Schwaben das Kreuz, und viele folgten ihrem Beispiel. Als Aufbruchstag wurde der 23. April des kommenden Jahres bestimmt, der Tag des Heiligen

Georg, und die Kreuzfahrer sollten sich in Regensburg versammeln. Doch vorher war noch einiges zu klären. In Goslar traf sich Barbarossa erneut mit Heinrich dem Löwen, und er stellte ihn vor die Wahl, auf seine Ansprüche zu verzichten, mit auf den Kreuzzug oder noch einmal drei Jahre in die Verbannung zu gehen. Der Welfe entschied sich für die Verbannung und ging wieder nach England. Auch für seine Kinder traf Barbarossa klare Regelungen. Haupthelfer Heinrichs wurde sein dritter Bruder Konrad, dem die fränkischen Besitzungen und die Vertretung in Schwaben übertragen wurde. Konrad war loyal zu Heinrich und ein unentbehrlicher Helfer, aber gewalttätig und skrupellos. Dem nächsten Bruder Otto wurde Burgund übertragen, der jüngste, Philipp, war für den geistlichen Stand bestimmt. Aber noch gab es aus der Reihe der Söhne keine Kaiserenkel.

Die Katastrophe von 1191

Im April 1189 sammelten sich die Kreuzfahrer in Regensburg und zogen dann der Donau entlang nach Osten. Der riesige Zug - die Quellen sprechen von 100 000, aber auch die 12000, mit denen man heute rechnet, stellten ein erhebliches organisatorisches Problem dar - erreichte im Spätherbst den Balkan und überwinterte dort nach Verhandlungen mit dem byzantinischen Kaiser. Im Frühjahr 1190 setzten die Kreuzfahrer nach Kleinasien über, und dort fand Barbarossa im Juni 1190 im Fluß Saleph den Tod. Sein Sohn Friedrich führte den Kreuzzug weiter, aber er starb im Frühjahr 1191 bei der Belagerung Akkons. Dafür erreichten englische und französische Verstärkungen unter dem neuen englischen König Richard

Löwenherz den Kreuzzug. Aber der große von Barbarossa erhoffte Erfolg blieb aus.

Seit April 1189 stand also Heinrich in der alleinigen Verantwortung für das Reich. Alles war gut vorbereitet worden, er war seit langem an der Gestaltung der kaiserlichen Politik beteiligt und davon überzeugt, daß er sie genau so fortführen könnte. Aber der Wegfall der väterlichen Autorität machte sich sofort bemerkbar. Schon im Oktober 1189 kehrte Heinrich der Löwe nach Deutschland zurück. Heinrich II. von England, sein Schwiegervater, war im Sommer 1189 gestorben, und von seinem Schwager Richard Löwenherz erwartete er sich keine Hilfe. An das Versprechen gegenüber Barbarossa fühlte er sich nicht mehr gebunden, auch wenn er dieses Argument erst nach dem Tod des Kaisers benutzen konnte. Er fand bei einer Reihe von Fürsten Unterstützung, die nach der langen Regierungszeit Barbarossas gern wieder etwas mehr die fürstliche Unabhängigkeit betont hätten. Das war eine Herausforderung, auf die Heinrich reagieren mußte.

Bevor Heinrich sich aber gegen den Welfen wenden konnte, erreichten ihn bestürzende Nachrichten aus Italien. König Wilhelm II. von Sizilien war überraschend am 18. November 1189 gestorben. Die Adligen und Barone, die fünf Jahre vorher in Troia die Erbfolge Konstanzes und Heinrichs beschworen hatten, wollten den Deutschen nicht als König. Der Führer der antideutschen Richtung war der Kanzler Matheus von Ajello. Papst Clemens III. entband die Herren von ihrem Schwur, und sie entschieden sich für den Grafen Tankred von Lecce, der am 18. Januar 1190 in Palermo zum König gekrönt wurde. Die Nachricht muß bei Heinrich und Konstanze sehr verschiedene Reaktionen ausgelöst haben. Konstanze trauerte um ihren Neffen Wilhelm, der ihr menschlich so nahe gestanden hatte, und das umso mehr, weil sie in Deutschland oder gar in ihrem Mann keinen Ersatz gefunden hatte. Den Kampf um das Erbe empfand sie als Vermächtnis und Verpflichtung. Heinrich dagegen hatte keinerlei emotionale Bindung zu diesem Königreich, das er noch nie betreten hatte. Er empfand nur ohnmächtigen Zorn darüber, daß hier seine großen imperialen Träume gestört und vielleicht zerstört wurden. Für ihn war es eine Rebellion, die mit Gewalt zerschlagen werden mußte. Ob und wie weit Heinrich Konstanze über seine Pläne informierte oder gar ihren Sachverstand und ihre Kenntnis der führenden Persönlichkeiten nutzte, ist nicht bekannt, aber die Art seines Vorgehens spricht dagegen.

Die Situation in Deutschland verhinderte eine sofortige Reaktion. Aber Heinrich der Löwe erschien jetzt als sekundäres Problem. Im Juli 1190 wurde in Fulda ein Frieden geschlossen, auf dessen Grundlage Heinrich der Löwe im Land bleiben und einen Teil seiner Rechte zurückerhalten konnte. Zwei Söhne sollten als Geiseln im Gefolge König Heinrichs mit nach Italien ziehen, um den Löwen an seine Versprechungen zu binden. Die Nachricht vom Tod Barbarossas, die bald danach eintraf, verhinderte den sofortigen Italienzug. Erst im Januar 1191 erschien Heinrich VI. mit einem Heer und mit Konstanze im Gefolge in der Lombardei. Er wollte sich in Rom zum Kaiser krönen lassen und dann in seiner neuen Würde den Kampf um Sizilien aufnehmen.

Im März starb Papst Clemens III., und die Kardinäle wählten den Ältesten aus ihren Reihen zum Nachfolger. Coelestin III. war ein zäher Gegner. Zuerst schob er seine Konsekrierung hinaus, denn erst nach seiner Weihe zum Papst konnte er einen Kaiser krönen. Um Druck auf ihn auszuüben, mußte

Heinrich sich mit den Römern verständigen. Er lieferte ihnen die kleine Stadt Tusculum, die die Römer als Konkurrenz empfanden und die immer kaisertreu gewesen war, zur Plünderung und Zerstörung aus. Dafür wurde er am Ostersonntag von dem neu geweihten Papst zum Kaiser gekrönt. Konstanze war vermutlich anwesend, aber sie wurde nicht mitgekrönt. Von Rom aus begann Heinrich die Eroberung Süditaliens mit der Belagerung Neapels, das von der See her durch pisanische Schiffe blockiert wurde. Mit der steigenden Sommerhitze nahmen Durchfallerkrankungen, Ruhr und Malaria im deutschen Heer dramatisch zu, und Heinrich, der sich selbst eine Malaria zuzog, von der er sich nie mehr ganz erholen sollte, mußte die Belagerung ergebnislos abbrechen.

Konstanze wollte der Kaiser in seiner Nähe haben, weil ihr Erbanspruch ja sein Rechtstitel war. Sie hielt sich in Salerno auf, das sich für Heinrich und Konstanze erklärt hatte. Als die Nachricht vom Zusammenbruch der kaiserlichen Macht eintraf, schlug die Stimmung in der Stadt um. Konstanze konnte nur den freien Abzug ihrer deutschen Begleitung erreichen, sie selber wurde gefangengenommen und dem König Tankred übergeben. Wilhelm und Konstanze waren Gegner Tankreds gewesen, und nicht alle, die sich gegen Heinrich und für ihn als König ausgesprochen hatten, waren seine unbedingten Anhänger. Wahrscheinlich eher wegen der Sympathien, die Konstanze überall entgegengebracht wurden, als aus innerer Vornehmheit behandelte Tankred seine zwanzig Jahre jüngere Tante und Konkurrentin zuvorkommend. Sie erhielt das Kastell von Neapel als Haftort zugewiesen.

Tankred wurde Mitte 1192 von Papst Coelestin als König anerkannt und offiziell mit Sizilien belehnt. Dafür übergab er seine Gefangene Abgesandten des Papstes, die sie nach Rom bringen sollten. Wahrscheinlich wollte der Papst sie dann in einer großen Geste an Heinrich zurückgeben und damit gleichzeitig Verhandlungen einleiten. Aber unterwegs trafen die Reisegruppe auf eine bewaffnete deutsche Schar, die die Gemahlin ihres Kaisers aus den Händen der Päpstlichen "befreite" und sie an Rom vorbei nach Deutschland zurückbrachte. Heinrich hatte Italien schon Ende 1191 verlassen. Die großartig in Angriff genommene Eroberung des sizilischen Erbes war kläglich gescheitert, der Papst hatte seine Oberlehensherrschaft über Sizilien neu zum Ausdruck bringen können, und Tankred war fest etabliert und konnte seinen Sohn Roger zum Mitkönig einsetzen lassen. Die Bilanz der ersten Jahre Heinrichs VI. war von spektakulären Mißerfolgen gekennzeichnet.

Zweiter Deutschlandaufenthalt

Der zweite Deutschlandaufenthalt Konstanzes dauerte von Herbst 1192 bis Pfingsten 1194. Er war noch unerfreulicher als der erste. Denn Konstanze war für Heinrich nicht nur eine Art Geisel, ein Wechsel auf eine bessere politische Zukunft, in der er Sizilien wieder für sich reklamieren konnte, sondern auch die Zeugin seines Versagens, die Vertreterin des Landes, das ihn zurückgestoßen hatte. Dazu kam der wachsende Druck, wenn ihren sicher nur sporadischen Begegnungen nicht die langerwartete Schwangerschaft folgte, die Vorwürfe, daß die Familie König Rogers zur Unfruchtbarkeit und zum Aussterben verurteilt sei. Wenn die Ehe kinderlos blieb, und das war wahrscheinlich, denn sie waren seit acht Jahren verheiratet und Konstanze inzwischen achtunddreißig, dann war Konstanze nur noch der Rechtsgrund, mit dem Heinrich

Sizilien dem Stauferreich einverleiben konnte. Konstanze hatte sich auf die Ehe mit Heinrich eingelassen, um die Erbfolge Tankreds zu verhindern, aber in ihrer jetzigen Lage mußte ihr Tankred als König noch lieber sein als die Übernahme ihres väterlichen Reiches durch die Staufer.

Konstanze wird in dieser Zeit nur einmal erwähnt, und zwar anläßlich einer Begegnung mit dem englischen König Richard Löwenherz in Hagenau. Richard war ein großer Ritter und Kämpfer, aber gleichzeitig auch grenzenlos selbstüberzeugt, andern gegenüber unverschämt und in seinen Zielen und Wegen skrupellos. So konnte es nicht ausbleiben, daß er sich überall, wo er auftrat, auch persönliche Feinde machte. Kaiser Heinrich und der französische König hatten sich abgesprochen, ihn auf dem Rückweg vom Kreuzzug abzufangen. Das hätte einer früheren Generation noch als unritterlich und unchristlich gegolten, aber die Zeiten hatten sich geändert. Richard versuchte, von Aquileja aus in Verkleidung über die Alpen zu kommen, aber er fiel mit seinem Benehmen aus der Rolle und wurde erkannt. Den Babenberger Leopold von Österreich, der ihn Ende 1192 in Haft nahm, hatte er auf dem Kreuzzug schwer beleidigt, seine Fahne heruntergerissen und in den Dreck getreten. Leopold lieferte ihn gegen eine Beteiligung am mutmaßlichen Lösegeld an Kaiser Heinrich aus. Richard Löwenherz saß dann auf dem Trifels ein, nicht im tiefen Kerker, sondern in ritterlicher Haft, während die Verhandlungen über das Lösegeld liefen. Richards Bruder Johann wollte die Auslösung verhindern, weil er dann König geworden wäre, aber die englischen Städte und Grafschaften brachten gegen seinen Willen die riesigen Summen auf. Am 4. Februar 1194 wurde Richard Löwenherz entlassen, nachdem er Heinrich für England einen Lehenseid geschworen hatte. Bei dieser Gelegenheit trafen sich Richard und Konstanze, die beiden Faustpfänder Heinrichs für seinen Wiederaufstieg.

Denn mit dem englischen Geld konnte Heinrich einen neuen Angriff auf Sizilien planen. Auch die Lage dort entwickelte sich zu seinen Gunsten. 1193 waren der vertraute Kanzler Matheus von Allejo und Tankreds Sohn und Mitkönig Roger gestorben, und im Februar 1194 folgte ihnen Tankred selbst. Sein Nachfolger wurde der unmündige Wilhelm III. aus Tankreds zweiter Ehe mit Sibylle von Acerra, die die Regentschaft führte. Die süditalienischen Barone hatten sich Tankred nur formal gebeugt und alles versucht, um ihre frühere Selbständigkeit wiederzugewinnen. Schon Tankred hatte eine Reihe von Zugeständnissen machen müssen, um überhaupt König zu werden, und die Schwächung der königlichen Gewalt durch seinen Tod bestärkte die Auflösungstendenzen in Süditalien. Die Verhältnisse luden zu einem Eingreifen geradezu ein, und mit dem englischen Lösegeld waren auch die Mittel dazu vorhanden.

Geburt des Sohnes und Rückkehr

Im Mai 1194 brach Heinrich vom Trifels aus nach Italien auf, und Pfingsten feierte er in Mailand. Dort wurde das Heer noch verstärkt und der Krieg politisch vorbereitet. Denn um Sizilien zu erobern, brauchte man eine Flotte, und die stellten die Handelsstädte Genua und Pisa, natürlich um den Preis von Zugeständnissen, denn sie sahen im Königreich Sizilien vor allem die unliebsame Konkurrenz. Von da aus ging es im Sommer nach Süditalien. Salerno, das 1191 die Kaiserin an Tankred ausgeliefert hatte, wurde zur Strafe zerstört. Auch sonst wurde die neue königliche Macht unerbittlich zur Geltung gebracht. Mit der vom Reichstruchseß Markward von Annweiler befehligten Flotte gelang die Einnahme von Palermo, und am 20. November hielt der Kaiser dort feierlichen Einzug. Heinrich sah sich als von Anfang an legitimen König und die Regierung Tankreds nur als zeitweilige Usurpation, und er handelte entsprechend.

Die Anhängerschaft Tankreds wurde blutig verfolgt und vernichtet. Die Königinwitwe Sibylle und ihr Sohn Wilhelm kamen nach Deutschland ins Exil. Wilhelm wurde später auf Befehl Heinrichs geblendet. Die königlichen Festungen ließ Heinrich mit deutschen Truppen belegen, und wichtige Positionen übertrug er Vertrauten vor allem "schwäbischer" Abkunft, Angehörigen des kleinen Adels oder Ministerialen, die hier zu hohen Ämtern aufstiegen. Sie stammten überwiegend aus dem staufischen Kernbereich links und rechts des Rheins, aber da die Staufer in Italien und Frankreich als das Schwäbische Haus bezeichnet wurden, galten ihre Dienstleute eben als Schwaben. Den Schatz der Normannenkönige, den ihm die Königinwitwe Sibylla übergeben hatte, ließ Heinrich zur Finanzierung weiterer Unternehmungen nach Deutschland auf den Trifels überführen. Am 25. Dezember wurde er in Palermo zum König gekrönt.

Die blutige und gewalttätige Übernahme und Festigung der Macht fällt vielleicht insgesamt nicht aus dem im normannischen Königreich üblichen Rahmen, denn nur mit Härte und Brutalität war es überhaupt möglich gewesen, dieses Königreich zu errichten und zu stabilisieren. Und Heinrich verstand sich nicht als vorläufiger Regent, sondern das war für ihn eine endgültige Besitznahme. Er hatte durchaus eine Vision von der weiteren Entwicklung seines Hauses und seines Reiches. Neben den staufischen Komplex aus Hausgut und Reichsgut in Südwestdeutschland, der meistens pauschal als Herzogtum Schwaben bezeichnet wird, sollte das Königreich Sizilien als zweite direkt von den Staufern kontrollierte Provinz treten. Dazwischen lag dann der Kirchenstaat und die Lombardei, wo mit Hilfe der kaiserlichen Rechte die tatsächliche Machtstellung ausgebaut werden konnte. Im übrigen deutschen Königreich wie in Burgund war die kaiserlich-königliche Gewalt deutlich eingeschränkter. Heinrich war hier durchaus zu großen Lösungen bereit. Mit dem Papst führte er Verhandlungen, die die Verfügung über den Kirchenstaat wie über die mathildischen Güter endgültig klären sollten, und zwar im Sinn eines Ausgleichs, der die Herrschaftsausübung beim Kaiser ließ, der Kirche aber ein regelmäßiges Einkommen sicherte. Ebenso verhandelte er mit den deutschen Fürsten, denen er größere Selbständigkeit in ihren Territorien anbot, wenn sie dafür der Erblichkeit des Königtums in der Stauferfamilie zustimmten. Der Besitz des Königreichs Sizilien wie der normannische Staatsschatz spielten in diesen Plänen eine herausragende Rolle.

Konstanze war bei der Eroberung ihres Königreichs nicht dabei. Sie war mit dem Heer nach Mailand gekommen, und ausdrücklich bezeugt ist ein Aufenthalt der schwangeren Kaiserin im Kloster S. Vittore in Meda. Das zu dieser Zeit nicht mehr erwartete Ereignis der Schwangerschaft war sicher ein Grund, warum sie nicht mit dem Heer nach Süden ging, sondern sich den Sommer über noch in Oberitalien aufhielt und erst bei nachlassender Hitze langsam nach Süden zog. Aber vielleicht wollte sie auch bei der ersten Inbesitznahme nicht dabei sein, aus einem Gefühl der Ohnmacht, weil sie wußte, wie Heinrich vorgehen würde, und weil sie selbst anders vorgegangen wäre oder manche der Opfer kannte. Am 26. Dezember 1194, einen Tag nach Heinrichs Krönung in Palermo, brachte sie in der kleinen Stadt Jesi bei Ancona ihr Kind zur Welt. Ob der Ort Zufall war oder sie ihn bewußt ausgewählt hat, weiß man nicht. Die Legende sagt, sie habe das Kind auf offenem Marktplatz bekommen, um vor aller Welt zu zeigen, daß es wirklich ihr Kind war. Aber das stimmt wohl nicht, und es war auch nicht nötig, denn solche Geburten fanden immer in einer gewissen Öffentlichkeit und unter Zeugen statt, um allen möglichen Gerüchten vorzubeugen.

In einer späteren Quelle wird berichtet, daß sie den Sohn Roger Konstantin genannt habe, also nach dem Namen ihres Vaters und ihrem eigenen. Aber das ist keineswegs sicher und sogar eher unwahrscheinlich, denn Petrus von Eboli, ein Kleriker und Arzt, der 1195 ein Gedicht zum Lob Heinrichs und Konstanzes abschloß, nannte das Kind Roger Friedrich, mit den Namen der beiden Großväter. Konstanze war vierzig, als sie dieses Kind bekam, und die späte Schwangerschaft nach achtjähriger Kinderlosigkeit war natürlich der Anlaß für eine Reihe von Gerüchten, vor allem als dieses Kind später als Friedrich II. in der päpstlichen Propaganda zum Antichrist und zur Ausgeburt der Hölle umgedeutet wurde. Aber zeitgenössisch waren diese Zweifel nicht. Konstanze schickte offenbar eine Art "Geburtsanzeige" an verschiedene Städte, etwa nach Lucca. Von Heinrich ist ein Brief an den Erzbischof Walter von Rouen vom 20. Januar 1195 erhalten, in dem er seinem "geliebten Freund" nicht nur von der glückliche Inbesitznahme des Königreichs Sizilien berichtet, sondern auch die Geburt des Sohnes mitteilt und ihn auffordert, sich mit ihm darüber zu freuen.

Konstanze übergibt Friedrich dem Herzog von Spoleto.
Petrus von Eboli, Liber ad Honorem Augusti.
Berner Burgerbibliothek.

Konstanze behielt den Sohn nicht lange bei sich. Sie überließ ihn schon nach wenigen Wochen der Fürsorge der Herzogin von Spoleto. Der Herzog war ein schwäbischer Ritter, Konrad von Urslingen, der im Gefolge des Kaisers Karriere gemacht hatte und zu den Vertrauten Heinrichs VI. gehörte. Seine Frau hatte er vielleicht aus Schwaben mitgebracht, aber wahrscheinlicher entstammte sie einer italienischen Adelsfamilie, mit der er sich verbunden hatte. Die Familie residierte in Foligno, wo Konstanze vor neun Jahren zum ersten Mal mit Barbarossa zusammengetroffen war. Dort blieb das Kaiserkind während der nächsten drei Jahre, und Konstanze sah den kleinen Friedrich Roger vermutlich nur einmal bei der offiziellen Taufe, die Ende 1196 oder Anfang 1197 in Anwesenheit beider Eltern stattfand.

Konstanze reiste allein nach Bari weiter und traf dort mit Heinrich zusammen. Auf dem Reichstag von Bari an Ostern 1195 wurden weitreichende Entscheidungen gefällt. Der jüngste Bruder des Kaisers, Philipp von Schwaben, hatte 1193 auf seine geistliche Karriere verzichtet und wurde jetzt zum Herzog von Tuscien ernannt und damit eine Art Vertreter Heinrichs für Norditalien. Konrad von Urslingen war für Mittelitalien verantwortlich. Konstanze, die sich mit der Geburt des Erben im staufischen Sinne "bewährt" hatte und jetzt auch wieder als zuverlässig galt, weil sie ja ihr väterliches Erbe für den Sohn erhalten wollte, wurde Regentin für Heinrich im Königreich Sizilien und zur Königin gekrönt. Heinrich hatte die Angelegenheiten in Italien in seinem Sinn geordnet und konnte nach Deutschland zurückkehren.

Konstanze residierte wieder in Palermo. Mit Philipp von Schwaben arbeitete sie vermutlich gut zusammen, er war der angenehmste und umgänglichste der Barbarossa-Söhne und

Taufe Friedrichs. Holzschnitt zur deutschen
Übersetzung von Boccaccio durch Steinhöwel.
Bibliophiler Neudruck 1924

mehr auf Ausgleich aus als auf gewalttätiges Durchsetzen. Auch mit Konrad von Urslingen hatte sie keine Probleme. Konstanze vertrat die kaiserliche und königliche Politik als "imperatrix semper augusta et regina Sicilie". So protestierte sie 1195 beim Papst, weil er sich in kirchliche Angelegenheiten eingemischt und damit gegen die alten Abmachungen verstoßen hatte. In der großen Linie gab es keine Differenzen, wohl aber in der Beurteilung der Lage in Sizilien. In wichtigen Spitzenstellungen saßen hier Deutsche, die die Regentin mißtrauisch beobachteten und immer Verschwörungen witterten, wenn nur irgendwo italienisch gesprochen wurde, und erst recht, wenn Konstanze andere als sie zu Beratungen oder Entscheidungen heranzog. Dabei wäre eine gewisse Vermittlung notwendig gewesen, denn die harte Unterdrückung der Gegner eines deutschen Königs, die landfremde Verwaltung und das Ausplündern des Staatsschatzes hatten große Erbitterung hervorgerufen. Konstanze versuchte vielleicht, an die Tradition ihres Neffen Wilhelms II. anzuknüpfen, aber in dieser Situation mußte jeder Versuch einer Abmilderung sie in den Verdacht der Zusammenarbeit mit der jeweils anderen Seite bringen.

In der Verantwortung für den Sohn

Ende 1196 kehrte Heinrich VI. nach Italien zurück. Seine großen Pläne hatte er bis jetzt nicht durchsetzen können, aber immerhin war sein zweijähriger Sohn Friedrich in Deutschland zum König gewählt worden. Bei der Taufe des Sohnes war die Familie wohl zum ersten Mal vereinigt. Heinrich hatte eigentlich eine großartige Feier mit gleichzeitiger Taufe und Salbung durch den Papst gewollt. Das hatte nicht geklappt, so wurde die Taufe im kleinen Rahmen vollzogen und nicht einmal der Tag und der Ort sind überliefert. In Sizilien wollte Heinrich jedoch nicht nur die Familie sehen, sondern noch einmal hart durchgreifen, um jeden Widerstand zu brechen. Auf einem Hoftag in Capua im Dezember 1196 wurde der Bruder der Königin Sibylla, Graf Richard von Acerra, verurteilt und hingerichtet. Gleichzeitig ließ Heinrich eine neue Steuer und eine Überprüfung aller bisherigen Schenkungen und Verleihungen ankündigen. Das führte zu einer Verschwörung. Heinrich sollte auf der Jagd gefangengenommen werden, aber er wurde gewarnt und konnte nach Messina entkommen.

Von der Seite der deutschen "Besatzer" aus wurde Konstanze offen verdächtigt, an der Verschwörung beteiligt gewesen zu sein. Heinrich wird das zwar nicht geglaubt haben, denn die Verschwörer wollten einen der Ihren zum neuen König machen. Aber es gab sicher eine tiefergehende Auseinandersetzung um die richtige Behandlung des Königreichs, wobei Konstanze die Linie ihres Neffen Wilhelms "des Guten" vertrat und für mehr Autonomie eintrat. Die Differenzen wurden auch im Rat diskutiert und ausgetragen und waren allgemein bekannt.

Damit war ein guter Nährboden für Gerüchte und Denunziationen gegeben. Insbesondere Markward von Annweiler scheint ein spezieller Feind Konstanzes gewesen zu sein. Immerhin sind sich die Quellen darüber einig, daß die Kaiserin gezwungen wurde, bei den Hinrichtungen anwesend zu sein. Das war Heinrichs Strafe für ihre hartnäckige Widersetzlichkeit, und in ihren persönlichen Beziehungen war ein Tiefpunkt erreicht, als der Kaiser sich Ende Juli in Palermo verabschiedete. Er wollte sich in der Nähe von Messina erholen, bevor er von Messina aus zu dem geplanten Kreuzzug aufbrach. Aber ein Ausbruch der seit 1191 nie ganz ausgeheilten Malaria warf den Zweiunddreißigjährigen aufs Krankenbett, und am 28. September 1197 starb er in Messina.

Der Tod Heinrichs VI. ist einer der tiefen Einschnitte in die deutsche und europäische Geschichte. Ob ihm die Verwirklichung seiner Pläne gelungen wäre, wenn er zwanzig Jahre mehr Zeit gehabt hätte, ist eine müßige Frage. Heinrich hatte zwar wegen des geplanten Kreuzzugs einige Vorkehrungen getroffen, aber die Nachfolge war noch nicht klar geregelt. Philipp von Schwaben war beauftragt, den kleinen Friedrich zur Krönung nach Deutschland zu holen. Auf die Nachricht vom Tod des Kaisers hin brachen in Mittelitalien überall Aufstände gegen die Deutschen los. Philipp kam nicht nach Foligno durch. Konstanze gab zwei Vertrauten den Auftrag, ihren Sohn nach Sizilien zu holen. Mit dieser Entscheidung setzte sie einen klaren Akzent. Sie hätte versuchen können, die erheblichen deutschen Kräfte in Italien zusammenzuziehen und gemeinsam mit Philipp von Schwaben die Lage zu stabilisieren, um dann als Kaiserinwitwe im Schutz ihres Schwagers in Deutschland zu erscheinen und dort für ihren Sohn das staufische Erbe und die Königswürde in Besitz zu nehmen. Aber sie holte den kleinen Friedrich nach Sizilien und brach den politischen Kontakt zur Stauferfamilie ab.

Diese Entscheidung Konstanzes ist in ihrer Tragweite nicht immer ganz gewürdigt worden. Konstanze ließ die große Vision Heinrichs fallen, der sein Reich auf der Basis von Schwaben und Sizilien hatte aufbauen wollen. Vielleicht hielt sie den Plan unter den neuen Umständen für nicht mehr realisierbar, oder sie hatte ihn immer für einen Traum gehalten. Auf jeden Fall fühlte sie sich nicht als deutsche Königin, ihre Erinnerungen an die Jahre in Deutschland waren nicht glücklich, und die Verantwortung, die sie empfand, galt ihrem Königreich, dem Erbe ihres Vaters, das sie ihrem Sohn erhalten wollte. Dafür verzichtete sie für ihn faktisch auf seinen deutschen Anspruch und brachte ihren Schwager Philipp in eine schiefe Lage. Denn der Erzbischof von Köln, einer der hartnäckigen Widersacher Heinrichs, nutzte die Gelegenheit, um gegen die Staufer einen eigenen König aufzustellen. Nachdem andere Fürsten sich verweigert hatten, wurde schließlich mit Hilfe von Richard Löwenherz dessen Neffe Otto von Braunschweig, ein Sohn Heinrichs des Löwen, zum König gewählt und im Juli 1198 in Aachen gekrönt. Otto war in Frankreich aufgewachsen und von Richard zum Grafen von Poitou ernannt worden. Philipp von Schwaben mußte dieses Gegenkönigtum im Namen eines noch nicht gekrönten Kindes bekämpfen, das unter der Obhut seiner Mutter in Sizilien lebte und auf Anfragen nicht reagierte. Weil die Situation für den staufischen Anhang unhaltbar war, ließ sich Philipp im März 1198 zum König wählen. Er wurde im September in Mainz mit den richtigen Reichsinsignien gekrönt, aber welcher Gewählte und Gekrönte nun der richtige König war, blieb offen. Der Thronstreit in Deutschland dauerte zehn Jahre, die viel Kraft kosteten und eine aktive Politik in Italien verhinderten.

Konstanze ließ ihren Ehemann wie einen normannischen König im Dom von Palermo beisetzen, in einem eigens angefertigten Porphyrsarg. Seit Dezember stellte sie ihre Urkunden gemeinsam mit ihrem Sohn Friedrich aus. Dem von Heinrich eingesetzten deutschfreundlichen Kanzler Walter von Pagliara entzog sie die Siegel und ließ ihn einsperren. Alle von Heinrich eingesetzten deutschen Berater und Beamten wurden abgesetzt und des Landes verwiesen. Auch diese Maßnahmen zeigen deutlich ihre Absage an eine Weiterführung der gemeinsamen Politik und ihre Konzentration auf Sizilien. Konstanze wollte ihrem Sohn die normannische Königsmacht möglichst unbeschädigt erhalten und weitergeben, und dafür setzte sie ihre ganze Kraft ein. Der Verzicht auf das Bündnis mit Deutschland hatte die Lage in Sizilien entspannt, und sie nahm die Regierungsgewalt nach innen und außen mit großer Energie war.

Die schwierigste Frage war die Verständigung mit dem Papst, der ja Oberlehensherr von Sizilien war und den neuen König anerkennen mußte. Konstanze fühlte vielleicht, daß ihr nicht mehr viel Zeit blieb, und dann konnte ihr unmündiger Sohn nur mit Zustimmung und Billigung des Papstes das Königtum halten. Der alte Papst Coelestin, der Heinrich so zäh widerstanden hatte, überlebte ihn nur um wenige Monate. Sein Nachfolger seit Dezember 1197 war Innozenz III., ein italienischer Adliger und Kirchenjurist, der in der Verbindung von Deutschland und Sizilien eine große Gefahr für die Kirche und ihre Machtstellung in Italien sah. Mit ihm mußte Konstanze unter dem Zeitdruck ihrer nachlassenden Gesundheit verhandeln. Sie verzichtete schließlich auf die besonderen Rechte, die der sizilische König als päpstlicher Legat bisher gegenüber seiner Kirche gehabt hatte, und für ihren Sohn verzichtete sie auch auf dessen Rechte in Deutschland. Dafür anerkannte der Papst Friedrich als König von Sizilien. So konnte Konstanze ihren Sohn am 17. Mai 1198 im Dom von Palermo zum König krönen lassen. Unter großen Opfern hatte sie ihr Ziel erreicht. Ob sie in diesen Monaten viel Zeit für den vertrauten Umgang mit dem Kind und für seine Unterweisung als König hatte, ist nicht klar. Möglicherweise hat sie

ihn doch zu vielen Verhandlungen und Staatsakten mit zuge-
zogen. Auf jeden Fall hat Friedrich ihrer als Mutter und Königin immer mit großer Ehrfurcht und Dankbarkeit gedacht.
Konstanze starb am 27. November 1198. In ihrem Testament
übertrug sie dem Papst die Vormundschaft für den knapp vierjährigen König. Sie wurde wie ihr Mann in einem Porphyrsarg im Dom von Palermo beigesetzt.

Die ghibellinische Legende

Konstanze hatte dreißig Jahre lang ein eher ruhiges Leben
im Palast von Palermo geführt. Dann war sie durch ihre Verlobung und Heirat in die Wechselfälle der großen Politik hin-
eingezogen worden. Die zehnjährige Ehe mit dem Staufer war
nicht glücklich, es gab menschliche Enttäuschungen und politische Differenzen, vor allem über den Stellenwert von Konstanzes Erbreich Sizilien. Konstanze war für Heinrich keine
"consors regni" und fühlte auch gegenüber dem deutsch-ita-
lienischen Reich, das die Staufer geerbt und ausgebaut hatten, keine Verpflichtung und Verantwortung. Nach dem Tod
Heinrichs entschied sie deshalb gegen die imperiale Idee und
sicherte dem kleinen Sohn so wenigstens die Nachfolge in
ihrem väterlichen Erbe.

Der Papst übernahm die Vormundschaft über ihren vierjähriger Sohn. Er kümmerte sich nicht um ihn persönlich,
doch sorgte er wenigstens für eine Weiterführung der Regierung. Die Staatsautorität litt natürlich unter diesen Verhältnissen, aber mit dieser Lösung hatte Konstanze wenigstens erreicht, daß ihrem Sohn das Erbe ungeschmälert erhalten und
von niemand bestritten wurde. Der kleine Friedrich Roger
wuchs in den folgenden Jahren allein in Palermo auf. Er war

ein neugieriges und aufgewecktes Kind und lernte in diesen Jahren unheimlich viel, an formaler Bildung wie an Menschenkenntnis, obwohl eigentlich niemand so richtig für ihn verantwortlich war. Im Jahr 1212 schickte der Papst Friedrich als Gegenkönig nach Deutschland, weil er sich anders gegen den Welfen Otto nicht zu helfen wußte. Er wurde deutscher König und 1220 Kaiser, aber das eigentliche Machtzentrum blieb sein mütterliches Erbreich Sizilien. Er war der einzige mittelalterliche Kaiser, der mehr Italiener als Deutscher war, und die Erinnerung an ihn spielte in der italienischen Parteienlandschaft der folgenden Jahrhunderte eine große Rolle. In Anlehnung an die deutschen Fürstenhäuser nannte man die Anhänger einer größeren staatlichen Einheit Ghibellinen (Waiblinger war eine andere Bezeichnung für Staufer), die Vertreter der Unabhängigkeit der einzelnen Kommunen Guelfen (Welfen).

Für die Ghibellinen war Friedrich II. die Leitfigur. Schon Friedrich selbst hatte in seiner Propaganda immer wieder darauf abgehoben, daß er am 26. Dezember in Jesi geboren worden war, und daß diese Geburt wegen des Alters der Mutter schon ein kleines Wunder war. Die Parallele zur Geburt Jesu und zu den Wundergeschichten der Bibel wurde in den folgenden Jahrzehnten weiter ausgebaut. Giovanni Boccaccio nahm um 1350 in sein lateinisches Buch über berühmte Frauen auch die Königin Konstanze auf. Nach seiner Darstellung lebte sie gottgefällig im Kloster, bis Kaiser Heinrich sie heiratete. Mit fünfundfünfzig Jahren wurde die alte Frau Mutter. Die Darstellung endet in der in Deutschland populären frühneuhochdeutschen Übersetzung von Steinhöwel so:

"Wer ist nun der, der das schwengern und die geburt Constancie nit wolt wonderbar scheczen? So by unseren zytten solche nie gesenhen ist. Och syd Eneas von Troya in Ytaliam komen ist, nie gehort ward. On aine Elizabeth, das wyb Zacharie, von deren usz besunder gottes würkung Johannes geboren ist, desz gelychen noch großer under aller frowen kinder nümer kommen wúrt."

Der größte Dichter im Italien des ausgehenden Mittelalters war Dante. Er war ein überzeugter Anhänger der ghibellinischen Sache und träumte von einer Erneuerung des Kaisertums. Seine "Göttliche Komödie" ist unter anderem auch eine subjektive Darstellung und Einordung historischer Persönlichkeiten in die Hölle, ins Fegefeuer oder ins Paradies. Dort hat er auch Konstanze aufgenommen, die wunderbare Mutter des großen Kaisers:

E quest'altro splendor, che ti si mostra
Dalla mia destra parte, e che s'accende
Di tutto il lume della sfera nostra.
Ciò ch'io dico di me di sè intende:
Sorella fu, e cosí le fu tolta
Di capo l'ombra delle sacre bende.
Ma poi che pur al mondo fu rivolta,
Contra suo grato e contra buona usanza,
Nun fu dal vel del cuor giammai disciolta.
Quest'è la luce della gran Gostanza,
Che del secondo vento di Soave
Generò il terzo, e l'ultima possanza.

in wörtlicher Übersetzung:

Dieser andere leuchtende Geist, der sich dir zeigt
Auf meiner rechten Seite, und der aufleuchtet
Mit dem ganzen Licht unserer Sphäre
Was ich für mich erzähle, gilt auch für sie:
Sie wurde Nonne, und es wurden ihr weggenommen
Vom Kopf der Schatten der heiligen Binden.
Aber dann, obwohl sie der Welt zurückgegeben wurde
Gegen ihren Willen und den guten Brauch
Ließ sie sich in ihrem Herzen nie vom Schleier lösen.
Das ist das Licht der großen Konstanza
Die vom zweiten Sturm aus Schwaben
Den dritten und die letzte Macht empfing.

(Del Paradiso, Canto Terzo 109 - 120)

Quellen und Literatur

Giovanni Boccaccio: De claribus mulieribus (um 1350)
Deutsche Übersetzung von Steinhöwel (zuerst 1473).
Bibliophile Ausgabe v. Kurt Pfister, Potsdam 1924

Dante: La divina commedia. Del Paradiso - Canto Terzo 109 - 120.
(ed. Brunone Bianchi, Firenze 1890)

Deutsche Lyrik des Mittelalters. Hrsg. Max Wehrli. Manesse Bibliothek
der Weltliteratur. Zürich 1955
– Gedicht Heinrichs S. 89

Richard Allen Brown: Die Normannen. Artemis München Zürich 1988
– Die Normannen in Süditalien S. 108

Ferdinand Opll: Friedrich Barbarossa. WBG Darmstadt 1990.

David Abulafia: Herrscher zwischen den Kulturen. Friedrich II. von
Hohenstaufen. Siedler Berlin 1991 (englisch Penguin London 1988)

Wolfgang Stürner: Friedrich II. Teil 1: Die Königsherrschaft in Sizilien
und Deutschland 1194-1220. WBG Darmstadt 1992

Henry Benrath: Die Kaiserin Konstanze. Roman. DVA Stuttgart 1949.

Theo Kölzer: Urkunden und Kanzlei der Kaiserin Konstanze, Königin
von Sizilien (1195-1198). Böhlau Köln 1983.

Heinz Wolter: Die Verlobung Heinrichs VI. mit Konstanze von
Sizilien. In: Historisches Jahrbuch 105, 1985, S. 30 - 51.

Die Zeit der Staufer. Katalog der Ausstellung Stuttgart 1977.
Band III. Aufsätze. Darin:
Hansmartin Decker-Hauff: Das Staufische Haus.

Erfolgreiche Titel
aus einem vielseitigen Verlagsprogramm

Hansjörg Frommer
Die Illyrer
Viertausend Jahre
europäischer Geschichte
160 Seiten, bebildert, Paperback

Hansjörg Frommer
Die Salier und das
Herzogtum Schwaben
Deutsche Geschichte aus
ungewohnter Sicht
160 Seiten, Paperback

Wilhelm Kelch
Mit Zopf und Gänsekiel
Das Leben des kurpfälzischen
Mühlenknechtes Johannes Feld
Ein historischer Roman
illustriert von Zoran Petrović
300 Seiten, Paperback

Wilhelm Kelch
Heitere Unmoral
Merkwürdige Begebenheiten
aus früheren Zeiten
200 Seiten, illustriert
Paperback

Das badische Ständehaus
Text- und Bilddokumentation
über das erste deutsche
Parlamentsgebäude
144 Seiten, 88 Abbildungen
gebunden

Das Ringen
um den Südweststaat
Karikaturen zum Entstehen des
Landes Baden-Württemberg
120 Seiten, 80 Abbildungen
Paperback

Ferdinand Kusterer
In den Händen der Zeit
Von Stalingrad nach Amerika
350 Seiten, 45 Abbildungen

Hierzuland
Badisches und Anderes
von Rhein, Neckar und Main
Zeitschrift des Arbeitskreises
Heimatpflege Nordbaden
Regierungsbezirk Karlsruhe,
erscheint zweimal jährlich
100 Seiten, zahlreiche
bebilderte Fachbeiträge

Toni Peter Kleinhans
Sylvia – das Tulpenmädchen
Ein Roman aus der
Gründerzeit der
Residenzstadt Karlsruhe
Mit Zeichnungen von
Brigitte Kratochwil-Hardt
176 Seiten, Paperback

Wenn das der Kaiser
Caracalla wüßte ...
Von "Aquae"
zu "Baden-Baden"
52 Seiten, 40 Fotos, illustriert

Peter Burger: Keramik
Werkkatalog
100 Seiten, Paperback

Beispiele
Bilder und Plastiken
aus dem Besitz des
Regierungspräsidiums
Karlsruhe, Kunstband
100 Seiten, 80 Abbildungen
überwiegend farbig, Paperback

Die Bauhaus-Künstlerin
Margaret Leiteritz
Gemalte Diagramme
2. Auflage
Kunstband, 120 Seiten
40 Farbmotive, gebunden

Malende Frauen
Schreibende Frauen
Künstlerinnen in
unserer Gesellschaft
Malerinnen:
Gretel Haas-Gerber, Tremezza
von Brentano, Candace Carter
Schriftstellerinnen:
Margarete Hannsmann, Regine
Kress-Fricke, Vera Zingsem
116 Seiten, Paperback

Hartmut Gampp
Werkkatalog
Malerei, Objekte,
Environments
120 Seiten, 40 Farbtafeln
Großformat, Paperback

Vom Marktstand zum
Supermarkt
Puppenwelt
und Wirklichkeit
192 Seiten, 180 überwiegend
farbige Abbildungen

Kurt Müller-Graf
Ein Theaterleben
Reihe: "Profile der Region"
120 Seiten, zahlreiche Abbildungen, Paperback

Heinrich Köhler
Politiker und Staatsmann
Begleitpublikation zur Ausstel-
lung im Karlsruher Schloß
112 Seiten, 50 Abbildungen
Paperback

Migjeni
Der Selbstmord des Sperlings
und andere Prosaskizzen
Aus dem Albanischen von
Joachim Röhm
80 Seiten, Paperback

Der Hermann-Hesse-Preis
Dokumentation und
Lesebuch
300 Seiten, Paperback

Jürgen Kleist
Nietzsche in Turin
Eine Novelle
100 Seiten, Paperback

Franzsepp Würtenberger
Die Architektur
der Lebewesen
Das große Werk des
bekannten Weltethikers
300 Seiten, 400 Abbildungen
Großformat, Ganzleinen

Gerhard Lanzenberger
Schöpfung ist Evolution
Bibel und Naturwissenschaften
im Vergleich
Ein Buch von
brisanter Aktualität
2. Auflage, 240 Seiten

Sun Tsu
Über die Kriegskunst
Neu übersetzt und ausführlich
kommentiert von
Klaus Leibnitz
2. Auflage, 160 Seiten
illustriert, Paperback

INFO Verlagsgesellschaft
Postfach 33 67 · 76019 Karlsruhe
Telefon (0721) 2 43 50 · Fax 2 31 91